Marsilio NODI

Carlo Puca

Il Sud deve morire

Esecutori, mandanti e complici
di un delitto (quasi) perfetto

Marsilio NODI

Prima edizione: settembre 2016
ISBN 978-88-317-2350-3
www.marsilioeditori.it
Realizzazione editoriale: Valeria Bové

Indice

LUNGO PROLOGO DOLENTE E ADIRATO
13 Lampedusa, la capitale celata
21 Castel Volturno, la città che nessuno vuol vedere
31 Papasidero, la Terra di mezzo
38 Barletta, la memoria svanita
47 Viggiano, l'oro occultato
56 L'Aquila, le ali (tarpate) della libertà

I MANDANTI
67 I politici
126 I mafiosi
164 I nordisti

GLI ESECUTORI
191 Gli imprenditori
198 I sindacalisti
206 L'Europa
215 I burocrati
220 Gli antimafiosi di maniera

I COMPLICI
237 Noi meridionali (Dizionario delle complicità)

BREVE EPILOGO RAZIONALE E SENTIMENTALE
287 Il Sud deve morire

293 Ringraziamenti
295 Indice dei nomi e dei luoghi

A Rosa Cesaro,
madre meridionale.
Il mio Sud eri tu.

L'inferno dei viventi non è qualcosa che sarà; se ce n'è uno, è quello che è già qui, l'inferno che abitiamo tutti i giorni, che formiamo stando insieme. Due modi ci sono per non soffrirne. Il primo riesce facile a molti: accettare l'inferno e diventarne parte fino al punto di non vederlo più. Il secondo è rischioso ed esige attenzione e apprendimento continui: cercare e saper riconoscere chi e cosa, in mezzo all'inferno, non è inferno, e farlo durare, e dargli spazio.

ITALO CALVINO, *Le città invisibili*

LUNGO PROLOGO DOLENTE E ADIRATO

Lo chiamano Mezzogiorno, ma il buio è sempre quello di mezzanotte.

La regola dell'oscurità viene trasgredita soltanto quando sul suo corpo agonizzante si accendono improvvise le luci della cronaca: una strage, una retata, un rapporto Svimez.

La rianimazione dura il tempo di quegli attimi fuggenti. Subito dopo, la sagoma del Mezzogiorno torna a ciondolare sul patibolo dell'indifferenza, secondo la potestà dei soliti mandanti, esecutori e complici. Questa associazione a delinquere è infatti assai abile nel governo del cappio, una lunga corda annodata intorno a parole inutili, opere dannose e omissioni pianificate.

Per scoprirlo è servito visitare luoghi remoti tra loro. Da Lampedusa all'Aquila fanno mille e duecento chilometri in linea d'aria. Con le deviazioni in Basilicata, Campania, Puglia, Molise e Sardegna, cioè nell'intero Sud storico, i chilometri diventano tremila. Li ho percorsi tutti con sentimento. Alla fine ho provato tanto risentimento.

Chissà perché – sarà per la mezza età che avanza, l'arrivo (forse) della maturità e la nascita di due figli che vorrei far crescere al Sud –, però di sicuro questo viaggio di fatica e di scoperte ha mutato la mia indole pacifica e fatalista.

«Chi accresce il sapere aumenta il dolore», recita il Qoelet biblico. E dopo la sofferenza, è naturale, spunta sempre la rabbia.

Lampedusa, la capitale celata

> Nel mare della vita i fortunati vanno in crociera,
> gli altri nuotano, qualcuno annega.
>
> DOMENICO MODUGNO, *I delfini*

Piange Marco. Urla il suo tormento con tutta la disperazione di un'età fragilissima. Ha sette giorni di vita e soltanto la madre può alleviarne le pene. Così è: in un istante delicato, Anna lo avvolge al seno per nutrirlo.

Benedetta donna, avrebbe avuto ancora bisogno di riposare. Invece eccola qui, pallida e sfinita, su una grigia panchina dell'aeroporto di Palermo. Ma non è né matta né incosciente. Sta semplicemente tornando a casa, a Lampedusa. E deve farlo per forza oggi: è questione di buona educazione.

Il mare è ribelle, la nave non parte. Per rientrare resta soltanto il cielo, peraltro plumbeo. Perciò nonna Carmela prega: vuole garantirsi una raccomandazione con il Padreterno. «Signora, perdoni l'invadenza, forse sua figlia doveva aspettare ancora qualche giorno per mettersi in viaggio». Carmela prima pondera e poi sentenzia: «Sì, però eravamo ospiti, rimanere troppo *non stava bene*», sarebbe risultato sconveniente, «*e niauti, a Lampirusa, arraggiunamu accussì*».

Sono fatti così, a Lampedusa, capitale (in)visibile del Mediterraneo: si arrangiano con dignità anche nelle situazioni estreme. Sull'isola, per esempio, manca un punto nascite, per le partorienti è previsto appena il rimborso del viaggio. E allora, per garantire a Marco un ospedale decoroso, la sua famiglia ha dovuto stabilirsi a Palermo tre settimane prima del parto. L'albergo sarebbe costato troppo e i suoi genitori si sono appoggiati a casa di amici fino al parto, salvo poi lasciarla repentinamente dopo il cesareo. Perché, appunto, rimanere «non stava bene».

Almeno questo fagotto con gli occhi lunghi e neri è anagraficamente siciliano. A pochi è garantito lo stesso privilegio. I lampedusani nascono dovunque ci sia una comunità di emigranti: Ancona, Anzio, Milano, persino Torino. E i parti sono tanti, basti pensare che su 6500 residenti invernali (d'estate diventano ventimila), 1200 sono in età scolare. Ciononostante, l'ultimo bambino nato nell'isola si chiama Giacomo. Nel 1988 il suo arrivo lo festeggiarono tutti. Poi non c'è stata più occasione: da allora hanno partorito soltanto due migranti.

Ma tant'è. La traversata è tribolata, la corrente tormenta un fianco dell'aereo; per fortuna a tenerlo saldo ci sono Carmela e il suo Dio. E quando l'isola spunta dietro un rosso tramonto invernale, invita alle emozioni. Dopo l'atterraggio anche di più.

Per Mario, il proprietario dell'hotel Sole, la storia di Marco è ordinaria. Inaspettato arriva invece il rilancio: «Se è per questo, qui è difficile pure morire». Cioè? La risposta è su un manifesto funebre. In coda c'è scritto: «I funerali verranno celebrati con l'arrivo della nave».

Anche se sono stati appena inaugurati due nuovi ambulatori specialistici, da Lampedusa le persone vanno generalmente a curarsi in Sicilia a spese proprie. E quando il sonno eterno si palesa improvviso, al defunto la famiglia deve pagare il viaggio di ritorno e pure la sosta nella camera mortuaria. Capita infatti di dover attendere giorni per ottenere una degna sepoltura. «L'aereo è troppo angusto per trasportare le bare, la stiva è piccola», spiega Mario.

Rimane solo il traghetto. Che, quando il mare è grosso, resta fermo anche settimane a Porto Empedocle, con il suo carico di merci e persone, vive e morte. Ma quando arriva, lo sanno tutti. Una volta, per annunciarlo, suonavano le campane della chiesa, ai tempi di internet basta e avanza il passaparola sui social network. Perciò i funerali sono sempre molto affollati. Anche quelli dei migranti morti tra le onde del Mediterraneo, il cimitero più vasto del pianeta.

In quello di Lampedusa più modesto nelle dimensioni, convivono però anime di tutto il mondo: ci sono i defunti locali; i cosmopoliti cultori dell'isola; la gente dell'Est Europa venuta a cercare fortuna in tempi passati. «Stimola un intreccio di stati d'animo nel quale mi sto perdendo», mormora Alice, volontaria partita da Torino per tentare di salvare i vivi. Ora, però, prega per i morti e la commozione più forte la manifesta davanti alle fosse comuni degli annegati arabi e neri, privi di foto, identità e ricordi. I fiori, quelli no, non mancano mai, c'è sempre qualche isolano pronto a donarli. Ecco, più dei pescatori a caccia di persone nelle onde, più delle donne che accolgono e asciugano migliaia di disperati, più dei bambini che donano i loro giocattoli ai figli dell'Africa; più di tutto quanto messo assieme, la fotografia esatta della Lampedusa da Nobel della Pace è questo camposanto disordinato, malinconico e profumato. Il camposanto della solidarietà.

E meno male che è arrivato l'Orso d'oro di Berlino a premiare *Fuocoammare*, il film di Gianfranco Rosi su un luogo – dice Pietro Bartolo, il medico condotto dell'isola – «che non ha nemmeno un cinema». I fari dell'informazione si erano voltati verso Grecia, Macedonia, Turchia; senza l'Orso d'oro sarebbero rimasti puntati su quella parte. Eppure Lampedusa per i migranti c'è sempre, anche a Natale. La vicenda più surreale è capitata durante la festività del 2015: in trecento si sono schiantati con il loro barcone sulla costa di Linosa. Per capirci: Linosa conta trecento abitanti stabili, a Capodanno i migranti hanno pareggiato i residenti.

«A ogni primavera giornali e telegiornali replicano puntuali gli stessi titoli: riprendono gli sbarchi, dramma a Lampedusa.

Ma qui gli sbarchi non conoscono sosta, mai. E l'emergenza mediatica dura il tempo della morte di qualcuno», ironizza caustica Francesca, che lavora al bar del Porto e nel tempo libero fa pure lei la volontaria, come molti coetanei sotto i quarant'anni. Volontaria a titolo gratuito, sia chiaro, perché in troppi fanno soldi sul business dell'emergenza. Tutto mentre su questo pezzo d'Italia (in)visibile corrono molte leggende.

C'è una parte di opinione pubblica nazionale convinta che grazie ai migranti la Lampedusa-capitale si sia arricchita. Ma degli svariati milioni di euro spesi (impossibile quantificarli), poco o nulla è toccato ai residenti. Tanto è vero che, nonostante le poche decine di unità impegnate nell'accoglienza, il tasso di disoccupazione continua a galleggiare intorno al 22%.

I soldi sono finiti principalmente ai militari che governano l'hotspot o nelle tasche delle associazioni non-profit piombate sull'isola dopo la grande crisi del 2011. Va da sé: trattasi di associazioni internazionali, non locali; gestiscono il business di un'emergenza che notoriamente costa allo Stato dai 35 ai 40 euro al giorno per profugo.

Alcune, però, sono a prova di sospetto: non prendono fondi pubblici ad hoc. Una, più nota, è la Fcei, la federazione delle Chiese evangeliche in Italia (per capirci: quella di valdesi e affini). La federazione sta reinvestendo a Lampedusa una parte dell'8 per mille per Mediterranean Hope, un progetto sulle migrazioni. L'obiettivo degli evangelici, a partire da quelli distaccati qui (Alberto, Marta e le due Alice, tutti sotto i trent'anni) è quello di aprire nei paesi da cui partono i migranti, in accordo con le ambasciate italiane, un canale regolare per valutare i visti per motivi umanitari. Prevede il rilascio di permessi senza doversi sobbarcare il viaggio in mare. «Siamo già pronti in Libano, Marocco e, tra poco, Etiopia», spiega Alberto. Tutto questo, peraltro, senza far spendere allo Stato italiano un solo euro in più, ma appunto utilizzando, in accordo con la comunità di Sant'Egidio, i loro proventi dell'8 per mille.

Un'altra associazione libera dall'ossessione del fatturato è il collettivo Askavusa. Il collettivo raccoglie gli oggetti dei migranti naufragati. Dentro PortoM, la galleria messa in piedi in un vecchio deposito di barche, ci sono scarpe, libri e giocattoli mangiati dalla salsedine. Vederli così, tutti assieme, fa impressione. Ma a strapazzare ancor di più le corde dell'anima c'è la terra, piccoli pugni di terra custoditi in sacchetti di plastica.

«Ogni sacchetto rappresenta una persona», racconta Annalisa, «perché, a futura memoria, alla partenza ciascun migrante porta con sé una zolla del suo paese d'origine». A volte, purtroppo, a Lampedusa arrivano soltanto i sacchetti. La gran parte quelli di Askavusa li hanno recuperati dalla discarica. Infatti, spiega Marzia, «uno dei significati della *M* di PortoM è *munnizza*, spazzatura». E cosa volete farne di questa nobilissima spazzatura? «La interpretiamo e basta. Vorremmo solo che altri lo facessero insieme a noi».

Non tutti a Lampedusa sono così benevoli. I critici ci sono, soprattutto tra chi è più avanti con l'età. Ma ce l'hanno più con lo Stato che con i profughi. Vito Mannino, per esempio, abita al confine con il Centro d'accoglienza. Indica fisicamente un dettaglio buono a spiegare perché con i denari attribuiti a Lampedusa i lampedusani c'entrano poco: un tubo, un semplice tubo fognario, che serve il Centro per gli immigrati ma non casa sua, «perché hanno pensato soltanto al Cie, a noi no: eppure bastava una deviazione di cinque metri».

È un disinteresse, quello statale, che si palesa con mezz'ora di pioggia abbondante, trenta minuti che allagano le strade; insomma, qui le fogne hanno un funzionamento perlomeno incerto. Pure l'acqua generata dal nuovo impianto di desalinizzazione converge in condotte idriche obsolete e arrugginite.

Gli edifici scolastici sono come sono (ovvero sotto la sufficienza) e, cosa più grave, gli insegnanti cambiano di continuo: quando va bene restano un anno, accumulano punteggio buono entrare di ruolo e poi tornano a casa loro.

Per comprare qualsiasi cosa bisogna calcolare un 25% di spesa ulteriore per la spedizione. Per intenderci, Amazon consegna fino ad Agrigento, da qui il resto del viaggio bisogna pagarlo a un monopolio che puzza di mafia.

La prova provata è giunta il 2 dicembre 2015, quando la presunta «Nuova Cupola» di Agrigento e Porto Empedocle (tredici persone in tutto, compreso un ipotizzato basista lampedusano) è finita in manette, scrive la Squadra mobile, anche «per aver condizionato il trasporto da e per Lampedusa». Insomma, per ragioni endogene ed esogene, la vita sull'isola costa cara a fronte di servizi insufficienti. Giuseppe Mercurio, un pescatore pensionato, memoria storica dell'isola, la mette così: «A Roma si riempiono la bocca per aver risolto il problema di Lampedusa. Forse stanno risolvendo il problema degli immigrati, ma a noi c'hanno completamente abbandonato». O quasi. Ma solo perché a tampinare il governo è la sindaca Giusi Nicolini.

Non è facile incontrare Giusi (non è una confidenza eccessiva, qui quasi tutti si chiamano per nome e si danno del tu). Da maggio 2012 guida di un Comune di seimila abitanti che ne vale seicentomila in termini di energie da spendere. Alla fine l'appuntamento lo fissa Maurizio, più noto come Maurizietto. È un folletto buono e vivace, un poeta inconsapevole. Alla domanda «Che cos'è Lampedusa?» risponde inquieto: «Per noi è il mondo intero. Per il resto del mondo è un luogo di *passa*», un luogo di passaggio. «Qui passano tutti: balene, uccelli, uomini. Resta solo chi tra loro muore».

Maurizietto sta organizzando per il sindaco una *pizziata*, una cena a base di pizza. Nel frattempo diventa il Cicerone di luoghi ameni e formidabili: la spiaggia dei Conigli, le Grottacce, cala Pulcino. E poi fa cose e vede gente. Come Andrea (il nome è di fantasia, tra un attimo si capirà perché), un sottufficiale di Marina di turno la notte del 3 ottobre 2013, il giorno della più grande tragedia dei migranti finora conosciuta: provocò 386 vittime e svelò definitivamente la solitudine di Lampedusa. Da allora il sottufficiale è un marinaio che non va più per mare «nemmeno con gli amici, nemmeno con la mia famiglia», racconta mentre i suoi occhi brillano di tormento. «C'erano corpi dappertutto, corpi di persone come me e te, come quelli dei nostri figli e dei nostri amici. Invidio chi riesce ad assuefarsi, io no, non ce la faccio, sono evidentemente più fragile degli altri, è un dolore troppo grande, credimi, troppo grande...». Ora Andrea si limita a operare da terra. Il suo comando avrebbe dovuto congedarlo ma ha fatto uno strappo alla regola. I commilitoni approvano.

Franco Tuccio è invece il falegname artista che ha realizzato la Croce di Lampedusa con i rottami della nave affondata. Ecco, il 23 dicembre 2015 l'opera è stata acquisita dal British Museum di Londra. Tuccio è uomo semplice e religioso, racconta del suo incontro con Bergoglio («Ha lo stesso sguardo di Dio»), che l'8 luglio 2013 impose quella Croce su Lampedusa. A domanda precisa («Qualcuno in Italia te l'ha chiesta? Un museo, una galleria, una sovrintendenza?») il falegname, imbarazzato, risponde semplicemente: «No». Maurizietto è veloce: «Meglio così, Franco: *futtitinne*».

È il momento della *pizziata*. Gente e argomenti sono interessanti, sembra un film di Ferzan Özpetek, dibattito compreso, con punte di allegria e qualche malinconia. È inevitabile: tutti hanno foto, video e racconti drammatici legati ai migranti. Il più forte è proprio di Giusi, riguarda una bimba di cinque mesi arrivata ustionata e orfana. Ma quando la narrazione si fa troppo dolorosa, la discussione si sposta su Lampedusa e le sue criticità.

«La pesca è in crisi, il turismo tira una stagione all'anno e l'immigrazione dura tutto l'anno», esordisce la sindaca, «ma l'origine dei problemi, alcuni dei quali giganteschi, è molto chiara: qui un piano strutturale non c'è mai stato, ci si è sempre accontentati di interventi spot, peraltro segnati da fenomeni corruttivi e speculativi, che ancora tentano di resistere, soprattutto sull'edilizia. Io ho imposto altre scelte, quelle dell'onestà e della programmazione». E se sull'onestà la svolta è evidente, i maggiori problemi arrivano dalla programmazione. «La mia più grande battaglia è per il nuovo Piano regolatore, siamo all'ultimo miglio, molto dipende da questo. Poi, certo, nonostante la singolarità di Lampedusa, burocrazia e tasse restano le stesse dell'Italia normale, anzi del Sud Italia anomalo, con l'aggravante delle distanze e dell'immigrazione».

In assenza di uno Stato regolatore e compassionevole, per la capitale del Mediterraneo (altro che isola minore) le distanze significano anche tariffe ultramaggiorate: la benzina è la più cara d'Italia. Gas ed elettricità costano un terzo in più rispetto a Palermo. «Qui la benzina, per esempio, costa anche due euro al litro, ma le spese di trasporto incidono appena per cinque centesimi. La verità è che in Sicilia operano monopoli che determinano i nostri prezzi. Ora, però, ho ottenuto una seconda nave di linea. Mi auguro che serva a calmierare le tariffe, ma a monte servono comunque controlli severi. Noi siamo soltanto la valle lontana 205 chilometri dall'Italia...». Una valle però ambita da migliaia di migranti. «Ventiduemila persone soltanto nel 2015. Però di queste ne sono state ricollocate appena qualche decina: è chiaro che c'è qualcosa che non funziona e il governo non intende renderne conto, non ci ascolta. L'hotspot doveva essere sperimentale e sperimentale vuol dire che si vede come va e che se ci sono problemi si trovano soluzioni. Non mi pare che stia accadendo questo».

Questo e molto altro, per la verità: i migranti partono, l'Italia esita, l'Unione europea dà il peggio di sé. E Lampedusa soffre.

Castel Volturno, la città che nessuno vuol vedere

Terra mia, terra mia
comm'è bello a la penzà.
Terra mia, terra mia
comm'è bello a la guardà.
Nunn è 'o vero nun è sempre 'o stesso
tutt' 'e journe po' cagna'
ogge è dritto, dimane è stuorto
e chesta vita se ne va.

PINO DANIELE, *Terra mia*

La «Mama» Messy Bardan simboleggia l'allegria di Dio. Suona e canta e balla mentre invita il Signore «a benedire la santa domenica» degli evangelici riuniti sotto il nome di Betel, città dell'antica regione di Samaria. Loro, i samaritani, ringraziano con pensieri e parole rigorosamente in inglese. E pure con gli abiti migliori, colorati e scintillanti, scelti uno a uno prima di presentarsi al cospetto dell'Onnipotente, «colui che ci protegge». E fa nulla che il tempio di via Palermo sia arrangiato in un ex garage abbandonato. Interrato, rigetta le onde di telefoni e Wi-Fi: niente linea, zero notizie, nessuna distrazione. Poi, però, arriva ansimante un messaggero della verità. Si avvicina all'orecchio della celebrante e mormora afflitto: «Un altro barcone è affondato…».

L'annuncio della Mama diventa subito il tormento di tutti. La musica è finita, ma inizia una danza collettiva e imprecisa. I corpi tremano, le bocche urlano una nenia straziante, qualcuno manifesta una disperata trance compulsiva. Ghanesi, nigeriani, liberiani: quei morti sono i loro morti, fratelli e sorelle di sangue e di nazionalità. Lo confermano i gemiti di Selma (*Oh, my sister*), di Jerry (*Oh, my brother*) e di tutti gli altri: *Oh, my God!* Sono manifestazioni troppo intime per restare, bisogna rispettare la riservatezza del loro lutto. Ora è giusto andarsene. Fuori, però, s'incrocia altro dolore, quello dei pentecostali dell'adiacente chiesa di via Trapani. Pure loro hanno supplicato in un sottoscala, pure loro soffrono, pure loro ringraziano ancora il Signore. Nonostante tutto.

«Sia fatta la volontà di Dio», ripetono una, dieci, cento volte, martoriandosi il corpo con schiaffi e piegamenti. Ma Dio non c'entra nulla. Il problema sono gli uomini. Le responsabilità dei naufragi sono molteplici e cadono anzitutto sui trafficanti di vite, i mendaci traghettatori verso la Terra promessa. Tanti dei morti nel Mediterraneo partivano con la parola «Castel Volturno» scritta a pennarello sulla mano. La loro terra l'avrebbero cercata proprio in questa casertana lingua di mare e di dune. La giudicavano un'enclave nera nel cuore dell'Europa, non senza ragione: questa è davvero l'Africa dell'Occidente.

I migranti cominciano ad arrivare già dalla metà degli anni ottanta: all'inizio venivano «dal Maghreb e dall'Africa subsahariana», ricostruisce una storica locale, Maria Assunta Piantadosi. Poi la presenza di africani provenienti da ogni dove «è letteralmente raddoppiata nel corso degli anni novanta ed è tutt'oggi in crescita». Le stime sono paraufficiali ma verosimili e segnalano che qui albergano una settantina di etnie. Soprattutto, dimostrano che a ogni italiano corrisponde almeno un immigrato, e forse anche di più. Nel 2015 l'anagrafe municipale ha censito 25.412 residenti, dei quali 3941 stranieri. Come dedurre, allora, le altre presenze extraitaliane? Il Comune ha semplicemente quantificato la produzione dei rifiuti urbani: corrisponde a quella di un comprensorio di sessantamila abitanti. Una città quasi delle dimensioni di Savona, uguale a Pordenone e più grande di Agrigento. Calcolando per grande difetto, significa che sul territorio abitano almeno ventimila clandestini.

Soltanto per i funerali degli irregolari il Comune spende trentamila euro all'anno: «Ogni volta che un extracomunitario muore senza documenti, i responsabili dell'obitorio di Caserta ci spediscono la fattura per la permanenza: per loro è scontato che abitasse qui. E comunque il funerale va celebrato, è un atto dovuto, di compassione: nessuno reclama i loro corpi», spiega Dimitri Russo, il battagliero sindaco anticamorra del Pd eletto nel giugno 2014. «Però è soprattutto per i vivi che avremmo bisogno di mezzi e fondi. E siccome il disinteresse è generale abbiamo una sola arma: fare di Castel Volturno un caso nazionale e internazionale».

Un caso che si palesa soprattutto a Destra Volturno, Pescopagano e Parco Saraceno, i sobborghi africani (usi e consumi compresi) perché abitati quasi esclusivamente da migranti. E si coglie in tutta la sua straordinaria complessità lungo la statale Domiziana, lo stradone che taglia in due il comune, dove si spaccia a vista, la prostituzione è attiva a tutte le ore e i caporali raccattano i braccianti per le vaccherie e i campi di pomodoro. La questione è che nessuno vuole vederla, questa città. La sua presenza viene ammessa soltanto quando non se ne può fare a meno.

La prima volta fu il 24 aprile 1990, dopo la strage di Pescopagano commissionata dal boss Antonio Bardellino per il controllo del mercato della droga: provocò cinque morti e sette feriti, uno dei quali rimasto paralizzato. Poi c'è stata la sera del 18 settembre 2008, quando il commando del casalese Giuseppe Setola, detto «'A puttana», ha ammazzato sette persone in quindici minuti esplodendo 170 colpi di mitra e pistola. Più in generale, i fari si accendono soltanto se si palesano le tensioni tra migranti e italiani. Così anche il 10 luglio 2014, quando a due africani gambizzati dai bianchi per puro odio razziale seguì la rivolta di un centinaio di immigrati: cortei, urla e vandalismi, comprese un paio di case e una decina di auto incendiate.

A ogni episodio siffatto torna peraltro a manifestarsi la tragica equazione «Castel Volturno uguale storia criminale». Ma queste sono soltanto storie nella storia, che invece qui ha viaggiato in prima classe, regalandoci artisti, letterati e poeti. Prendiamo Publio Papinio Stazio (Napoli, ca. 45-96 d.C.).

«Oh, quante squadre d'uomini assieme lavorano! / Questi abbattono la foresta ed estraggono la pietra dai monti / questi col ferro spianano la pietra cavata e le travi di legno / quelli fanno combaciare i massi del selciato e compongono l'opera con calce e polvere di pozzolana / questi con impegno di lavoro prosciugano le bassure acquitrinose e deviano lontano i piccoli corsi d'acqua».

La terza poesia del quarto libro delle *Silvae* è l'opera più importante di Papinio Stazio. Ma non per ragioni artistico-letterarie: il poeta è l'unico ad aver mai descritto la costruzione di una strada in epoca romana. E guarda un po', questa strada è proprio la Domiziana, la statale di Castel Volturno. L'opera di Stazio è così esclusiva che gli storici (e l'Anas) l'hanno ancora a riferimento. L'imperatore Domiziano, nato Tito Flavio nel 51 e morto Cesare Augusto Germanico nel 96, ultimo regnante della dinastia Flavia, noto donnaiolo ed egocentrico, fu addirittura entusiasta delle *Silvae*. Dall'impero romano all'impero berlusconian-renziano, nulla è cambiato: le grandi opere sono uno straordinario strumento di propaganda.

A patto di farle bene e rapidamente, però. Scrive Stazio: «Mal tollerando le lente vie di comunicazione del suo popolo, Domiziano consolida quelle sabbie che appesantivano il cammino».

Ma, mentre la strada dell'impero romano, lunga trentacinque chilometri, fu una salvezza per le popolazioni locali, la modernissima «Strada Statale 7 quater Via Domitiana», la superstrada costruita nella Prima Repubblica italiana con i fondi per il terremoto, di chilometri ne conta quarantatré e ha risolto soltanto parzialmente i problemi di traffico: finisce nell'imbuto di Mondragone, dove si perde almeno un'ora prima di proseguire. Sono i misteri della contemporaneità. E poi, perché realizzarla «in sopraelevata dove c'è soltanto pianura. Perché?», denunciava Giorgio Bocca nell'*Inferno*, anno 1992. Pochi mesi dopo arrivava Tangentopoli e Bocca ha fatto un figurone: sulla costruzione della nuova Domiziana sono piovute denunce, arresti e prove di contiguità camorristiche. Seppur estraneo alla superstrada che porta il suo nome, l'imperatore si sarà comunque rivoltato nella tomba.

Quanto a Volturnum, invece, che avrà il suo castello longobardo soltanto nel Medioevo, in epoca romana fu una piccola colonia, un *emporium*, un mercato dei prodotti del bacino del fiume che divenne prospero come mai prima. Ebbe però il dono più grande da Domiziano: un grande ponte monumentale sul Volturno con annessa statua di Volturnum, il dio fiume. Stazio lo descrive sdraiato, con in testa una corona di canne palustri intrecciate, mentre «si lamenta con voce roca del peso delle arcate del ponte, rimpiangendo il lieve peso delle zattere che solcavano le sue acque». Anche un dio ha le sue pene dunque, ma almeno poteva ammirare la *Campania felix*, «terra fertile e fortunata». Contrariamente, infatti, a quello che la retorica turistica assegna a Napoli, a Capri e alla costiera amalfitana, i romani battezzarono *felix* il territorio intorno a Castel Volturno. Evolvendo, l'uomo si è premurato di renderla *infelix*. L'inizio della fine porta una data ben precisa: 23 novembre 1980. Il giorno del terremoto in Irpinia.

Fino ad allora la costa di Castel Volturno era destinata alle seconde case della media o piccola borghesia napoletana, principalmente del ceto impiegatizio. I borghi di Baia Verde e Destra Volturno non avevano nulla da invidiare alla laziale Fregene, alla veneta Bibione e alla romagnola Milano Marittima. Per la verità c'erano anche le case bruttine, quelle del villaggio Coppola Pinetamare, abusive già nella fase di edificazione che tuttavia mantenevano un loro contegno perché abitate per la maggior parte dai militari della Nato di stanza alla base di Bagnoli. Ma c'è di più: questo villaggio a mezz'ora di auto da Napoli per un periodo venne addirittura consacrato come la «California d'Italia».

L'investitura arrivò con il film *Stasera mi butto*, anno 1968, ambientato nel Grand Hotel Pinetamare. C'erano Rocky Roberts e Lola Falana, Franchi e Ingrassia, Nino Taranto e un giovanissimo Giancarlo Giannini. La visione è consigliata: si tratta di un «musicarello» gaio e spensierato, padre di un ottimismo che nel villaggio ha resistito pure davanti alle Brigate rosse: vino, pesce fresco, mozzarella, barche a vela e tanta leggerezza contro gli anni di Piombo, gli anni settanta. È questo il periodo migliore di Castel Volturno, un fenomeno turistico da 350 mila presenze all'anno. Siccome però le cose andavano troppo bene, a cominciare dalla disoccupazione quasi azzerata, si trovò il modo per trasformare il fenomeno in un mostro. È il Sud, bellezza.

Quando il terremoto del 1980 colpì di striscio anche Napoli, i governi di Arnaldo Forlani e Giovanni Spadolini (entrambi, peraltro, a trazione meridionale) prima requisirono una parte di abitazioni per portarci cinquemila sfollati, poi tollerarono che le case di impiegati, insegnanti e piccoli commercianti fossero occupate da balordi di ogni risma in cerca di una casa al mare più che di un tetto sotto cui dormire. Insomma, a Castel Volturno furono assegnate e destinate quelle che Zygmunt Bauman chiama «le vite di scarto», prontissime a mescolarsi con l'antica criminalità organizzata di Casal di Principe e dell'agro aversano. Da lì al degrado il passo è stato breve.

Col tempo, a Castel Volturno di italiani sono rimasti soltanto i nativi, ora vittime di una disoccupazione giovanile vicina al 90%. I borghesi napoletani, che avevano difeso le loro case fino alla metà degli anni novanta, si sono arresi, fuggendo tutti, ma proprio tutti. La conseguenza dell'abbandono è un territorio di settantadue chilometri quadrati martoriato da migliaia di edifici abbandonati, fatiscenti, facili da occupare e in preda ai clandestini. Non a caso, secondo varie inchieste giudiziarie, i pochi espulsi dall'Italia perché inneggianti all'Isis e al califfo Abu Bakr al-Baghdadi, sono tutti perlomeno transitati da queste parti, talvolta unicamente per nascondersi, altre volte facendo proseliti nei centri abusivi di cultura islamica.

Tuttavia, la maggioranza dei migranti di Castel Volturno sono dei semplici disperati pronti a qualsiasi manovalanza. Alcuni si arrangiano lavorando in nero nell'edilizia o nei campi agricoli del Nolano e del Casertano. Per il resto, rappresentano il miglior mercato del lavoro per la camorra. Lo dimostrano i dati dei carabinieri (il 90% dei clandestini delinque) e le decine di arresti per falsi, droga e prostituzione, tutti business appaltati dai Casalesi alle organizzazioni criminali africane.

I falsi (borse, bigiotteria, occhiali) finiscono nelle grandi città, da Milano a Napoli, e d'estate sulle spiagge dell'intero stivale. Spaccio e prostituzione, invece, si praticano sulla Domiziana. Qui gli africani utilizzano anzitutto la «tecnica del passaggio»: si piazzano in due a una fermata dell'autobus, uno a piedi, l'altro in bicicletta. Il primo sale sulla macchina del cliente, il secondo recupera la droga depositata nei pressi della fermata. L'automobile percorre pochi metri e si ferma, il ciclista arriva e consegna, il complice scende con i soldi in tasca, l'automobilista se ne va.

Quanto alle squillo, le decine di ragazze su strada sono così giovani da risultare commoventi quando scimmiottano le pornodive. «Sì Mary, ora basta però»; la domanda è: «Quanto vuoi?». La risposta è spiazzante: «Siete in due, quindi venti più venti». Silenzio imbarazzato: «Ma resto soltanto io, lui se ne va». La ragazzina ammicca disperata: «Allora fanno quindici euro perché mi piaci».

Quindici euro, quindici luridi euro: tanto vale il corpo di una donna bambina. Forse la Terra promessa cercata da Mary si nasconde in un luogo dell'anima. Di sicuro il suo corpo acerbo ha soltanto trovato un inferno abitato da diavoli viventi: papponi, clienti e matti. Uno di questi l'hanno arrestato il 21 settembre 2015. Si chiama Pasquale Matarazzo, classe 1940, non un ragazzino. Aveva deciso che Irina, venticinquenne, doveva fuggire con lui e sposarlo. Lei si è rifiutata e lui le ha sparato in faccia. Fine della storia, in ogni senso.

Davanti a tutto questo, lo Stato poco fa e niente vede. Per esempio, la presunta integrazione degli immigrati è delegata (con soldi) alle solite associazioni private, vere o fasulle. Il Comune di

Castel Volturno, invece, fa quel che può, ma è allo stremo: nel 2016 è riuscito a inaugurare il Museo delle Culture; tuttavia ha 55 milioni di euro di debiti sulle spalle, accumulati nel passato anche da amministrazioni sciolte per infiltrazioni mafiose. Il municipio può contare su un solo assistente sociale, zero mediatori culturali e appena quattordici vigili urbani, peraltro in età avanzata. Quanto al commissariato locale, è attivissimo ma dispone di poche volanti per controllare un territorio sterminato, sul quale insistono pure trenta chilometri di litorale.

Più che nel resto, lo Stato che non vuole vedere si manifesta nella videosorveglianza. Annunciata in pompa magna, non funziona, le telecamere sono quasi sempre spente: lo si è scoperto in occasione di tre omicidi. Il commento del sindaco Russo è caustico: «I vari Graziano Delrio e Laura Boldrini sono concentratissimi sulla Casal di Principe del mio amico e collega Renato Natale. Casale, però, è stata soltanto la sede legale della camorra. Mentre la vera devastazione i boss l'hanno portata soprattutto tra noi».

Un esempio, fra tanti, riguarda Paolo Diana, detto «Scarpone», imprenditore di Castel Volturno nel settore dei trasporti e del commercio di autoveicoli. Il 22 dicembre 2015 il Gico della Guardia di finanza gli ha anche sequestrato beni per oltre 21 milioni di euro: 24 fabbricati e 44 terreni fra Roma, Castel Volturno e Villa Literno, 2 automobili, 52 rapporti finanziari, 9 pacchetti azionari e 4 società. Non solo. Secondo l'accusa, Diana forniva auto «pulite» per gli agguati di camorra, faceva da basista, ospitava nelle sue case di Castel Volturno latitanti e camorristi dai soprannomi espliciti: Domenico Bidognetti detto «Bruttaccione», Luigi Guida («'O drink»), Egidio Coppola («Brutus»).

Almeno questo allo Stato va riconosciuto: a partire dal 2008 si è messo seriamente a combattere la criminalità organizzata. Però il sindaco sostiene che, quando la camorra era più forte, gli immigrati si comportavano meglio. «Garantendo tranquillità a tutti, i clan accumulavano prestigio. Ora, con i boss in carcere, si è moltiplicata la microcriminalità, anche questo dobbiamo subire». Perciò, pur di aprire gli occhi a Italia, Europa e mondo, Russo fa di tutto: abbatte i muri costruiti lungo le spiagge per liberare gli accessi al mare; filma i vigili urbani infedeli al loro lavoro; induce due consigliere comunali a fingersi prostitute per incastrare i clienti. «Sindaco, e se fosse illegale?». «Farebbe nulla: sapevo che scegliendo questa vita una mezza dozzina di avvisi di garanzia mi sarebbero toccati. Tanto vale riceverli per far rinascere la mia città». «Ma una via d'uscita c'è?». «Il Comune nulla può fare, serve lo Stato. Bisogna convincere i napoletani a tornare qui in vacanza e a riappropriarsi delle case abbandonate, l'80% del patrimonio edilizio, per sottrarlo ai clandestini. Insomma, occorre ritrovare normalità: finiamo il lavoro contro la camorra, perseguiamo i microcriminali e ripuliamo il territorio, a partire dal mare».

Le acque di Castel Volturno, infatti, sono inquinate: è colpa dei Regi Lagni. Costruiti sotto la dominazione spagnola del viceré Pedro Fernández de Castro y Andrade, furono realizzati in appena sette anni, dal 1610 al 1616 (a proposito di efficienza dello Stato). Rappresentano un'enorme rete fognaria lunga 56 chilometri, ampia 110 ettari, servono 99 comuni e circa due milioni e ottocentomila persone, industrie comprese. I problemi sono tanti. Il primo è che all'epoca degli spagnoli in quei 110 ettari abitavano 200 mila persone al massimo e, soprattutto, le industrie non esistevano. Il secondo problema è che lungo il percorso la gran parte dei depuratori non funzionano o funzionano male, e già dagli anni novanta. Il terzo è che uno dei canali principali sfocia nel mare di Castel Volturno.

L'unica struttura utile almeno a trattenere i rifiuti ingombranti (i materiali organici no, restano sempre liberi di insozzare il litorale domizio) è la cosiddetta «Griglia dei Regi Lagni». Inaugurata nel 2013, per entrare in funzione ha dovuto attendere l'agosto 2016, quando la Regione Campania ha stanziato 500 mila euro per attivarla. Tuttavia, questi soldi sembrano soltanto un palliativo. Il Consorzio di bonifica del fiume Volturno versa comunque in una crisi economica gravissima: i settantadue dipendenti ricevono lo stipendio a distanza di sei-otto mesi. Come se non stessimo parlando della stessa Campania che ha buttato al vento cinque miliardi di euro per un'emergenza rifiuti durata vent'anni.

Detto questo, è naturale che l'Unesco consideri Castel Volturno uno dei tre siti ambientali più devastati al mondo. «Sono due decenni che lo Stato promette di bonificare», dice Russo, «ma gli interventi sono a macchia di leopardo e servono relativamente. Invece ci vuole un grande piano ambientale». E se non arriverà «ci saranno azioni dimostrative enormi».

Auguri sindaco. Per il momento, però, mandanti ed esecutori dell'imboscata alla «California del Sud» continuano a occultare il carcame della sua terra: Castel Volturno, la città che nessuno vuol vedere.

Papasidero, la Terra di mezzo

Pensiamo che non sia un disonore riconoscersi poveri, ma che sia un'autentica degradazione non tentare di liberarsi dalla povertà.

TUCIDIDE, *Storia della guerra peloponnesiaca*

Ci sono due modi uguali e contrari per arrivare nella Terra di mezzo.

Uno è partire da Scalea e farsi venticinque chilometri in salita percorrendo la «ex strada statale 504» in direzione dell'uscita Mormanno della Salerno-Reggio Calabria; l'altro è uscire a Mormanno dalla Salerno-Reggio Calabria e percorrere per venti chilometri in discesa la «ex strada statale 504» verso Scalea.

Insomma, la strada è la stessa: bisogna soltanto scegliere se arrivare dal mare o dalla montagna. In entrambi i casi, però, la tappa intermedia pare non esistere: la cartellonistica di Scalea ignora la grotta del Romito di Papasidero e l'autostrada fa lo stesso, anche se lo scoprirò al ritorno.

Quindi, per tentare di trovarla, bisogna usare un navigatore o chiedere ai passanti. E siccome il navigatore non ce l'ho, ripeto quattro volte la stessa domanda: «Scusi, può indicarmi la strada per la grotta del Romito?».

Prima risposta: «E come pensa d'andarci? In questo periodo barche non ne partono» (*la signora pensa sia la grotta del Leone della vicina isola di Dino, a Praia a Mare*).

Seconda risposta: «Ora come ora, non mi ricordo, comunque deve essere vicino al borgo. Per sicurezza chieda all'edicolante» (*la seconda signora finge di sapere*).

Terza risposta: «Sta là» (*l'edicolante, scocciato, butta un braccio per aria, verso un luogo indefinito: la faccenda proprio non gli interessa*).

Quarta risposta (e dialogo): «Mmm…, non sono di qua, mi spiace».
«Di dov'è lei?»
«Santa Domenica Talao.»
«Come? È il paese accanto al posto che cerco.»
«Ma dove deve andare?»
«A Papasidero.»
«E perché non l'ha detto subito?»
«Perché credevo fosse più famosa la grotta del Romito.»
«Aah, sì, ora ho capito, quella della vacca.»
«Veramente sono due, e si tratta di uri, bovi preistorici.»
«Che? Per me è una vacca, una sola. L'altra non l'ho vista, dov'è?» (*allo Sweet Café, almeno, hanno un buon cornetto*).

Nel Sud che va in vacca, figurarsi se possono contare qualcosa la grotta del Romito e il suo uro scolpito almeno 10.500 anni fa, un'opera d'arte che rappresenta «la più maestosa e felice espressione del verismo paleolitico mediterraneo», secondo la definizione di Paolo Graziosi. Questo rigoroso archeologo e antropologo fiorentino, tra i più autorevoli nel mondo, venne chiamato nel 1961 a valutare l'opera. E quasi pianse davanti a Battista Cersosimo, il pastore che usava la grotta come ricovero per il suo gregge. Un giorno il crollo di assestamento di una falda aprì una feritoia e Battista, curioso, vi scovò una straordinaria incisione rupestre dalle proporzioni perfette.

Si tratta, appunto, non di una giovenca, bensì di figure di due *Bos primigenius*, uno in primo piano, l'altro sullo sfondo. A quel punto, Graziosi e il suo gruppo dell'università di Firenze hanno continuato a scavare, trovando, lungo sette metri di depositi stratigrafici, fondamentali tracce di vita e di morte risalenti all'età della Pietra: utensili, frammenti alimentari e un numero incredibile di sepolture: in tutta Europa sono appena cinquanta le tombe paleolitiche ritrovate e nove appartengono a Papasidero. L'ultima è datata 2010, i resti sono appunto quelli di Romito 9, detto «il Cacciatore», un giovane vissuto circa 19.000 anni fa, ornato nel corpo perché gli venne riservato un rito funerario, circostanza assai infrequente all'epoca. È una doppia scoperta straordinaria, questa: fino al suo ritrovamento si pensava infatti che nell'Italia meridionale la presenza dell'uomo si fosse manifestata soltanto a partire da 11.000 anni fa.

Ma la storia della grotta non si ferma al Paleolitico. Durante il Neolitico divenne probabilmente una stazione per il commercio dell'ossidiana fra Tirreno e Ionio. Più avanti nei secoli è invece stata abitata da alcuni romiti e perciò si chiama così. Mica stupidi, se lo sono scelto bene il loro giaciglio: visitandola in tutti i suoi spazi, svela all'interno una seconda attrazione, un salone di stalattiti, stalagmiti e docili pipistrelli che sorprendono gli occhi, accarezzano l'anima e spaventano il cuore.

Peccato che Papasidero sia un luogo semiclandestino. Eppure la pratica di un po' di sano marketing turistico rappresenterebbe un'operazione relativamente semplice: la grotta del Romito è il più importante sito preistorico italiano e tra i maggiori d'Europa. Invece niente, rimane un luogo sconosciuto, agli italiani in generale (che ne ignorano persino l'esistenza) e ai calabresi in particolare, nonostante a Scalea e sulla riviera dei Cedri campino di turismo. Quest'area costiera di circa 40 mila residenti stabili, d'estate arriva a ospitare, tutti assieme, 250 mila cristiani. Ed è un calcolo per difetto: c'è chi parla di 500 mila presenze ad agosto.

La leggenda è cavalcabile perché gli hotel sono pochissimi e, quindi, anche le relative registrazioni alberghiere. La riviera è infatti zona di seconde case ultrapopolari, costruite d'impeto da speculatori d'ogni risma tra gli anni settanta e ottanta. Case brutte e bruttissime, che hanno distrutto materialmente e culturalmente un territorio altrimenti fiabesco. Ora si comprano anche a cinquecento euro al metro quadro, ma un minimo di mercato resiste, soprattutto a Scalea e sui tagli piccoli: con ventimila euro si acquista un bilocale in un posto con un buon mare, almeno quando i depuratori funzionano; i bambini sono contenti così e tanto basta. In verità, sono contenti anche i russi, circa 350 nuclei familiari, un migliaio di persone in tutto, che hanno preso casa qui a partire dal 2012. Non magnati né oligarchi alla Roman Abramovič, e nemmeno l'alta e nuova borghesia postsovietica finita a Forte dei Marmi, ma insegnanti, impiegati e piccoli imprenditori attratti dai saldi immobiliari e dai voli low cost dell'aeroporto di Lamezia Terme.

In riviera, però, la stagione turistica continua a durare appena quarantacinque giorni, da metà luglio a fine agosto. Il resto dell'anno bisogna arrangiarsi con i soldi guadagnati d'estate, peraltro con clienti generalmente non benestanti. Perciò, ogni tanto, da queste parti, tirano fuori progetti faraonici per lanciare il turismo «full time». Progetti che puntualmente si scontrano con la realtà. Alcuni li aveva pianificati l'ex primo cittadino di Scalea, Pasquale Basile: nel settembre 2015, insieme a boss, funzionari, imprenditori e colletti grigi, è stato condannato in primo grado a quindici anni di carcere. Con lui il Comune – parole dell'allora procuratore aggiunto di Catanzaro Giuseppe Borrelli – «era direttamente affidato alla 'ndrangheta».

Volendo, però, non tutto sarebbe perduto in questo pezzo di Mezzogiorno. A pareggiare i disastri portati dall'uomo sulle coste, c'è l'entroterra. La povertà ha salvato le zone interne del Sud da speculatori e mafiosi, e non soltanto in Calabria. Luoghi dai quali il meridione potrebbe forse ripartire.

Le istituzioni (Europa, Stato, Regioni) continuano tuttavia a ignorarli invece di tentare di costruire da lì – dalle aree ancora sane in senso naturale e culturale, dove davvero si può cominciare da zero – il «nuovo inizio meridionale».

È un'assenza, quella istituzionale, che sull'amena Papasidero diventa emblematica. La grotta del Romito è un tesoro spendibile tutto l'anno, ma è così trascurato che manca persino la segnaletica stradale. A un certo punto della Tirrenica si riconosce un cartello mezzo arrugginito; si arriva a leggere soltanto «sidero» perché la parte del «Papa» è piegata all'indietro. Ecco, già occultare la strada per la Terra di mezzo rappresenta un delitto.

Eppure la «ex statale 54» è una boccata d'ossigeno, una fuga creativa dall'orrore del cemento costiero, un'immersione nella purezza. Le pecore, tantissime, pascolano libere; gallerie di alberi secolari dividono la strada dal fiume Lao, che padroneggia prepotente una gola antica e spettacolare, ambita dagli appassionati di rafting. E quando il paese spunta su un precipizio, e si incontrano le prime anime, s'intende perfettamente la loro natura gentile. L'hanno ereditata dai monaci basiliani.

I seguaci della regola di san Basilio Magno rifiutano gli eremi e usano i romitori, cioè luoghi dove pregare, aiutare e lavorare assieme. Per Basilio, infatti, spiritualità, manualità e carità rappresentano un'unica ricerca di Dio. Non a caso il Magno ispirò le «città basiliade», borghi dove i monaci pregavano, faticavano e sostenevano i più bisognosi. Papasidero è una di queste città. Il suo nome deriva da un abate, Papás Isídoros. Di lui si sa soltanto che era a capo di un convento nel Mercurion, il territorio del Pollino per secoli patria del monachesimo greco-orientale.

Papasidero, appunto, è nel pieno del parco nazionale del Pollino, ora divenuto geoparco, che, con i suoi 192.565 ettari (88.650 sul versante lucano e 103.915 in quello calabrese), costituisce l'oasi naturale più grande d'Italia. Un luogo fatato, abitato da pochi uomini, un corollario di cime dolci e tempestose, molti animali e decine di migliaia di alberi rari e ossigenanti. È un luogo di serenità che ha colpito pure l'immaginario dell'Unesco: dal 20 novembre 2015 è diventato patrimonio dell'umanità. Evidentemente, però, non basta. Bisognerebbe che il geoparco diventasse anche patrimonio economico di lucani e calabresi.

Il caso Papasidero è assurdo: questo piccolo Comune di 800

abitanti deve gestirsi da solo la grotta del Romito. Dentro e fuori dalla Calabria nessun altro fa niente, tranne l'università di Firenze. Un mese all'anno il pool guidato dal docente di preistoria e protostoria Fabio Martini, sei-sette persone in tutto, viene qui a scavare volontariamente. I papasideresi ringraziano a modo (e a spese) loro: garantiscono vitto e alloggio.

E però, nonostante la saltuarietà e la delicatezza delle operazioni, a ogni stagione di scavo «emerge sempre qualcosa di nuovo e di importante», spiega Antonio Oliva, che copre insieme a Patrizia Greca il doppio ruolo di bigliettaio e guida turistica. «Qui sotto», aggiunge, «c'è un tesoro archeologico infinito e troppo poco esplorato. È una situazione frustrante, lo ammetto. Però una buona notizia c'è: nel 2015 abbiamo abbondantemente superato le diecimila visite. Un terzo sono scolaresche».

La buona notizia di Antonio a me sembra pessima: in altri luoghi del mondo un posto così conterebbe presenze almeno a sei zeri. Però un sfumatura positiva si trova davvero: «Un decimo dei visitatori sono stranieri, soprattutto tedeschi. Questi, a differenza degli italiani, che compaiono soltanto d'estate, vengono anche d'inverno. E il territorio ne sta beneficiando, sono nati ristoranti e bed&breakfast». Per quanto mi riguarda, sono indizi decisivi: anche alla Calabria è concessa la possibilità di sviluppare un turismo *four seasons*. Per farlo, però, bisognerebbe investire nella comunicazione.

«Macché», spiega il primo cittadino Fiorenzo Conte, un ingegnere prestato alla politica, «il nostro unico marketing è il passaparola, destinato soprattutto alle scuole. Così, almeno, siamo riusciti a intercettare il filone del turismo scolastico nel periodo marzo-maggio». «E il turismo normale?». «Bisogna solo sperare che qualcuno, affascinato dal fiume Lao, dai panorami e dalle sorgenti, si imbatta qui per caso. Se no, a parte qualche saltuaria notizia sul web, l'unica pubblicazione risale al 2011. Purtroppo non siamo neppure in condizione di poterla ristampare». «Però, così il Romito è un'occasione sprecata». «Lo so bene, ma purtroppo non abbiamo i fondi per proseguire gli scavi. Dobbiamo ringraziare il professor Martini se ogni anno, con fatica, si continua a fare qualcosa. Per il resto, Papasidero può contare soltanto sulla buona volontà di noi papasideresi. Ci siamo anche dovuti formare da soli. Oggi, a seconda dell'affluenza, quattro-sei lavoratori socialmente utili diventano all'occorrenza guide instancabili e disponibili pur di assicurare l'apertura del sito sette giorni su sette».

«Sindaco, come se ne esce? Materialmente, chi dovrebbe aiutarvi?». «Ah, le istituzioni tutte. La più vicina è il parco del Pollino: potrebbe sostenerci in qualche modo, ma non lo fa. Per dire, poco distante dalla grotta c'è il museo didattico che attende di essere messo in sicurezza e poi promosso. Però ribadisco: in mancanza di risorse è impossibile, noi più di quanto facciamo non possiamo». Intanto il paese continua a svuotarsi, perde duecento residenti ogni dieci anni, emigrati «per necessità». La stessa motivazione vale per i nove scheletri preistorici. In assenza del museo, infatti, ora sono, sempre «per necessità», esposti o depositati in altri luoghi. Insomma, li hanno portati via: qui ci sono soltanto i calchi. Perché il Sud è anche questo: un luogo fortunato a cui togliere la sua fortuna.

Barletta, la memoria svanita

> Noi non avevamo niente e volevamo tutto. Eravamo cinque figli, quattro maschi e una femmina. Mio padre Salvatore era sarto, mia madre Vincenzina lo aiutava, a me toccavano i lavori più umili: fare i piatti, pulire la cucina, lavare i vetri. Avevo tre anni quando mamma mi mandò a comprare un bottiglione di varechina che mi si aprì nel tragitto, porto ancora i segni sulle mani.
>
> PIETRO MENNEA, intervista a «la Repubblica»

Matilde Doronzo, Giovanna Sardaro, Antonella Zaza, Tina Cenci e Maria Cinquepalmi erano cinque ragazze piene di gioia. Sono finite sepolte vive in un *sottano* di Barletta: uno scantinato abusivamente adibito a fabbrica abusiva dove lavoravano abusivamente per un maglificio abusivo adiacente a un cantiere edilizio abusivo al punto da far crollare un palazzo abusivo. Un circuito folle e, se non si fosse capito, abusivo: secondo le leggi dello Stato, di fatto nulla era regolarmente autorizzato. Soprattutto i tre euro all'ora di paga destinati alle sartine.

Ecco, mantenere vivo il ricordo di una data importante è impresa sempre complessa e spesso disperata, soprattutto nel regno del fatalismo, il profondo Sud. E poi, in generale, il circo mediatico italiano è fatto così: non perpetua la memoria, nemmeno nel breve periodo, figurarsi quando si parla di Mezzogiorno. È per questo che il 3 ottobre 2011 pare irrimediabilmente uscito dagli atlanti giornalistici. Eppure fu il giorno dell'evento più sconvolgente e malinconico della storia meridionale recente. Fu, appunto, il giorno della «strage delle sartine» di Barletta.

Quel mattino, quando il palazzo *si scfla'isc*, crolla dal lato di via Roma, resta miracolosamente intatto soltanto un altarino. Da lì la Madonna continua a indirizzare il suo volto verso il selciato. Manifesta un'espressione fissa e silenziosa, colma di mistero, non si comprende se misericordiosa verso le cinque martiri, giudicante i vivi o entrambe le cose. Di sicuro il suo è uno sguardo eterno.

La mia fissazione per Barletta nasce da quello sguardo, dalla scoperta inevasa della sua interpretazione autentica. Ecco, a un cronista capita di incrociare molti eventi drammatici. E uno dei principi per un buon giornalismo è quello di non farsi coinvolgere emotivamente o, almeno, di farlo fino a un certo punto. Tanto è vero che nelle redazioni circola come un mantra una regola non scritta: non esistono buone o cattive notizie, esistono soltanto notizie. Evidentemente, per la grande stampa, la strage delle sartine non appartiene più al novero delle notizie degne di attenzione. Tuttavia, considero questa la storia che più mi ha coinvolto emotivamente. Forse perché meglio coniuga la peste della rassegnazione meridionale con la superficiale indifferenza del resto d'Italia.

Perciò, a ogni ritorno in questa città di 95 mila anime generalmente simpatiche ed empatiche, sento calarmi addosso, irrimediabile, tutta la frustrazione dell'impotenza davanti all'ingiustizia. Mi è accaduto anzitutto nel 2011, durante i giorni del lutto, quando il presidente Giorgio Napolitano e papa Benedetto XVI inviarono un messaggio di cordoglio alle famiglie delle vittime. Ai funerali arrivarono centinaia di giornalisti e le «meglio autorità» nazionali: ministri, governatori, sindacalisti. Le frasi fatte più gettonate furono: «Ora legalità e sicurezza», «Basta lavoro nero», «Non vi dimenticheremo».

Al contrario, è puntualmente arrivato l'oblio: di quelle vite annientate dalle macerie sembra sparito anche il rimpianto. Già nell'ottobre 2012, per esempio, quando «Panorama» mi inviò in Puglia per scrivere del primo anniversario, mi è stato impossibile parlare con qualsiasi parente delle ragazze. Hanno preferito mantenere un silenzio dignitoso, di certo favorito dal posto di lavoro opportunamente garantito a ogni famiglia delle sartine.

E quando più di tre anni dopo, il 17 dicembre 2015, i quindici imputati per la strage – quattordici persone fisiche e una società – sono stati condannati in primo grado, la notizia è finita soltanto nelle cronache pugliesi: al resto del mondo il verdetto del tribunale di Trani è importato meno di zero.

A me, invece, importa. E pure tanto. Perciò ora, e perdonatemi la petulanza, citerò tutti questi signori condannati con le relative condanne. L'effetto è burocratico, da mattinale della questura, però forse vale la pena leggerlo. Per quanto mi riguarda, è una buona cura contro la frustrazione.

La pena più pesante, ma sarebbe meglio dire meno leggera, riguarda Giovanni Paparella. Per questo tecnico, allora direttore dei lavori, la sentenza stabilisce cinque anni e sei mesi per omicidio colposo, crollo e lesioni colposi plurimi, più altri sei mesi per aver violato le norme antinfortunistiche. Cinque anni se li è guadagnati Pietro Ceci, incaricato della progettazione e della sicurezza del cantiere insieme al geometra Vincenzo Zagara (quattro anni e sei mesi). Per i fratelli Andrea, Giovanni e Salvatore Chirulli, coloro che materialmente stavano effettuando i lavori, le condanne variano da quattro anni e sette mesi a quattro anni e nove mesi. Cosimo Giannini, della Giannini srl, proprietaria del cantiere, si è preso quattro anni e nove mesi, oltre a una contravvenzione di 35 mila euro per lottizzazione abusiva e una sanzione di 480 mila euro alla sua società. Tre anni e mezzo ognuno, più l'interdizione per sessanta mesi dai pubblici uffici, sono invece le pene assegnate all'ingegnere comunale Rosario Palmitessa, al dirigente dell'ufficio tecnico Francesco Gianferrini e al maresciallo della polizia municipale Giovanni Andriolo: secondo l'accusa, chiamato a intervenire poco prima del crollo, il vigile se ne fregò altamente degli allarmi. Infine le condanne minori: il funzionario comunale Valeria Valendino (due anni e sei mesi); il responsabile della sorveglianza del cantiere Antonio Sica (un anno e dieci mesi); il maresciallo di polizia municipale Alessandro Mancini (quattro mesi con il beneficio della sospensione).

Che dire? «Giustizia è fatta», rivendicano Luigi Antonucci, segretario provinciale della Cgil Bat, e il sindaco di Barletta Pasquale Cascella. Sono persone che riconosco oneste e capaci. Probabilmente è così, la giustizia ha vinto, ma soltanto sul fronte giudiziario. Sul piano culturale, nonostante gli annunci e le promesse, tutto è invece rimasto più o meno uguale. Lo spiegano opere, parole e omissioni raccolte sul campo nel 2016. Sono simili a quelle del 2011 e del 2012: a Barletta accadono sempre le stesse cose. Alla fine, per superare, e di poco, il déjà-vu, è bastato aggiornare i vecchi reportage.

ORA COME ALLORA

Ora come allora, infatti, replica eterno e quotidiano il film dell'ingaggio dei lavoranti in nero. Il cinema, rigorosamente all'aperto, è piazza Aldo Moro, che qui tutti continuano a chiamare piazza Roma. È una sala, l'agorà Roma, che apre 365 giorni all'anno al calar del sole, quando si popola di facchini, manovali, mastri di cantiere e contadini callosi e rugosi, ma profumati di dopobarba. Fanno così: intorno alle cinque lasciano cazzuole e zappe, passano da casa, si ripuliscono, si vestono, escono e vanno al bar. Qui giocano a carte, bevono una birra o un liquore Primitivo e trattano il compenso del giorno dopo. L'ingaggio è quotidiano, secondo le necessità dello «zio», il padrone.

Ora come allora, il padrone è solitamente benestante, conosce le leggi, compreso il Jobs Act, e sa come aggirarle. Per esempio, è comune che i muratori a servizio vengano quasi sempre registrati soltanto in caso di incidenti sul cantiere, cioè dopo che sono morti o feriti gravi. O che i vantaggiosi sussidi statali per i braccianti agricoli vadano a contadini fittizi, parenti o prestanome fa lo stesso, con le mani curate e i volti riposati, mentre nelle campagne vanno persone a volte inabili a lavori così pesanti. Ma forse fa ancora più impressione il «lavoro grigio», ormai il 40%

del totale. Riguarda quelli che vengono assunti soltanto per il tempo utile a ottenere l'indennità di disoccupazione. Dopodiché il soggetto resta in azienda per lavorare in nero. Per dire, nel settembre 2015 ai carabinieri è toccato persino scoprire che in contrada Perazzo, a Barletta, una notissima azienda agricola – di quelle etiche, che ti vendono i prodotti biologici a chilometro zero – impiegasse dieci lavoratori in nero su undici.

Ora come allora, il fenomeno continua a tormentare il Sud in generale e la Puglia e la provincia di Barletta-Andria-Trani in particolare. I dati – elaborati dai carabinieri sui numeri dell'Inps, Inail, Spesal, Asl e della Direzione territoriale del lavoro – sono sconfortanti: dai controlli emerge ogni anno, immancabilmente, che due aziende su tre, nei rami edile, agricolo e tessile, sono fuori legge. L'estate poi, diventa irrimediabilmente drammatica, sull'intero Tavoliere si contano «morti bianche» a decine. Il 13 luglio 2015, proprio tra Andria e Barletta, se n'è andata pure Paola Clemente, quarantanove anni, madre di tre figli, una dei quarantamila braccianti (calcola la Cgil) che d'estate incassano trenta euro per dieci ore di lavoro quotidiano e pesantissimo sia per la fatica in sé sia per le condizioni climatiche: il sole cocente della Puglia d'estate. Paola è stramazzata al suolo per un infarto, nessuno le aveva chiesto un certificato medico.

Ora come allora, in piazza Roma gli uomini dell'ingaggio non puoi chiamarli sfruttatori perché gli sfruttati s'arrabbiano: «Il lavoro è lavoro, punto e basta». I più vecchi, addirittura, «non sanno nemmeno cosa sia il nero», certifica Rino Daloisio, giornalista e storico della città. È così vero che della loro condizione parlano apertamente, rivendicano persino orgogliosi i palazzi che costruiscono e i frutti che colgono, mentre ostentano davanti alla macchina fotografica i loro innesti miracolosi. «E poi mica siamo fessi, veniamo pagati bene».

Ora come allora, le tariffe sono le seguenti: i braccianti agricoli novizi prendono due euro e mezzo all'ora; i semplici manovali dai cinque ai sei euro; il mastro di cantiere da nove a dieci. Gli aiutanti di barbieri, meccanici, elettricisti, idraulici godono di un forfettario sui cento euro a settimana. Mance escluse, però.

Ora come allora, corrono invece parallele le negoziazioni dei maschi per conto di mogli, figlie e fidanzate per telai e orti. Le pulizie no, sono vietate. A Barletta una donna di servizio costa «a nero» otto euro all'ora, una badante poco più. Le braccianti, si diceva, stanno intorno ai tre euro, dopo la strage il compenso delle sartine arriva al massimo a cinque. Perché si preferiscono campagne e telai alle pulizie? «Da noi resiste la nobiltà operaia», è la spiegazione di Daloisio. «La fabbrica fa sentire le famiglie più degne. Mentre quella di domestica viene considerata un'attività dequalificante». Il meridione, insomma, la pensa sempre allo stesso modo: per ragioni d'onore, un guadagno si può e si deve rifiutare. E certo «non sta bene» che una donna italiana vada a rassettare la casa di un'altra. Gli uomini non vogliono, e basta. Nulla importa che le domestiche straniere siano benestanti e soddisfatte, oltre che insensibili alle chiacchiere.

Ed ecco perché, *ora come allora*, nella provincia di Barletta-Andria-Trani la disoccupazione femminile ufficiale continua a stare intorno al 50% del totale, il più alto tasso rispetto al resto della Puglia, mentre centinaia di donne lavorano clandestinamente nei latifondi e nelle maglierie, peraltro faticando come e più degli uomini. È una cosa che si vede facilmente, girando per le campagne e nel centro storico di Barletta, dove le magliare lavorano a ciclo continuo. Persino il 6 ottobre 2011, due ore dopo i funerali delle sartine, nei *sottani* della centralissima via della Cattedrale erano già in piena attività.

Ora come allora, restano invece abbandonati gli stabilimenti degli anni in cui la città fu opulenta, i settanta e gli ottanta, quando decine di imprenditori del tessile e del calzaturiero fecero i soldi veri e sul modello di Adriano Olivetti costruirono fabbriche e capannoni panoramici pur di regalare ai loro operai la vista mare. Addirittura nel 1985 si parlò in Europa del «caso Barletta», la città venuta dal nulla che deteneva il quinto reddito pro capite d'Italia. Fiscalmente dichiarato. Arrivarono le grandi griffe, si girava in Porsche e Ferrari, esplose il mercato immobiliare. «Poi però la favola venne interrotta dalla prima globalizzazione», è la valutazione di Luigi Pannarale, barlettano, docente di sociologia all'università di Bari (l'uomo che ha risanato e rilanciato la municipalizzata dei rifiuti). «Le prime massicce importazioni da Taiwan e dalla Corea devastarono il tessuto connettivo delle piccole e medie imprese locali». Era insomma impossibile competere con il mercato del lavoro asiatico. Qualcuno si inserì nell'import-export, scampando al fallimento. La gran parte, viceversa, tentò disperatamente di portare avanti l'impresa invece di riconvertirla o chiuderla. Fu questione sentimentale, da un lato, e (ovviamente) di forma, dall'altro: l'onta sarebbe stata troppo grande. È finita con le Mercedes usate e la scoperta delle biciclette, i capi firmati comprati a rate, il trasloco nelle case tristemente postmoderne della 167. Peggio è andata ai capannoni: deserti, arrugginiti, invenduti finanche alle aste giudiziarie, mentre i *sottani* si riempivano di fabbriche abusive e nascoste allo Stato tassatore. Il fatto è che «il sistema produttivo asiatico ha contagiato la nostra terra. Così, la straordinarietà dell'occupazione irregolare è diventata quotidianità», articola Pannarale. «Ora, quella che è un'emergenza viene accolta come fatalità. E l'arrangiarsi tra mille piccole illegalità sembra la normalità».

Ora come allora, a beneficiare della cinesizzazione del sistema produttivo barlettano sono soprattutto le grandi griffe del Nord Italia dai fatturati altisonanti. Sì, gli stilisti che tutti amiamo e veneriamo, soprattutto quando si riempiono la bocca con dichiarazioni importanti, tipo: «Mai e poi mai sfrutteremo l'Asia per produrre i nostri capi. Lì le condizioni di lavoro sono contrarie ai nostri principi etici». Tanto loro la Cina ce l'hanno in casa, a Barletta, Trani, Andria, come in tutto il Mezzogiorno: comprano a cottimo a pochi euro e rivendono con un ricarico anche del duecento per cento. Tutto legale, per carità. Però l'etica è un'altra cosa.

Ora come allora, ovviamente, non trascorre settimana senza che carabinieri, polizia e Guardia di finanza chiudano attività, scoprano lavoratori in nero e multino qualche padrone. È una battaglia impari, la loro. Con Salvio Cinquepalmi, per esempio, non fecero in tempo. Anche Salvio era uno zio: il maglificio di via Muro Spirito Santo, il maglificio della morte, era suo. Ma Salvio era soprattutto un padre, il padre di Maria, una delle cinque ragazze rimaste uccise sotto le macerie: aveva quattordici anni. Barletta adesso lo accudisce, considera quest'uomo sventurato la sesta vittima, e come padre sicuramente lo è. Quale datore di lavoro, invece, in un mondo normale verrebbe considerato un carnefice. E invece no: al Sud il padrone (legale o meno) è sempre un amico, un benefattore, uno zio, appunto, vero o presunto. Mai uno speculatore.

E perciò, *ora come allora*, tanti altri padroni, come lo fu il padre di Maria, partono alle sette del mattino con un'automobile furgonata per raccogliere le donne nelle frazioni più lontane (Settefrati, Patalini e anche Canne e Montaltino) e portarle nelle fabbriche. Alcune, però, si sono fatte più furbe. Dopo il pandemonio mediatico del 2011 hanno capito che la schiavitù, almeno quella totale, non conviene. Non certo per i crolli (il caso è unico), ma perché quegli ambienti malsani inducono il corpo a reagire male, accorciano la vita, causano il cancro. Una parte della manifattura abusiva ha perciò traslocato dai *sottani* agli appartamenti privati: quando si dice casa e bottega. Esplorare al mattino le splendide viuzze della vecchia Barletta, anzitutto del quartiere di Santa Maria, significa farsi stordire dall'odore di colla e coloranti. I silenzi abitati delle case nascondono donne chine sui telai. Impastano mastice, cuciono stoffe, tinteggiano pelli. E se alzano lo sguardo ti sorridono sorprese e fiere. Le sorregge la dignità del lavoro anche se la legalità è loro estranea. Pesa l'istinto di sopravvivenza. Ma non è solo una questione di salute. Producendo a cottimo, a casa propria, si incassano più dei quaranta euro al giorno dei *sottani*, e si può pure fare la moglie a tempo indeterminato, l'unica assunzione certa in un meridione dove nel 2015, percentualizza l'Istat, appena il 30% delle donne è occupato.

Ora come allora, però, l'aspetto più surreale della faccenda rimane l'agorà delle trattative. Piazza Roma fu il luogo dell'indignazione, la casa delle proteste, il simbolo del nuovo Sud legale e sicuro per i lavoratori. Fu, insomma, la piazza dei funerali di Matilde, Giovanna, Antonella, Tina e Maria. Dista cinque minuti a piedi dal municipio, dieci metri dalla sede della Cgil e quarantadue passi esatti dalla (fu) via Roma 10, l'indirizzo della palazzina crollata.

Ora come allora, lì c'è soltanto una macchia di asfalto recintata e colonizzata dai gatti ostili e diffidenti. Solo che allora c'erano sempre fiori freschi, lumini votivi, cartelli lirici e malinconici. Persa la memoria per le martiri, ora sono rimasti soltanto i cartelli, usurati e scoloriti. Come l'intero Sud.

Viggiano, l'oro occultato

> I potentini sono gente antica, a lungo rimasta isolata in una terra meridionale e interna. Non sono affatto sorpreso che risultino i più sereni d'Italia. Ogni volta che da Roma torno a Potenza, e lo faccio spesso, avverto subito, fortissima, la differenza. È gente che conserva una grande onestà di carattere. Io li amo per il pudore dei loro sentimenti, profondi, ma espressi con discrezione, senza effusioni.
>
> PASQUALE FESTA CAMPANILE, intervista a «Oggi»

Nella Terra dei sogni la disoccupazione è prossima allo zero, le tasse locali sono abolite e il bonus bebè arriva fino a cinquemila euro. In quel luogo fatato i ragazzini frequentano scuole ristrutturate e accoglienti, gli anziani vengono inviati gratuitamente alle terme e i giovani studiano all'università con l'80% delle spese coperte (master compresi). Tutti, poi, possono godere di un centro culturale all'avanguardia, di strutture sportive di livello europeo e, eventualmente, della succursale del conservatorio. Se poi un cittadino, uno qualsiasi, ha un progetto imprenditoriale e lo presenta all'ufficio sviluppo, è certo che gli verrà finanziato, a patto che sia potenzialmente interessante. Quanto alle abitazioni, ai residenti la ristrutturazione viene rimborsata per quattroquinti. E d'inverno, quando devono riscaldarsi, pagano poco o nulla, perché godono annualmente di un benefit gas variabile dai seicento ai mille euro. Ecco, state ancora sognando? Svegliatevi pure. Questa Terra esiste: si chiama Viggiano, sta al Sud, in provincia di Potenza, e domina la val d'Agri.

Difficile, però, che tale modello possa essere replicato. La spiegazione parte da una domanda precisa al sindaco Amedeo Cicala: «Al netto degli euro già impegnati, quanti milioni avete ancora in cassa?». Risposta: «Alcuni pensano siano centoventi. In verità sono soltanto sessanta...». Proprio così: «Soltanto sessanta». Denari che renderebbero felice qualsiasi Comune italiano, figurarsi quelli sotto i cinquemila abitanti. Ma che costituiscono solo una parte dei circa due miliardi di euro di royalty sulla produzione di idrocarburi (gas e soprattutto petrolio) pagate dalle multinazionali per occupare appena lo 0,5% del territorio lucano. Nel dettaglio, le compagnie petrolifere hanno versato 225 milioni ai Comuni (con Viggiano beneficiata di 142 milioni), 1,3 miliardi di euro alla Regione Basilicata e, soltanto negli ultimi sei anni, 290 milioni al Fondo nazionale idrocarburi per finanziare la card idrocarburi, ovvero i buoni benzina per tutti i patentati della regione. Sì, tutti, anche quelli residenti lontano dai pozzi.

Poi, certo, si può – anzi, si deve – discutere di come la Regione Basilicata ha finora impiegato quei soldi. Li ha spesi proprio male; la Basilicata è la seconda regione più indigente d'Italia, l'indice di povertà delle famiglie è del 25,2% (la media nazionale è del 10%). A spiegare perché è una relazione della Corte dei conti dell'aprile 2014: «Anziché in investimenti per lo sviluppo e il lavoro», l'85% delle risorse «se n'è andato in spesa corrente», per coprire buchi di bilancio e finanziare sagre e dvd celebrativi (uno anche per Francis Ford Coppola; persino lui, il grande regista, di sicuro ne sentiva la mancanza), mentre «soltanto il 7% è andato alla ricerca e all'innovazione». Il risultato è che le infrastrutture lucane restano primordiali, l'emigrazione di necessità ancora pesa, il tasso di natalità è tra i più bassi d'Italia (meno di 1,2 bambini per donna) e la disoccupazione, seppure in calo rispetto al resto del Mezzogiorno, viaggia comunque intorno al 15%.

Marcello Pittella, governatore dal novembre 2013, pare aver finalmente messo un freno agli sprechi. Nel dicembre 2015 ha annunciato la sospensione della carta carburante e individuato una nuova strada. E cioè il reddito di cittadinanza, un assegno di cinquecento euro al mese a circa ottomila soggetti lucani in condizioni di indigenza: disoccupati, cassintegrati in scadenza e nuclei familiari con un reddito inferiore ai novemila euro.

Il reddito minimo è ideato nel modo seguente. I singoli Comuni della Basilicata presentano in Regione uno o più progetti. Questi progetti devono essere tarati su lavori di pubblica utilità e hanno l'obbligo di impiegare per un anno disoccupati e indigenti, la cui paga viene liquidata direttamente dalla Regione. Contestualmente i beneficiati dal provvedimento devono seguire un corso di aggiornamento professionale nella speranza che poi trovino un lavoro vero.

Detto che il reddito di cittadinanza non è affatto la panacea di tutti i mali, rischia anzi di assuefare i cittadini all'assegno facile ed è comunque una proposta di assistenza e non di sviluppo, va però aggiunto che il progetto lucano è il migliore in Italia: i quaranta milioni di spesa sono tutti autofinanziati. Le altre sei Regioni (Lombardia, Valle d'Aosta, Friuli-Venezia Giulia, Lazio, Molise e Puglia) più le Province autonome di Trento e Bolzano impegnatesi a garantire il salario minimo ai disoccupati lo pagano, o vorrebbero pagarlo, attraverso fondi europei sul reinserimento nel mercato del lavoro. La Basilicata, invece, lo salda al 95% con le royalty sul petrolio.

Ma la Lucania è soltanto una parte, seppure la più produttiva, del sistema petrolifero italiano. In Italia oggi esistono già 1010 pozzi e di questi 615 sono in terraferma e 395 in mare. Fatto più importante, danno lavoro a quasi settemila persone, indotto compreso, con un impatto sulle finanze di circa tre miliardi di euro all'anno. Niente male davvero. E meglio ancora si potrebbe fare. Prendiamo Barack Obama. Il primo presidente di colore statunitense ha vinto la sua partita economica aumentando la spesa pubblica (altro che rigore europeo), ma anche puntando molto sul petrolio. Gli Stati Uniti, infatti, sono di nuovo una potenza energetica grazie allo *shale oil*, che ha aumentato la produzione americana di circa il 70% in cinque anni: con dieci milioni di barili al giorno, rappresentano il maggiore produttore mondiale di greggio.

Poi, certo, è vero che il prezzo del petrolio è calato drasticamente e infatti le *shale industries* la stanno pagando cara, perché quel tipo di estrazione, oltre a essere assai invasivo, prevede spese molto alte. Ma i nostri oli sono relativamente economici da estrarre, richiedono impianti dall'impatto bassissimo e valgono ancora (potenzialmente) nove miliardi di euro all'anno. Tutto questo mentre noi italiani compriamo dall'estero il 76% dell'energia, quando la media europea è del 53%. Estraendo petrolio scenderemmo rapidamente al 60%, con effetti importanti sulle nostre bollette e sull'occupazione.

Tuttavia, il petrolio italiano ha sempre tanti nemici. Compongono il potentissimo quadrilatero dei No Triv (no trivelle) la quasi totalità degli ambientalisti, un pezzo importante di giornalismo nostrano, molti politici e singoli pubblici ministeri. Tutti insieme appassionatamente ci ammoniscono sulla morte e la distruzione portata dal petrolio, sulle catastrofi ambientali imminenti e le leucemie un tanto al chilo.

In un'Italia dove ormai pochi studiano o leggono le carte ufficiali, il quadrilatero s'incastra alla perfezione, soprattutto al Sud: gli ambientalisti, talvolta in buona fede, lanciano un allarme emotivo; i giornalisti lo amplificano perché li rende popolari; i politici lo assecondano per rimediare voti; i magistrati lo accolgono per fare giustizia a tutti i costi, vera o falsa che sia la notizia di reato. Eh già, perché sui temi ambientali vale la regola del «sentito dire»: più la denuncia è preoccupante, più i social network la rilanciano, più la voce di popolo diventa voce di Dio.

Prendiamo la presunta storia dei tumori provocati dall'estrazione di petrolio. Su Google, digitando «tumori in val d'Agri», compaiono centinaia di pagine angoscianti, tipo: «Lo spaventoso aumento dei tumori», «La val d'Agri ammalata di petrolio», «Il cancro nero» e così via. A leggerle, però, dimostrano zero fondamento scientifico: mancano dati, fonti e persino circostanze, rappresentano soltanto opinioni e sensazioni. Semiclandestino, circola invece il *Registro dei tumori della Basilicata*, il massimo studio in materia, dal quale emerge che la media dei malati registrata in Lucania (parole del responsabile, Rocco Galasso) «è al di sotto di quella nazionale e in linea con la media delle regioni del Centro-Sud». Di più: in Basilicata le percentuali più alte si registrano «a Potenza e nel Vulture-Melfese», mentre quella meno preoccupante risulta proprio «nell'area della val d'Agri». Il guaio è che i No Triv, di fronte a cotanta evidenza, hanno pure rilanciato. Come? Ostentando la prova decisiva: le carpe del Pertusillo...

Accanto al territorio di Viggiano – tra Grumento Nova, Montemurro e Spineto – c'è un lago artificiale, il Pertusillo, appunto, bello e grande: occupa una superficie di settantacinque chilometri quadrati. È importante per la produzione di energia idroelettrica e, soprattutto, perché è uno dei punti di partenza dell'acquedotto pugliese: consente l'irrigazione di oltre trentacinquemila ettari di terreni tra la Lucania e il tavoliere. Intorno al lago, oltre alle coppiette, prosperano diverse aziende agricole e si praticano la pastorizia e la pesca sportiva. Purtroppo, da una decina d'anni a questa parte nel Pertusillo si registrano periodiche morie di pesci. A ogni strage delle povere carpe è puntualmente corrisposta la campagna ambientalista in difesa di agricoltori, pastori, pescatori, pecore, mucche, peperoni, melanzane, pecorino, scamorze e, ovviamente, della frittura di pesce.

«È colpa di idrocarburi, acidi alogenati e clorurati cancerogeni», urlavano gli allarmisti; bravi, bene, bis, acclamavano twittatori, facebookisti e giornalisti ideologizzati, gli stessi che insultavano l'attore Rocco Papaleo e il paesologo Franco Arminio per aver manifestato pubblicamente un approccio laico sulla faccenda petrolio. Ma tant'è.

Nel novembre 2015 un rapporto ha tentato di rimettere le cose a posto. Aldo Schiassi, allora direttore dell'Arpab (Agenzia regionale per l'ambiente della Basilicata), ha presentato lo studio più approfondito mai compiuto sul Pertusillo, coinvolgendo i migliori laboratori italiani. Il risultato, consultabile sul sito dell'agenzia, lo sintetizza Schiassi stesso: «Il lago è inquinato e va bonificato. Ma è da sfatare il mito delle estrazioni petrolifere: la moria dei pesci è dovuta a scarichi illegali di allevamenti e agricoltori, e di qualche azienda locale». Insomma, è davvero grottesco: gli ambientalisti, accecati, difendevano quelli che contaminavano il Pertusillo.

Ciononostante, in pochi hanno rilanciato lo studio dell'Arpab. Anzi, nell'aprile 2016, l'opinione pubblica ha potuto leggere soltanto le carte dell'inchiesta Tempa rossa, che ha condotto alle dimissioni per «opportunità politica» del ministro Federica Guidi (peraltro considerata dai magistrati parte lesa da una presunta cricca guidata dall'allora partner Gianluca Gemelli). Sulla vicenda, per quanto mi riguarda, vale il parere di Antonio Polito del «Corriere della Sera»: «La corruzione va combattuta senza quartiere perché è distruttiva dell'economia, ma guai se pensassimo di stroncarla stroncando gli affari: la qualità della nostra vita e il nostro reddito dipendono dal livello di sviluppo e di tecnologia del Paese in cui viviamo». Parole sacrosante, alle quali aggiungo un mio commento brutale: prendete i corrotti, metteteli in carcere e buttate le chiavi. Ma un conto sono gli affari (grazie ai quali un paese cresce), un altro gli affaristi (con i quali un paese si deprime).

Prendiamo il filone dell'inchiesta Tempa rossa, che riguarda il Centro Olii di Viggiano. Cosa contestano i magistrati di Potenza all'Eni? Di aver smaltito come «non pericolosi» rifiuti ritenuti «pericolosi». Di fatto, si tratta dell'acqua che – estratta insieme al petrolio e separata da esso – viene immediatamente rimessa nel giacimento. Secondo i periti della procura quella stessa acqua andrebbe trattata prima della reimmissione. Cosa risponde l'Eni? Prendiamo l'analisi di Davide Tabarelli, presidente di Nomisma Energia: «Nel mondo vi sono oltre tre milioni di pozzi che ogni giorno producono 96 milioni di barili, petrolio che esce mischiato ad acqua che, una volta separata, viene rimandata nel giacimento dove era rimasta, prima, per milioni di anni. La normativa italiana qui lascia aperta l'interpretazione che l'acqua, in quanto passata per un impianto, diventi rifiuto speciale e che pertanto debba essere trattata; cosa che mai accade nel resto del mondo». È proprio così: l'accusa avanzata dai pm di Potenza è configurabile soltanto in Italia. Sul pianeta terra non c'è altro luogo dove la reimmissione dell'acqua venga valutata come disastro ambientale. A questo punto la domanda è: tutti gli altri sono superficiali?

Di sicuro – senza entrare nei dettagli tecnici, comunque tutti verificabili da chi ne avesse voglia – la tecnologia installata a Viggiano è tra le più avanzate e pulite del globo. Per capirci bene sul livello ricerca scientifica: il 9 novembre 2015 il Legatum Institute, prestigiosissimo istituto di Londra, ha diffuso «l'indice globale di prosperità», che classifica i paesi più felici del mondo. Bene, il primo posto è andato alla Norvegia, per la sua economia forte che va di pari passo con la vocazione ecologista. Ecco, il paese scandinavo deve la sua fortuna economica e ambientale anzitutto al petrolio e alle trivelle. In Norvegia, per esempio, grazie ai proventi delle estrazioni, possono permettersi di azzerare tasse, pedaggi e parcheggi per i possessori di auto elettriche, ormai il 30% dell'intero parco auto circolante. Insomma, lì col petrolio proteggono l'ambiente. E infatti, nel gennaio 2016, il governo di Oslo ha assegnato ulteriori cinquantasei licenze di esplorazione, alcune delle quali anche all'Eni.

Tutto questo mentre, dal marzo 2016, a ottantacinque chilometri a nord-ovest di Hammerfest, opera il primo giacimento a olio a entrare in produzione nel mare di Barents. Si chiama Goliat ed è la più grande e sofisticata piattaforma al mondo. Struttura infatti un sistema sottomarino composto da ventidue pozzi: sette servono esclusivamente a riniettare l'acqua nel giacimento. Chi ha costruito Goliat? L'Eni. Ovviamente, non è un caso: la Norvegia si riferisce costantemente alla tecnologia italiana. È più o meno la stessa della val d'Agri. Dove, tra l'altro, con il petrolio è spuntata ricchezza anche sotto altre forme.

Dal 1999 al 2014 le presenze per il turismo-business sono aumentate del 26%, e con esse gli alberghi. La quotazione delle abitazioni è cresciuta dell'80%. L'Europa ha riconosciuto il marchio Dop e Igp a sei nuovi prodotti alimentari lucani molto dopo le perforazioni, a conferma che per Bruxelles non incidono sulla natura circostante. Soprattutto, l'indotto comincia a camminare con le sue gambe. Dopo essere nate e formatesi con il Centro Olii, singole imprese della valle si stanno aggiudicando appalti nel mondo, a partire dal Mozambico, anche con compagnie concorrenti dell'Eni.

E comunque, se non vi fidate, potete visitare Viggiano. Ne vale la pena, a prescindere dal petrolio: il cibo è genuino, la natura uno spettacolo, si incrocia una discreta arte sacra, ha una grande tradizione musicale ed è pure il posto giusto per chi ha il dono della fede. Questa è infatti la patria della Madonna nera, «patrona e regina» della Basilicata. Sopra il Sacro Monte c'è la sua effigie in terra, venerata persino da papa Francesco e proteggente un paese che va pure ripopolandosi.

Qui la rotta è inversa rispetto alla nuova emigrazione che sta devastando il Sud Italia in generale e la Basilicata in particolare: 744 mila unità nell'ultimo decennio, soprattutto giovani e laureati. Al censimento del 2011 Viggiano contava 3122 abitanti, ma ora sono già più di 3300. Anche l'assessore al Bilancio, Rosita Gerardi, è un'emigrante di ritorno. Ora vorrebbe che la sua storia diventasse la storia di altri, tanti altri: «Contiamo entro il 2020 di superare i cinquemila residenti. Come? Alzando ancora l'asticella della qualità della vita». Per i viggianesi, infatti, si prospetta un futuro ancor più sereno. Non è sempre stato così: «Ora stiamo risolvendo il problema, però da noi resistono ancora contrade senza strade e fogne degne del III millennio», spiega Cicala, alla guida del Comune dal maggio 2014, «perché, nonostante la gran massa di soldi, in val d'Agri, e non solo, è mancata la programmazione. Si è proceduto con interventi spot invece che strutturali. E questo ha legittimamente stimolato in alcuni la diffidenza verso il petrolio».

È una diffidenza forse destinata a lenirsi davanti alla piscina olimpionica, ovviamente coperta e riscaldata: aprirà tra un anno. Il palazzetto dello sport è stato appaltato nel novembre 2015, mentre la clinica e una residenza per anziani verranno inaugurate al massimo entro il 2017. Quanto agli altri nove comuni della val d'Agri, anche quelli privi di pozzi, il 16 dicembre 2015 è stato battezzato un bonus energetico che vale venti milioni di euro in cinque anni e corrisponde in media a circa trecento euro annui per famiglia. Questo solo per il disturbo di avere i pozzi in zona.

E che dire infine della nuova seggiovia e delle piste da sci di Montagna Grande? C'è il bando per la progettazione di strutture per circa dodici milioni di euro, tutti soldi messi dal Comune «per recuperare la nostra vocazione turistica: se ci sediamo sul petrolio non costruiamo speranza ma soltanto un benessere effimero», chiude Cicala. Che, a naso, sarebbe un buon sindaco anche in Norvegia. Anzi, il lavoro gli verrebbe anche meglio: lì sparirebbe il quadrilatero No Triv che attenta alla felicità del suo popolo, tremante davanti alla possibilità che i pozzi vengano chiusi per sempre. Storicamente, infatti, molti meridionali remano contro la felicità. E vincono quasi sempre: Rockhopper, Petroceltic e Shell, tre multinazionali pronte a investire due miliardi di euro, hanno già deciso di lasciare l'Italia. Anzi il Sud Italia. Complimenti ai boicottatori.

L'Aquila, le ali (tarpate) della libertà

> Bisogna prenderci come siamo, gente rimasta di confine (a quale Stato o nazione? O, forse, a quale tempo?), con una sola morale: il lavoro. E con le nostre Madonne vestite a lutto e le sette spade dei sette dolori ben confitte nel seno. Amico, dell'Abruzzo conosco poco, quel poco che ho nel sangue.
>
> ENNIO FLAIANO

È notte fonda lungo l'A24. Il buio nasconde alberi e monti, ma nulla può contro i colori sparati dall'Aquila. Non sono quelli dei giorni di festa, e ci mancherebbe pure, la città ha smarrito l'allegria, sua anima autentica, tra le macerie del centro storico.

Quelle luci sono l'appendice più alta delle gru. Sono 92 ed è inevitabile per il cantiere forse più grande del mondo, probabilmente d'Europa, sicuramente d'Italia: 227 lavori in corso nel centro città, 580 nell'area urbana, 810 tra i 56 comuni del cratere sismico, settemila operai all'opera. Sullo sfondo, le anime dei 309 morti per il terremoto offese dal post-terremoto dei viventi.

Qui, nel punto più a Nord del Sud Italia, si sperava che la ricostruzione fosse altro dall'Irpinia e dal Belice. E invece no, l'organizzazione è stata simile, cioè pessima.

Almeno questo dicono i ragazzi. I giovani aquilani sostano annoiati sul ciglio della Zona rossa, davanti a casette di legno ed ex magazzini diventati pub. Marta, Marco, Andrea e gli altri sono indifferenti agli scandali. Eppure l'ultimo li riguarda direttamente. Il 25 gennaio 2016 l'ex rettore dell'università, Ferdinando Di Orio, è stato condannato in primo grado a tre anni e sei mesi, ma il terremoto non c'entra niente. Secondo i giudici ha indotto un collega docente, Sergio Tiberti, a versargli dei soldi, tanti soldi, sotto la minaccia del licenziamento. Il conto è salito a 141 mila euro in nove anni ma Tiberti, stremato, lo ha denunciato soltanto quando Di Orio lo ha umiliato davanti ai colleghi mimando un'esecuzione: «Quando il coniglio esce dalla tana, allora pum pum pum».

Per quanto possa contare, questa storia è una ferita alla mia gioventù, quando all'Aquila venivo a cercare il Sud migliore, vivace e perbene. Forse i tempi cambiano a prescindere, però, è difficile stare diversamente nella stessa città del tempo che fu, quando un buon bicchiere di vino sorseggiato nei vicoli del centro storico ti faceva sentire caldo anche col freddo. Oggi, invece, il freddo invade i sentimenti anche quando fa caldo.

Marta e gli altri, comunque, un pregio l'hanno mantenuto: sono preparati. Elencano a menadito la lista degli sprechi: la spesa per la ricostruzione della questura è passata da tre a 18 milioni di euro, l'affitto dei locali per la facoltà di ingegneria da 900 mila a 1.900.000, i certificati di agibilità delle 24 scuole dell'Aquila da 24 mila a 600 mila euro e così via, fino alle 3600 abitazioni classificate come pericolanti e che per il Cnr presentavano danni marginali. Poi raccontano delle scelte più scellerate, tipo la cosiddetta «sostituzione edilizia» imposta nel 2009 dall'allora governatore abruzzese, l'azzurro Gianni Chiodi. Funziona così: «Gli aquilani a cui è andata distrutta la proprietà possono lasciarla allo Stato e chiedere in cambio un contributo per comprare una casa di prezzo equivalente. All'Aquila? Nella provincia? In Abruzzo? No, dovunque vogliano». E la fuga è assicurata.

Infatti la città perde residenti: circa duemila su 69 mila soltanto nel 2015. E chi resta ha l'angoscia del reddito. Qui la disoccupazione, in crescita, è al 27%. Inoltre, molti aquilani hanno pure perso le rendite un tempo garantite dagli affitti agli studenti universitari. Eh già, perché, mentre si tenta la ricostruzione, la valle dell'Aterno mostra un incredibile paradosso: a causa delle *new towns* – a partire da quelle presunte temporanee del progetto C.a.s.e. voluto dal governo Berlusconi –, conta più abitazioni adesso che prima del terremoto.

Più in generale, L'Aquila è una città ingolfata nella sua parte pubblica. A spiegarlo con maggior precisione è Sergio Rizzo sul «Corriere della Sera» nel giugno 2016: «Il fatto è che mentre la ricostruzione degli immobili di proprietà privata ha preso a marciare con un ritmo sorprendente, se si considera l'immobilismo di partenza, quella degli edifici pubblici è ancora sostanzialmente ferma. Prova ne sia la circostanza che il palazzo del Comune e quello della Regione, a sette anni dal terremoto, rimangono ancora ingabbiati da grovigli di puntelli. Nemmeno l'appalto per la sistemazione della sede dei Vigili del fuoco è ancora partito. E qui si tocca con mano il problema dei problemi: perché le due velocità con cui sta procedendo la rinascita fisica della città non potrà non avere conseguenze sulla ricostruzione del tessuto sociale». Ecco, scrive Rizzo, «la domanda da farsi è se nella classe politica ci sia coscienza di tutto ciò: risposte, purtroppo, non ne abbiamo». Forse perché la macchina comunale è congestionata, mentre il sindaco democratico Massimo Cialente, per distrarre l'opinione pubblica dalle sue responsabilità, si dimette a mesi alterni protestando contro tutto e tutti. Salvo poi ripensarci, va da sé, e annunciare un nuovo folgorante avvenire. Tranquilli, non gli crede più nessuno.

Fin qui il piano politico. Su quello criminale è andata anche peggio, e dall'inizio, come documenta una squallida e meschina intercettazione. È stranota, ma rileggerla comporta ancora e sempre un conato di sdegno:

Pierfrancesco Gagliardi: «Occupati di 'sta roba del terremoto perché qui bisogna partire in quarta subito… non è che c'è un terremoto al giorno».

Vito Piscicelli: «No… lo so» (*ride*).

Gagliardi: «Così per dire, per carità… poveracci».

Piscicelli: «Va buo', ciao».
Gagliardi: «O no?».
Piscicelli: «Eh certo: io ridevo stamattina dalle tre e mezzo dentro il letto».
Gagliardi: «Io pure. Va buo', ciao».

La conversazione è datata 9 aprile 2009, coincide con il giorno della tragedia. E l'orario di cui i due blaterano, «le tre e mezzo», è più o meno quello della scossa, arrivata alle 3.32. Gli sciacalli, insomma, erano pronti in tempo reale a farsi un aperitivo con gli appalti, pasteggiare con la salma dell'Aquila e ubriacarsi con i circa dodici miliardi di euro poi stanziati dallo Stato. Intanto, però, già ruttavano sui cadaveri.

Altri sciacalli di vario tipo non si sono fermati nemmeno davanti alla diffusione della telefonata e al seguito di sdegno nazionale e internazionale. Nell'Aquila le storie di tangenti, camorra, mala politica e pessima imprenditoria hanno ormai assunto il carattere della normalità. Storie che è persino superfluo elencare, basterà ricordare le grandi inchieste di Antonello Caporale, Fabrizio Paladini, Giustino Parisse, Stefano Vespa, tutti bravi e valorosi giornalisti. Due vicende, però, le ho segnate con cura sul taccuino dell'indignazione.

Una riguarda Roberto Riga (vicesindaco e assessore all'Urbanistica fino al gennaio 2015), già coinvolto in altre schifezze presunte, e l'imprenditore Massimo Mancini (patron di impresa Mancini nonché vicepresidente dell'Aquila Calcio). Emersa nel novembre 2015, l'indagine esamina l'appalto privato affidato a Mancini per l'oratorio Don Bosco e l'intero complesso edilizio di proprietà dell'Opera salesiana. Valore della commessa: ventotto milioni e mezzo di euro. Secondo i magistrati, l'allora vicesindaco avrebbe spinto i salesiani ad assegnare i lavori al costruttore amico. Una volta garantito l'ingaggio, Riga avrebbe locato a Mancini un appartamento della moglie. Valore di mercato: cinquecento euro al mese. Cifra del contratto: mille e duecento euro. Valore della tangente ipotizzata dai magistrati: settecento euro fissi al mese. Uno stipendiuccio, insomma.

C'è di peggio, però. A questa capitale bella e sventurata, prima estranea al malaffare diffuso, dopo il terremoto è stato pure attaccato un epiteto tremendo: «Sistema L'Aquila». Tremendo perché richiama «'O sistema», l'infame cupola che governa gli affari di camorra.

È accaduto il 25 giugno 2014, quando la Dda (Direzione distrettuale antimafia) ha appunto svelato un sistema trasversale a tutte le inchieste: appalti di prima emergenza, progetto C.a.s.e., puntellamenti, beni artistici e proprietà della Chiesa, ricostruzione delle scuole e ricostruzione privata. Nel caso in esame, l'antimafia ha indagato sulla ricostruzione privata. Secondo le parole del pm David Mancini, «gli imprenditori aquilani acquisivano una gran quantità di commesse» e «guadagnavano più o meno il 30% senza metter mano nei lavori», perché poi subappaltavano «completamente alle imprese dei Di Tella». Appaltavano, cioè, ai prestanome del clan dei Casalesi. Non paghi, questi Di Tella «portavano a L'Aquila i lavoratori casertani, li facevano assumere formalmente, con regolare busta paga, quindi chiedevano indietro il 50% di quanto legittimamente guadagnato, attraverso semplici prelievi bancomat. I guadagni illecitamente procurati finivano in una contabilità occulta, parallela».

«I soldi sono la carta di credito di un uomo povero», scriveva nel 1951 Marshall McLuhan nel saggio *La sposa meccanica*. All'Aquila i soldi sono diventati il bancomat degli uomini feroci, pronti a speculare due volte: sul terremoto e sugli operai.

Sono untori, questi, che hanno inoculato nel territorio il virus del malaffare, facendo degenerare la malattia più grave portata dal terremoto: lo spappolamento del tessuto sociale della città. L'allarme dello storico dell'arte di «Repubblica», Tomaso Montanari, è quanto mai opportuno: «Il pericolo, ogni giorno più concreto, è che a risorgere sia una quinta monumentale, condannata a rimanere vuota». Il futuro, perciò, «si gioca assai di più sul tempo che passa prima di ottenere l'allaccio del gas che non su quello della riapertura dei musei e delle chiese monumentali. È la mancanza di servizi pubblici, di negozi, delle condizioni elementari per la vita quotidiana a indurre gli aquilani a non tornare, o addirittura a tentare di vendere le loro case riconquistate». Ed è «per questo che ora la sua ricostruzione non può più essere solo edilizia e ingegneristica: deve diventare sociale, civile. Politica, nel senso più pieno».

Insomma, ci vorrebbe un masterplan socio-culturale per L'Aquila. Invece nulla, sul punto si registra un totale vuoto istituzionale. Ogni tanto ci pensa qualche categoria a smuovere le acque, purtroppo con scarsa fortuna. Nel 2016 un progetto l'ha redatto pure Agostino Del Re, direttore della Cna (Confederazione nazionale dell'artigianato e della piccola e media impresa) della provincia dell'Aquila. Lui la chiama «rivitalizzazione», che spera essere condivisa «tra imprese, società civile, mondo della cultura e dell'accademia, società politica e amministrazioni pubbliche», ed è incentrata su «arts, technology, engineering, science» per costruire «la città del fare bene, della creatività, dell'innovazione, della bellezza, del benessere». Auguri a Del Re. Tuttavia, la sua proposta è stata accolta nella totale indifferenza della politica. La stessa che in passato ha fatto pure di peggio.

Nell'ottobre 2010 Confcommercio L'Aquila presentò uno studio serissimo per il rilancio della città. Sosteneva già allora che alla ricostruzione materiale occorreva affiancare il rilancio economico e sociale. Per prepararlo ci vollero il sostegno di tecnici qualificati, il coinvolgimento di una quindicina di piccole associazioni di categoria e circa seicento sopralluoghi. Il report comprendeva rilievi tecnici, tabelle, grafici e persino un plastico del centro storico restaurato. Questo plastico venne donato da Confcommercio al sindaco Cialente, che insieme a mezza giunta lo presentò, gaudioso, in un'affollatissima conferenza stampa. Bene, bravi, bis, ma il bis non c'è stato: studio e plastico sono spariti nel nulla e Confcommercio ancora protesta. Vorrebbe che L'Aquila ritrovasse le sue ali, le ali della libertà perse con il disastroso terremoto della natura e lo sciagurato post-terremoto degli uomini.

Post scriptum

Durante le mie ricerche ho scovato un volumetto del 2012 dal titolo non propriamente agevole: *Una nuova normalità. Rischio e resilienza negli adolescenti esposti ad eventi traumatici. L'esperienza a L'Aquila*. Si tratta di una ricerca molto interessante dell'ufficio studi del dipartimento per la Giustizia minorile (e il committente spiega il titolo burocratico). Lo scopo? «Indagare gli effetti a medio-lungo termine del terremoto».

Senza offendere nessuno dei cattedratici coinvolti, lo scritto più interessante è firmato da Denis Suvorov, che non è un esperto mondiale arrivato da San Pietroburgo, bensì un adolescente abruzzese discendente da una famiglia dell'Est europeo. Il titolo del suo saggio è: *Sono un ragazzo aquilano*. Il 31 gennaio 2016 una mia amica testarda è riuscita a ritrovarlo. Finito il liceo, Denis è infatti andato a Padova a studiare. Ora ha ventidue anni e a quattro dall'uscita del libro è pronto a rimpossessarsi della sua città. Lo rivela attraverso Skype con qualche emozione. Interromperlo sarebbe un delitto. Quello che segue è il resoconto fedele delle sue parole.

Il passato

Mi ritengo fortunato. Abitavo in via della Croce rossa, a pochi passi dalle mura. Ho vissuto L'Aquila del presisma e del postsisma. Persone più giovani di me non ricordano com'era davvero la nostra città. Una volta era il centro, che oggi ha cambiato volto. Era una grande famiglia. Non avevi paura di lasciare la bicicletta aperta o di girare da solo di notte. Ma mentre prima ci riunivamo nei locali, a un certo punto il nostro ritrovo sono diventate macerie.

Dopo il terremoto alcuni di noi hanno deciso di restare nelle tendopoli. Altri invece, come la mia famiglia, di trasferirsi in un hotel sulla costa, a Roseto, in attesa della realizzazione di uno dei tanti progetti C.a.s.e. Poi siamo andati tutti a Pagliare di Sassa, a dieci chilometri circa dal centro. Non avevamo più i punti di ritrovo di sempre. C'era un centro commerciale. Il sabato ci ritrovavamo lì. Il percorso era obbligato, dal centro commerciale passavamo al fast food. Tra andata e ritorno, erano anche quattro ore di autobus ogni giorno per andare a scuola. Era faticoso ma confortante ritrovare le persone che conoscevi.

Il presente

Alla ricostruzione dello spazio vivibile in centro non è corrisposta la frequentazione. Bisogna aspettare in occasioni come il Natale, l'aperitivo prefestivo per vedere un po' di movimento. Il centro tutti lo vivono oggi come un luogo d'uscita, un luogo in cui andare, non in cui vivere. L'evoluzione della città è stata molto marginale. È un cantiere che procede lentamente. C'è una sorta di timore inconscio di rivivere momenti negativi e difficoltà di movimento.

Ho visto la mia vita per mesi come un desiderio di fuga. Poi un salto senza un punto di arrivo ben definito. Oggi però devo dire che il disagio tutto sommato è stato sopportabile. L'esperienza del terremoto mi ha dato tanto. Mi ha fatto maturare. Mi ha insegnato la solidarietà, la socialità. E penso abbia in fondo fatto bene anche alla città almeno da questo punto di vista. Era molto più chiusa. Oggi sono crollati i gruppi di frequentazione preconsolidati. Molte persone, ex vicini di casa, hanno fatto amicizia nelle tendopoli.

Il futuro

Io torno. Per ricominciare.

I MANDANTI

Dio ha creato il Sud e poi il diavolo l'ha infettato con le azioni di uomini inetti e malvagi.

Per i politici il Mezzogiorno è una vacca da mungere elettoralmente, per i mafiosi un osso da spolpare economicamente, per i nordisti una carogna da seppellire definitivamente.

I politici, frivoli e superficiali, ostentano un posticcio sentimentalismo di maniera per vendersi meglio ai più forti. Lo fanno a Roma e pure sui territori: piegano la storia dal benessere superiore dei popoli verso la direzione minore degli interessi particolari.

I mafiosi, farabutti e crudeli, sono parassiti che attentano alla salute pubblica, alla sana costituzione dell'impresa privata e alla vitalità pubblica e privata. Con la forza del terrore, si sono presi i nostri soldi e pure la nostra reputazione.

I nordisti, altezzosi e faziosi, piangono e fottono più dei sudisti: lamentano l'esistenza stessa del Mezzogiorno, salvo torturarlo materialmente e finanziariamente.

Questa triade di mandanti, con diverse sfumature, ha finora pianificato le sue mosse per vie parallele.

Tuttavia, converge verso un obiettivo primario: la morte del Sud.

I politici

> Chevalley pensava: «Questo stato di cose non durerà; la nostra amministrazione nuova, agile e moderna, cambierà tutto».
> Il principe era depresso: «Tutto questo», pensava, «non dovrebbe poter durare; però durerà sempre; il sempre umano, beninteso, un secolo, due secoli...; e dopo sarà diverso, ma peggiore. Noi fummo i Gattopardi, i Leoni, chi ci sostituirà saranno gli sciacalletti, le iene; e tutti quanti, gattopardi, sciacalli e pecore continueremo a crederci il sale della terra».
>
> GIUSEPPE TOMASI DI LAMPEDUSA, *Il Gattopardo*

CRONACHE DAL PARLAMENTO

Il corridoio dei passi perduti è lungo cinquantasei metri, largo dodici e ostenta la *grandeur* aristocratico-borghese dell'epoca liberty: marmi, stucchi e arredi da favola, scelti uno a uno dal progettista palermitano Ernesto Basile. Correva il 1918 e a quel bizzarro architetto venne l'idea singolare di riprodurre in un edificio pubblico – e che edificio – le grandi navi da crociera d'inizio Novecento. Così creò il lussuoso Transatlantico della Camera dei deputati, la prima classe dei naviganti la politica.

Faccendieri, sfaccendati, avventurieri, lobbisti, commessi, amanti, assistenti, segretarie, autisti, factotum, giornalisti, portaborse, portavoce, potenti, impotenti, ex potenti: in 672 metri quadrati si concentra la più varia e avariata umanità italiana. Tuttavia – e parlo da giornalista politico, quindi da testimone oculare –, le principali attrazioni della crociera restano sempre loro: i parlamentari e gli ex parlamentari

Chiunque può individuarle con facilità, le starlette del Transatlantico: sono le uniche escluse dall'obbligo del tesserino d'ordinanza, compresi i senatori, che pure bivaccano da queste parti. Accade da sempre, e anche nella XVII legislatura. Perché, nonostante i voti decisivi per la sopravvivenza dei governi siano quelli di Palazzo Madama, le sorti della Repubblica vengono storicamente decise alla Camera. È nei suoi uffici che premier, ministri e capipartito incontrano, tramano, indirizzano truppe e fedelissimi. E siccome di grandi leader meridionali non v'è più traccia da tempo, ai parlamentari sudisti resta solo da svolgere attività di livello più modesto.

Anzitutto, deputati e senatori meridionali sono dei grandi tabagisti. Trascorrono ore in cortile o nel corridoio fumatori, incollati allo schermo che riprende i lavori dell'aula. Si muovono soltanto in un caso: per andare a votare. A volte si distraggono e li vedi correre ancora con il fumo che esce dalle narici. Per esempio, Nicola Fratoianni e Arturo Scotto, coordinatore e capogruppo della vendoliana Sel, sono sprinter molto apprezzati a Montecitorio. Aniello Formisano dell'Italia dei Valori, invece, è un diesel che non sbaglia mai i tempi. Tuttavia, le corse più spettacolari rimangono quelle di un nemico pubblico del tabacco, l'ineffabile Domenico Scilipoti di Forza Italia: prima da deputato e ora da senatore, arriva sempre all'ultimo istante utile, ansimante, vittima delle sue lunghe conversazioni con chiunque gli capiti a tiro e proprio non riesce a sottrarsi alle chiacchiere. L'esatto contrario dei sardi, tipo gli onorevoli Gian Piero Scanu e Marco Meloni del Pd, che stanno sempre per i fatti loro e sono pure scostanti.

Un altro atipico è Tommaso Ginoble da Roseto, Teramo. Si interessa pochissimo dei colleghi deputati, le sue attenzioni sono rivolte prevalentemente ai giornalisti. Il problema è che parla esclusivamente di Abruzzo, anzi di sottogoverno abruzzese, che avrà pure la sua importanza, ma di sicuro ha scarso appeal sui cronisti parlamentari. Perciò il povero Tommaso, un sentimentale, rimane puntualmente deluso. Ed è a quel punto che si ritira in quelle che considera le sue stanze, ovvero l'emeroteca. Letti i quotidiani, rigorosamente abruzzesi, il deputato cade in un letargo profondo, alla maniera degli orsi marsicani. È un russare ritmato, il suo, ormai noto all'intero Transatlantico, che per tale armonia di suoni ha brevettato una categoria di pisolino politico: il mitico «Ronfo Ginoble».

In generale, però, i parlamentari meridionali amano esercitare tra colleghi la cosiddetta «chiacchiera morta». Se potessero, tirerebbero fuori pure un mazzo di carte per giocare a briscola, com'è in uso nei bar di paese tra amici-nemici. I siciliani, in questo, sono i più sinceri. Svelano senza finzioni il loro essere soci dello stesso circolo politico-ricreativo.

La loro «sicilitudine» travalica i partiti e trova una piena plasticità quando si palesa lui: Vladimiro Crisafulli, classe 1950, in arte Mirello. «Io non sono un fighetto. Se fossi belloccio come Renzi, se non fossi siciliano e non pesassi centodieci chili, non sarei stato coperto di insulti da simpatizzanti renziani: nei loro attacchi ci sono punte di razzismo». Questa dichiarazione, affidata a Klaus Davi nel 2013, rende conto dei suoi rapporti con il premier. Sono rimasti gli stessi di allora. Crisafulli non solo si oppone a Renzi, caso rarissimo tra i vecchi mestieranti meridionali, ma resiste pure alla Rottamazione. E ciò provoca l'orticaria al presidente del Consiglio.

Ex Pci-Pds-Ds, ex senatore, ex deputato nazionale, ex deputato regionale, ex assessore in Sicilia, Mirello resterà famoso, ben oltre la vita terrena, per aver sfoderato un'altra frase, ancor più da antologia: «A Enna io vinco col maggioritario, col proporzionale e anche col sorteggio». Purtroppo per lui, l'annuncio gli ha portato male. Al ballottaggio da sindaco del giugno 2015 ha perso contro Maurizio Dipietro, un fuoruscito dal Partito democratico sostenuto da liste civiche, ex berlusconiani e dissidenti (soprattutto renziani) del Pd.

Tuttavia, dal punto di vista del carisma, nulla è cambiato. La scena è formidabile. Mirello arriva e intorno gli si forma uno sciame di parlamentari siciliani che lo saluta strepitante e lo insegue fino al primo divanetto libero. Lui si siede, tace qualche secondo e poi fissa uno degli astanti, rimasti rigorosamente in piedi. Allora, solo allora, il prescelto parte con la domanda, che deve essere interessante, se no Crisafulli neppure gli risponde e sposta lo sguardo su un altro deputato. Per dire, anche il giovane segretario regionale Fausto Raciti, classe 1984, simbolo del rinnovamento siciliano, va puntualmente ad aggregarsi al gruppo. Raciti sta lì, ascolta i monologhi di Mirello e attende paziente il suo turno. Nell'attimo esatto in cui Crisafulli gli rivolge la parola, tutti gli altri salutano e vanno via veloci: lo fanno per lasciarli da soli.

Il guaio è che entrambi parlano con voce tonante e quindi le loro conversazioni sono di fatto pubbliche. È tutto un discutere di litigi con i tanti capetti democratici siciliani, i vari Antonello Cracolici, Davide Faraone, Giuseppe Lupo, Rosario Crocetta e chi più ne ha più ne metta (fa pure rima).

I parlamentari siciliani, peraltro, a Roma appaiono davvero inutili, parlano soltanto della Sicilia. Tu gli chiedi dell'Isis, della Banca Etruria o di papa Francesco? Loro ti rispondono su Palermo (o Catania o Trapani, a seconda di dove provengano). E se malauguratamente le cronache del giorno riferiscono di un personaggio pubblico siciliano, loro fermano chiunque per raccontargli la sua storia («Eh, come lo conosco io, non lo conosce nessuno!»), risalendo almeno fino alla settima generazione precedente. L'apoteosi è arrivata con l'elezione del palermitano Mattarella al Quirinale. D'improvviso sono tutti diventati amici di famiglia del capo dello Stato. L'aneddotica è vasta e complessa, soltanto l'incipit è sempre uguale: «Ora lo chiamo presidente per rispetto, però io e Sergio...».

I campani sono all'opposto, rifuggono totalmente dai discorsi localistici, se non altro per evitare di restare invischiati in faccende scivolose (inchieste, arresti e scandali, che in zona Vesuvio si contano più che altrove). La lista è ampia, comprende alcuni democratici (Enzo Amendola, Valeria Valente, Leonardo Impegno, Massimiliano Manfredi, Gennaro Migliore), il già citato capogruppo di Sel Arturo Scotto, gli astri nascenti dei 5 Stelle (Roberto Fico e Luigi Di Maio) e Mara Carfagna di Forza Italia. Tra loro si registra pure un minimo di frequentazione personale. Il problema è che sono giovani e ambiziosi, quindi in competizione permanente. Al punto da regalare ai giornalisti, ovviamente di nascosto, i migliori retroscena su avversari e compagni di partito, purché siano campani come loro.

Pure il lucano Roberto Speranza si atteggia a cosmopolita. Entrato trentaquattrenne alla Camera con il mandato di cambiare la storia della Basilicata, nei primissimi tempi si muoveva in punta di piedi con la timidezza propria dei provinciali perbene. Sono bastate poche settimane a trasformarlo. Nominato formalmente capogruppo del Partito democratico (prima) e ufficiosamente capo dell'opposizione interna a Renzi (dopo) è diventato un'altra persona, concentrata esclusivamente sul Palazzo: Potenza, la Basilicata e il Sud sono di fatto spariti dal suo vocabolario.

Qualcosa sul Molise, invece, i quattro parlamentari locali (Roberto Ruta, Danilo Leva, Ulisse Di Giacomo, Laura Venittelli) vorrebbero pure dirla. Purtroppo, raramente ci riescono: vengono da una regione davvero inutile. E non per i molisani in sé, gente solida, ma perché pure i molti molisani vivono con fastidio la sua esistenza superflua.

Su Facebook la pagina «Il Molise non esiste» conta quattordicimila fan, quasi tutti locali, ed è di una rara (auto)ironia contagiosa. E poi, «a Campobasso vorrebbero stare con Benevento, quindi con la Campania; sulla costa abbiamo un afflato territoriale con il Gargano, cioè con la Puglia; nella provincia di Isernia si dividono addirittura: per metà desiderano l'Abruzzo, per l'altra parte il Lazio», rivela Ettore Colombo, nota penna nazionale (per «Qn. Resto del Carlino») e orgoglioso nativo locale (è di Termoli, per la precisione). Colombo chiude così la faccenda: «Siamo pochi e riusciamo comunque a dividerci. La verità è che la mia terra ha un Dna impazzito. Succede quando una Regione viene procreata in vitro dalla politica».

Il Molise, infatti, è nato nel 1963 per secessione dall'Abruzzo e soltanto a seguito di un cinico calcolo elettorale. Lo storico Sergio Sammartino spiega che dopo la separazione Abruzzo e Molise espressero in totale «nove senatori democristiani»; prima, a territori unificati, erano stati «cinque democristiani, un socialista e un missino». Per la Dc fu un grande affare, per il paese no. È un fallimento evidente ancora oggi. L'intero Molise conta i residenti di un quartiere di Roma o Milano (312 mila in tutto), la gente continua a emigrare (ci sono 900 mila molisani nel mondo) e l'ente Regione costa in media 130 milioni all'anno.

Al netto di qualche bega di partito, il dibattito politico locale verte su domande epocali del tipo: «È più buona l'aria di Pietracupa o di Salcito?». Persino Antonio Pascale, che ha scritto il miglior libro sul Molise (*Non è per cattiveria*), si è scherzosamente sottratto alla competizione. Tuttavia, le rivalità campanilistiche sono di sicuro la cosa più interessante su un territorio che conta 136 Comuni. Di questi, soltanto dieci superano i cinquemila abitanti. La gran parte stanno sotto i mille, ma tanto è bastato per farne una Regione ed eleggere quattro parlamentari, che sembrano eternamente depressi. Luca Mastrantonio – giornalista, scrittore, figlio di molisani e frequentatore estivo della regione – spiega perché: «Patiscono un lunatico, *celotico* in dialetto, senso di abbandono da quando non sono più alla ribalta Antonio Di Pietro e Carlo Azeglio Ciampi, la cui moglie ha radici a Santa Croce di Magliano. Pensa, dopo le dimissioni di Giorgio Napolitano, Isernianews titolò: *Addio al presidente che non ha mai visitato il Molise*».

I parlamentari calabresi, invece, non sembrano depressi. Per la verità, nemmeno eccitati. Sono semplicemente impenetrabili. Le rare volte in cui conversano, compongono piccoli capannelli di tre persone al massimo e parlano con voce sottilissima: evidentemente non vogliono lasciare testimoni e testimonianze, davanti ai cronisti restano sempre taciturni e sospettosi.

Una volta uscito formalmente dal Palazzo, è invece diventato loquace Franco Covello, vecchio e rispettatissimo leader democristiano calabrese. In realtà Covello è ben presente, per interposta persona, sia in parlamento sia nel Partito democratico. Sua figlia Stefania, infatti, è deputata e responsabile nazionale del Pd per il Mezzogiorno e i Fondi europei. I due, Franco e Stefania, fanno spesso coppia, in Transatlantico come negli incontri pubblici. Non c'è nulla da fare: Franco prova a coinvolgere Stefania nei discorsi, ma gli altri presenti se la filano poco o nulla, lei rimane sempre e comunque sullo sfondo.

Quanto a carisma, però, ormai vince di sicuro il senatore del Nuovo Centrodestra Tonino Gentile. Nel 2014, nominato da Renzi sottosegretario ai Lavori pubblici, resistette appena settantadue ore. L'Italia intera, infatti, si indignò per una presunta censura al quotidiano «l'ora della calabria» su una notizia di reato riguardante il figlio, poi scagionato da ogni accusa. Come si dice anche a Cosenza, la sua città, «chiusa una porta, si apre un portone»: il 29 gennaio 2016 è stato rinominato sottosegretario, stavolta allo Sviluppo economico. Una circostanza che ha indotto il manifestarsi in Transatlantico della più antica tra le dinamiche politiche: l'alternanza denigrazione-adulazione. Ora Gentile è ovviamente adulatissimo.

I clan parlamentari, infatti, seguono sempre gli stessi riti universali. Per cui, chi risulta nelle grazie di governanti e leader nazionali viene lisciato da peones e sottopancia di Montecitorio. Appena, però, quelle grazie diventano dubbie, il liscio diventa contropelo. E senza schiuma da barba.

Per onestà va tuttavia aggiunto che entrambi gli esercizi «istituzionali» (*puah* e *slurp*) sono propri dell'intero arco parlamentare. Non riguardano, insomma, soltanto i meridionali. Semmai i sudisti mostrano ben altri difetti «esclusivi». Il più importante è l'indolenza, verificabile persino su internet.

La social media manager Eugenia Russo, con la sua società, Policyrc, ha creato un algoritmo per valutare l'impatto dei parlamentari sulla Rete; quello di deputati e senatori meridionali è di fatto insignificante. «Tranne rare eccezioni», dice Russo, «formano una strana comitiva di ignavi digitali».

Non se ne abbiano i parlamentari pugliesi (tanto gli altri, in pratica, fanno lo stesso), ma la loro indole pubblica è quella che meglio manifesta il concetto dell'atarassia sudista. Gero Grassi del Pd, Donatella Duranti e Arcangelo Sannicandro di Sel, Elvira Savino di Forza Italia, Francesco Cariello dei 5 Stelle, seppur simpatici come pochi, restano imperturbabili davanti a qualsiasi cosa avvenga in Italia e nel mondo. Figurarsi a Sud.

A dire il vero, un pugliese politicamente focoso ci sarebbe pure, ma non siede in parlamento. È Michele Emiliano, il presidente della Regione del tavoliere diventato il vero oppositore di Matteo Renzi. In fondo, è soprattutto una questione di ego: tra i due corre infatti il classico cattivo sangue dei vanitosi. Da lì alla guerra è un attimo.

A ogni provvedimento del premier che appena sfiora la Puglia, il governatore contrappone un'azione politico-militare, e viceversa. È successo con la Tap (sul gasdotto che dovrebbe portare il gas azero in Italia sono aperti ricorsi e controricorsi), la Buona scuola (l'avvocatura regionale ha impugnato il provvedimento), l'Ilva (al decreto del governo Emiliano ha opposto la richiesta di far acquisire l'acciaieria all'Eni), le trivellazioni petrolifere (la Puglia è stata capofila dei proponenti i referendum abrogativi) e altre amenità minori.

Poi c'è la politica, intesa come Palazzo, e qui il «punto di non ritorno» è individuabile in una data ben precisa: il 12 settembre 2015. Quel giorno Renzi, dimostrando di comprendere poco o nulla del Sud, disertò l'inaugurazione della fiera del Levante di Bari. Perché? Preferì volare a New York per una partita di tennis, per la precisione la finale di Flushing Meadows tra Flavia Pennetta e Roberta Vinci, un match davvero prestigioso. Ma la fiera pugliese non è una semplice mostra-mercato: costituisce da sempre l'evento politico-economico più importante del Mezzogiorno. Tradizione vuole, perciò, che venga inaugurata dai presidenti del Consiglio in carica davanti alla migliore classe dirigente meridionale. Saltarla per uno smash e una volée è stato uno schiaffo in pieno volto al Meridione, in particolare a Emiliano, che del Levante è il padrone di casa.

Da quel giorno il conflitto è esploso inesorabile. E rappresenta un'occasione sprecata soprattutto per Emiliano, che potrebbe pure diventare il leader di un potenziale nuovo Sud, ma per ripicca verso Renzi si è messo a usare i suoi stessi metodi rottamatori. Perché la sfida tra i due modelli contrapposti (il partito della nazione e il partito delle Regioni) è evidentemente uguale e contraria. Il risultato, cioè, non cambia.

«Cos'è la destra, cos'è la sinistra», cantava Giorgio Gaber a metà degli anni novanta. Un ventennio dopo non si capisce più nulla. Se a Roma il premier imbarca dai verdiniani ai postmissini, in Puglia il governatore ha effettuato un bel po' di manovre ardite. Prima ha proposto ai 5 Stelle di entrare nella sua giunta. Poi, con un bel salto carpiato, in nome di una «leale collaborazione nell'interesse dei pugliesi», ha ingaggiato come consulente gratuito per la sanità Francesco Schittulli, suo principale avversario di centrodestra alle elezioni regionali. E a Bisceglie, non un paesino (conta 55 mila abitanti), nella notte tra il 25 e il 26 gennaio 2016 il sindaco Francesco Spina ha trasportato nel Pd se stesso, sette assessori, quindici consiglieri comunali e 363 tesserati. Questo Spina è un ex Ccd, Forza Italia e Udc. Commento di Emiliano: «A Bisceglie è stata scritta una bellissima pagina di democrazia. C'è un'amministrazione efficace e un bravo sindaco che proviene dall'Udc. Con lui tanta bella gente che ha deciso di iscriversi al Pd».

Tutto torna, dunque: evidentemente la «bella gente» sceglie sempre Emiliano. Lo rivelano i numeri: in Puglia il Pd è passato dai 18.333 iscritti del 2014 ai 34.748 del 2015. E sarà per il suo curriculum da pubblico ministero senza macchia e senza paura o per il suo carattere così empatico e avvolgente, ma a Emiliano la campagna acquisti viene perdonata dentro e fuori dal Partito democratico. A Renzi non più.

Per capirci: con grande abilità, Emiliano ha «simpaticamente» fatto terra bruciata intorno al suo predecessore, Nichi Vendola; nel Transatlantico prima era un continuo ammiccare a Nichi, ora vanno tutti in direzione di Michi.

Tra l'altro, il governatore non è né renziano né dalemiano né bersaniano né franceschiniano: Emiliano è «emiliano», fa corrente da sé. Così, posizionandosi nella Terra di mezzo del Pd, è automaticamente diventato l'icona dei malpancisti di ogni colore politico, tutta gente potenzialmente utile a costruire il partito delle Regioni. Perciò ora il governatore frequenta Roma con una certa assiduità, per incontrare i suoi referenti parlamentari; primo fra gli altri, il campano Simone Valiante, portavoce di AmiciDem, una corrente giovane ma ben strutturata in tutta Italia.

Durante una delle visite «visibili» di Emiliano in Transatlantico, ad accoglierlo ci sono anch'io. Il 3 febbraio 2016, tra mille distinguo e sfumature (bisogna riconoscere che la sua guerra non è mai greve), il governatore lancia un bel po' di bordate niente male. La prima, a proposito di Rottamazione, è che lui ha «meno anni di attività politica di Renzi». La seconda è che la sua campagna acquisti è sul «modello classico del centrosinistra che guarda alla modernizzazione», mentre Renzi contamina il Pd «con soggetti politici equivoci». La terza è che il Sud «non può essere trattato come una riserva indiana»; anzi, Michi «non capisce perché mai nel partito ci siano difficoltà ad accettare questo nuovo protagonismo del Mezzogiorno». Protagonismo? Sarà, ma l'annunciato «Fronte del Sud» dei governatori meridionali si è perso «nel labirinto delle vertenze particolaristiche» – nota Marco Demarco, autore di *Terronismo*, un fortunato saggio sull'orgoglio e il pregiudizio imperanti fra nordisti e sudisti. «Il

Fronte del Sud piace più ai giornali che ai diretti interessati», sentenzia Demarco. E ha ragione da vendere.

I settentrionali eletti in ogni dove si contaminano tra loro, sono uniti dall'idea basica del Nord nazione e bombardano il Sud per propaganda. I parlamentari del Centro Italia (nativi e acquisiti alla romanità) stanno assieme almeno per esercitare il potere materiale e illudono il Mezzogiorno per convenienza elettorale. I meridionali restano invece divisi per bande geopolitiche, anche visivamente: un divanetto ai campani, un altro ai calabresi, un altro ancora ai siciliani e così via. Insomma, la disomogeneità della classe politica sudista è evidente già passeggiando a tempo perso in Transatlantico. È pacifico: se l'unione fa la forza, la disunione fa la debolezza.

Peraltro, già la divisione per regioni risulta nei fatti troppo ampia. Per il politico meridionale medio, alla fin fine, il Mezzogiorno corrisponde al territorio del suo bacino elettorale. E basta.

«Sì, generalmente è così», ammette il deputato napoletano Marco Di Lello, segretario della Commissione parlamentare antimafia, «e la spiegazione è nelle preferenze. Qualsiasi sia la legge elettorale, nel Sud solitamente i partiti ti candidano solo se dimostri di avere tanti voti personali. Colpa della politica ma anche conseguenza di un certo elettorato. Nel Mezzogiorno, è noto, il voto d'opinione conta al 20%, nel Nord all'80%. Questo ha portato a una deriva evidente, per la quale i politici meridionali investiti di ruoli nazionali invece di sviluppare una visione d'insieme, pensano anzitutto alle esigenze particolari». È agli atti: durante la discussione della legge di stabilità, la gran parte di deputati e senatori meridionali passa il tempo a cercare fondi per sagre, fiere e feste di paese. E le sacrosante richieste di nuove autostrade, ferrovie e altre facezie simili? Per il politico sudista d'ordinanza queste sono faccende di importanza relativa perché non portano voti. Meglio pensare ai fatti propri.

La consegueza è un paradosso: il «Mezzogiorno senza meridionalismo». Il Sud, privato della sua appendice politica, ha infatti perso qualsiasi influenza sul governo nazionale. È stato più o meno così già lungo tutta la Seconda Repubblica, quando alle rappresentanze politiche del Mezzogiorno sono rimaste sempre le briciole gestionali. L'effetto Tangentopoli, infatti, ha invertito le gerarchie.

Nella Prima Repubblica comandavano tutto, o quasi, i ras sudisti. C'erano addirittura governi con il 70% di ministri meridionali. Mani pulite ha chiuso quella stagione e da allora sui politici del Mezzogiorno aleggia il preconcetto dell'incapacità (oltre che della disonestà, ma questo è un discorso che vale per tutto l'arco geopolitico nazionale).

Lo dico ai testardi e ai nostalgici: non è vero che si stava meglio quando si stava peggio. Nella Prima Repubblica al limite si stava nello stesso modo, cioè con il cappello in mano, ma con due aggravanti, l'una economica e l'altra culturale.

Come ben spiega il giornalista Mattia Feltri, l'enorme debito pubblico accumulato allora «è stato contratto per garantire un colossale assistenzialismo fatto di welfare e pubblico impiego». Viceversa, già a quell'epoca si sarebbe potuto e dovuto investire sul futuro, peraltro avendo a disposizione molte più risorse che nella contemporaneità. Quanto all'aggravante culturale, è ancora peggiore perché ha infettato la nostra forma mentis: quella classe politica ha abituato noi meridionali a vivere di assistenzialismo.

Governanti e capibastone si sono inventati posti di lavoro artificiali invece di costruire infrastrutture; hanno regalato pensioni invece di incoraggiare la libera impresa e praticato la strada del particolarismo territoriale invece dello sviluppo generale. Persino la Cassa del Mezzogiorno (poi diventata Agenzia per la promozione e lo sviluppo del Mezzogiorno) è stata una grande idea trattata male.

Istituita dal governo De Gasperi nel 1950, avrebbe dovuto sviluppare il Sud attraverso un'iniezione di liquidità straordinaria: il calcolo finale è di circa 140 miliardi di euro totali (279.763 miliardi di lire) dal 1951 al 1992.

In un certo senso, lo sviluppo c'è stato: il meridione ha ottenuto 40 mila chilometri di rete elettrica, 23 mila di acquedotti, 16 mila di strade, 1600 scuole, 160 ospedali. Solo che strade e scuole e ospedali non sempre sono stati costruiti dove servivano, anzitutto venivano soddisfatti i territori dei ras elettorali.

Nel campionario generale di sprechi (altrimenti definibili come «arma di seduzione di massa» dell'elettorato meridionale), il più grande scandalo sono state però le cosiddette Asi, Aree di sviluppo industriale, cattedrali nel deserto imprenditoriale meridionale che hanno talvolta drogato il mercato del lavoro e sempre arricchito imprenditori e arrivisti (soprattutto del Nord).

Una dinamica, questa, applicata persino in caso di sciagura. Secondo una relazione della Corte dei conti datata 2008, il terremoto dell'Irpinia del 1980 è costato alle casse pubbliche 32 miliardi e 363 milioni di euro.

Otto miliardi sono stati buttati (esatto, buttati) per tentare di rilanciare venti famigerate Asi tra Avellino e Salerno. Purtroppo vennero finanziate «situazioni imprenditoriali già fragili e già originariamente minate per scarsa professionalità o nelle quali la sopravvalutazione dell'investimento, in relazione alle capacità imprenditoriali, ha portato al fallimento dell'iniziativa», spiega la Corte dei conti.

Più di quella della magistratura contabile, vale però la sentenza di Indro Montanelli: «Il terremoto non aveva trasformato solo una regione d'Italia, ma addirittura una classe politica». È così: quel sisma ha definitivamente mutato la cultura dei politici meridionali. Insomma, ha vinto lo schema Nusco, dal nome del paesello che ha dato i natali al più potente irpino della storia.

Nella patria di Ciriaco De Mita sono andato due volte in meno di due anni. La prima nell'aprile 2014, accolto da un belvedere davvero suggestivo, definito «il balcone dell'Irpinia» perché da lì la vista, stupefacente, spazia dalle cime della Basilicata a quelle del Molise. Il paese, poi, era già iscritto all'esclusivo Club dei borghi più belli d'Italia. Tutto appariva vicino alla perfezione: strade, luci, marciapiedi; persino la sua Asi (a Nusco, va da sé, c'è un'area industriale finanziata con i soldi del terremoto) mostrava un'oggettiva superiorità urbanistica rispetto alla media nazionale. Alla locanda migliore, l'albergo Villa Rosa, famoso in tutta la provincia per le sue cerimonie fastose, la signora Michela, cuoca e matrona, confermava indirettamente un benessere diffuso: «Qui nessun cameriere è locale, si rifiutano: i nuscani lo considerano un lavoro troppo umile».

In breve: era la Campania ma sembrava il Canton Ticino.

Naturalmente, panorami e fabbriche m'interessavano relativamente. Ero lì anzitutto per la curiosità di capire perché un uomo (allora) di ottantasei anni, a cui la vita ha regalato il prestigio di essere presidente del Consiglio e segretario della Democrazia cristiana, si candidasse a sindaco di un borgo abitato da appena 4300 anime. Per intenderlo mi è bastato seguire per quindici minuti la presentazione della sua campagna elettorale: è soltanto questione di vanitosa ostentazione del potere. «Ciriachino», come ancora lo chiamano i compaesani, ha un bisogno personale di dimostrare a tutti i costi di contare, anzi, di comandare ancora.

Quel giorno, però, sbagliai, e anche di grosso, una valutazione. Per la sua storia e la sua età, pensai che la vanità del prestigioso primo cittadino si sarebbe risolta nel ruolo di leader carismatico dell'alta Irpinia. Valutai, in sostanza, che per lui l'esercizio materiale del potere fosse ormai cosa superata.

Sono stato smentito il 30 ottobre 2015, al mio ritorno a Nusco. Non avevo considerato che De Mita, uomo di viva e colta intelligenza, mette da sempre tale qualità al servizio della ferocia politica.

In meno di un anno e mezzo il paese era diventato un enorme cantiere a cielo aperto. Ho trovato cinque grandi opere in corso, tutte appaltate a imprese irpine, per cifre a partire da uno e finire a quattro milioni di euro, compreso il completo rifacimento di strade, luci e marciapiedi che la prima volta mi erano parsi di civiltà elvetica.

Ho cercato di capire come fosse possibile che nel Sud povero e malandato si trovassero i soldi per rifare daccapo un borgo che già stava messo bene. Tutto regolare e legittimo, però ho scoperto che i denari arrivavano dai fondi europei assegnati a Nusco dalla giunta regionale allora guidata dal berlusconiano Stefano Caldoro, di cui l'Udc di De Mita era alleato di governo. E fin qui...

Poi, però, è accaduto l'imponderabile: il leader di Nusco ha appunto mostrato il suo tratto più feroce. In maniera carbonara, la notte del 1° maggio – l'ultima utile prima della presentazione delle liste per le regionali del 31 maggio 2015 – «Ciriachino» si è accordato con Vincenzo «Cienz» De Luca, principale competitor di Caldoro alle elezioni. Conti alla mano, i 53.628 voti andati all'Udc (il 2,35% del totale) sono quelli decisivi: hanno permesso a De Luca di superare Caldoro in volata.

Tuttavia, subito dopo tra Cienz e Ciriachino deve essere accaduto qualcosa. Una o più promesse mancate? Chissà. Certo è che, già tre mesi dopo le elezioni, dall'Irpinia è cominciato un tiro al bersaglio contro il governatore, mascherato dietro l'ermetismo classico del linguaggio nuschiano (cioè nusco-democristiano).

Provate voi stessi a tradurre la fatwa lanciata dall'onorevole Giuseppe De Mita, designato da zio Ciriaco quale deputato di famiglia della Repubblica di Nusco: «Il confronto dialettico con il Pd è consustanziale all'intesa che abbiamo siglato alle scorse elezioni regionali: non facciamo il centrosinistra, ma proviamo ad allargare lo spazio di confronto. E chi rinuncia a farlo, sbaglia.

Come il Pd che, di fatto, tenta di restringere l'area del consenso fino a far coincidere il partito con le istituzioni». Chiaro no?

Comunque, il «consustanziale» confronto dialettico con De Luca si è improvvisamente risolto quando l'Udc, nel febbraio 2016, ha ottenuto due soddisfazioni: le nomine di Corrado Matera ad assessore al Turismo e di Biagio Iacolare a consigliere del presidente con delega al Demanio. Sia fatta la volontà di Ciriaco dio Mita.

LA ROTTAMAZIONE SI È FERMATA A ROMA

Il modello irpino serve anche per spiegare come le tante Terze Repubbliche di Nusco sparse nel Sud Italia – presenti a tutti i livelli e mosse da familismi amorali, ricatti e prebende ad personam, ad correntam e ad partitum – confliggano con la Terza Repubblica di Renzi, presentata dal premier come rottamatrice dei vecchi sistemi di potere, compresi quelli del Mezzogiorno d'Italia.

In questo senso, una scelta del presidente del Consiglio suona come una sentenza: non c'è un meridionale che sia uno, al quale abbia affidato un dicastero di spesa di peso. Anzi, con il rimpasto del 28 gennaio 2016 il premier ha pure sancito che i meridionali non sono in grado di occuparsi di loro stessi. La competenza sul Mezzogiorno è andata infatti al ministro per gli Affari regionali Enrico Costa. Viene da Cuneo, che notoriamente sta nel Sud della Francia. Chissà, forse Renzi pensava al *Gattopardo* di Giuseppe Tomasi di Lampedusa. Precisamente alla parte in cui il governo dei Savoia invia un burocrate piemontese, tale Aimone Chevalley, a trattare con Fabrizio, principe di Salina. Il quale lo rimanda cortesemente da dove è venuto.

Il Mezzogiorno d'Italia vale un terzo del paese, conta più di diciannove milioni di abitanti, magari un personaggio nuovo e in grado di fare il ministro si trova con relativa facilità. Ma contro

Costa, lo Chevalley contemporaneo, nessun politico meridionale ha aperto bocca. E nemmeno contro la «cabina di regia economica» costituita da Renzi a Palazzo Chigi nel febbraio 2016: tredici esperti, zero meridionali.

Per una minima questione di dignità (se non altro), sarebbe perlomeno dovuta annunciare una diffida da parte dell'intera classe politica sudista, di maggioranza come di opposizione. E invece niente, silenzio assoluto, come se nulla fosse accaduto. Perché?

Le concause sono diverse. Sulla scelta di non disturbare pesa anzitutto lo stipendio. La XVII legislatura è la più giovane della storia repubblicana (quarantotto anni di media al 31 dicembre 2015) e con la presenza di donne più alta di sempre (31%). La variabile negativa è che pochi, prima di entrare a Palazzo, avevano un lavoro stabile o instabile. Molti erano addirittura dei semplici studenti fuori corso. Insomma, da spiantati, deputati e senatori si sono di colpo trovati a gestire conti correnti a sei cifre, rimborsi, benefit e privilegi prima sconosciuti. Tra una cosa e l'altra, fanno circa 230 mila euro a testa all'anno, circa 122 euro per ogni ora lavorata (per capirci: un operaio specializzato ne percepisce 7,90). Sono soldi, quelli incassati dai parlamentari, a cui nessuno vuole rinunciare: *pecunia omnia parent*, tutto obbedisce al denaro in questo parlamento come nel prossimo (sperano in molti).

I transfughi, con i loro voltafaccia, sperano infatti di essere ricandidati associandosi a questo o quel capobastone che, di suo, ne ricava potere contrattuale e pure qualche denaro in più. La Camera e il Senato stanziano rispettivamente 32 e 21,3 milioni di euro all'anno per i gruppi parlamentari. Più numeroso è il gruppo, più soldi riceve. La stima (a spanne) è di circa 50 mila euro a deputato e di 67 mila a senatore. Per il 2015, per esempio, il Pd ha ricevuto 1,3 milioni di euro (circa) in più grazie ai 23 parlamentari catturati in corso di legislatura. Non solo. Ci sono sigle nate soltanto per questo, come il dimenticabile Gal (Grandi autonomie e libertà): il gruppo al Senato vale un più di milione di euro di finanziamenti. Sempre meno di quelli del Misto, diventato alla Camera il terzo partito dopo Pd e 5 Stelle. E anche questo è un record mondiale.

Insomma, il «lodo Razzi» ha fatto scuola, anche per chi non lo ammette. Il pittoresco senatore abruzzese Antonio Razzi, nella scorsa legislatura passò dall'Italia dei Valori di Antonio Di Pietro ai Responsabili di Silvio Berlusconi con una motivazione da sincero statista: «Eeh, ma io devo pure magnà, volevo salvare la mia paga e i miei diritti». E quindi? «Si è parlato anche di pagarmi il mutuo e darmi un posto nel governo, ma la proposta più concreta è stata la rielezione sicura».

Va da sé, lo statista abruzzese ora siede nuovamente in parlamento e ha aperto la strada alle nuove leve politiche, pronte a schierarsi politicamente per una promessa, un debito o un posto di sottogoverno. Succede sui territori, figurarsi alla Camera e al Senato.

Tuttavia, apripista dei trasformismi fu, nel 1998, l'ex capo dello Stato Francesco Cossiga, che manovrò per la nascita del primo e unico governo guidato da un postcomunista, quello di Massimo D'Alema. Da allora deputati e senatori, manco a dirlo, nella gran parte meridionali, hanno palleggiato se stessi da una parte all'altra della barricata senza ritegno alcuno. E quando il limite sembrava raggiunto, cioè durante i governi Berlusconi, è arrivata la Terza Repubblica, iniziata con le elezioni del 25 febbraio 2013 e santificata dall'arrivo di Renzi a Palazzo Chigi.

Dall'inizio della legislatura al 31 dicembre 2015, tra Camera e Senato già si registravano 328 migrazioni da un partito all'altro: è un record mondiale. Alcuni hanno cambiato bandiera più volte e quindi i parlamentari coinvolti sono 246. Di questi, secondo il mio conteggio, ben 105 sono meridionali, quasi il 45% del totale, una media imbarazzante. E qui vale una vecchia ammissione di Clemente Mastella citata dal settimanale «l'Espresso» nel marzo 2013: «Pensare che ci sia una propensione meridionale al tradimento non è del tutto sbagliato. È un fatto di status sociale.

Diciamo la verità. Un deputato del Nord, per strada, non se lo fila nessuno. In un paese del Sud è omaggiato e riverito. Conta più degli altri. Al Sud è chiamato onorevole e al Nord se ne strafottono. Quando poi decadi sei davvero finito, non ti invitano più nemmeno per un caffè».

Siccome al Sud il caffè piace particolarmente, la gran parte dei transfughi è andata in soccorso del più forte, cioè di Renzi. Perciò i dati sono particolarmente avvilenti, perché riferiti a un giovane premier affermatosi sulla spinta emotiva della teoria della Rottamazione, lezioni di civiltà politica comprese. Una la elargì dopo che i Teodem di Paola Binetti e Dorina Bianchi si separarono dal Pd per abbracciare l'Udc di Pier Ferdinando Casini. Era il 14 febbraio 2010, l'Italia festeggiava San Valentino, ma Renzi fu poco amorevole: «È ora di finirla con chi viene eletto con qualcuno e poi passa di là. Vale per quelli di là, per la sinistra e per tutti». A *Porta a Porta*, su Rai 1, l'allora sindaco di Firenze attaccò faccia a faccia Paola Binetti: «Dovevate avere il coraggio di dimettervi dal Pd e dal parlamento». Un anno dopo, il 22 febbraio 2011, giorno in cui si venera la Cattedra di San Pietro Apostolo («E io a te dico: tu sei Pietro e su questa pietra edificherò la mia Chiesa»), Renzi edificò la sua Chiesa politica ai microfoni della trasmissione di Radio 2 *Un giorno da pecora*: «Se uno smette di credere in un progetto politico non deve certo essere costretto con la catena a stare in un partito, ma questa gente, quando se ne va, deve fare il favore anche di lasciare il seggiolino». È finita così: Binetti, rieletta con l'Udc, sostiene il governo di Renzi; Bianchi, rieletta con il Pdl-Forza Italia, è sottosegretario in quota Ncd.

Quanto ai meridionali, l'apostata Renzi ha palesato il paradosso di una Rottamazione che si è fermata a Roma: da un lato il premier nega ruoli importanti di governo ai sudisti «inadeguati», dall'altro imbarca gli stessi «inadeguati» nella sua maggioranza parlamentare. Così il danno è doppio: il Sud politico è privo di un potere reale, però perpetua al suo interno la solita classe dirigente stracciona.

Insomma, invece di accompagnare il Sud, farlo crescere anzitutto culturalmente, spronarlo a cambiare, questo premier così giovane ha coperto con il suo ombrello, l'ombrello del rinnovamento, anche i peggiori naviganti in circolazione nel Transatlantico (nascosti, a volte, dietro facce centro-nordiste, come quella toscana di Denis Verdini).

Poi, certo, è ovvio: non tutti si sono spostati per motivi materiali, alcuni hanno anche inseguito ragioni ideali, altri si sono pentiti, altri ancora sono stati cacciati. Ma separare il grano dal loglio, in casi come questi, è davvero impossibile. Di sicuro non lo fanno gli elettori, sempre più distanti dalle urne e dalle transumanze parlamentari. Al ballottaggio del 19 giugno 2016 per le elezioni comunali, nel Mezzogiorno si è raggiunto il massimo storico di astenuti: circa il 55%. Quando si dice la fiducia nella politica: nomi, cognomi, partenze e approdi di tali (presunti) fiduciari del popolo meridionale sono quelli che seguono.

Parlamentari transfughi del Sud: 50 Senato + 55 Camera, totale 105

	Ala-Verdini	*Ex*	*Residenza*
Senato	Francesco Maria Amoroso	Fi	Bisceglie (Bt)
	Domenico Auricchio	Fi	Boscoreale (Na)
	Giuseppe Compagnone	Gal	Grammichele (Ct)
	Vincenzo D'Anna	Fi-Gal	Santa Maria a Vico (Ce)
	Ciro Falanga	Fi	Torre del Greco (Na)
	Pietro Iurlaro	Fi	Francavilla Fontana (Br)
	Pietro Langella	Fi-Gal-Ap	Boscoreale (Na)
	Eva Longo	Fi-Cor	Salerno
	Giuseppe Ruvolo	Fi-Gal	Ribera (Ag)
	Antonio Scavone	Gal	Catania
Camera	Ignazio Abrignani	Fi-Pdl	Marsala (Tp)
	Giuseppe Galati	Fi-Pdl	Catanzaro
	Francesco Saverio Romano	Fi-Pdl	Palermo

	Ap-Alfano	*Ex*	*Residenza*
Senato	Piero Aiello	Fi	Ardore (Rc)
	Antonio Azzollini	Fi	Molfetta (Ba)
	Massimo Cassano	Fi	Bari
	Federica Chiavarol	Fi	Pescara
	Francesco Colucci	Fi	Brindisi
	Luigi Compagna	Gal	Napoli
	Vincenzo D'Ascola	Fi	Reggio Calabria
	Giuseppe Esposito	Fi	Pagani (Sa)
	Antonio Gentile	Fi	Cosenza
	Marcello Gualdani	Fi	Palermo
	Bruno Mancuso	Fi	Sant'Agata di Militello (Me)
	Giuseppe Marinello	Fi	Sciacca (Ag)
	Giuseppe Pagano	Fi	Malvagna (Me)
	Gaetano Quagliariello	Fi	Napoli
	Renato Schifani	Fi	Palermo
	Salvo Torrisi	Fi	Paternò (Ct)
	Simona Vicari	Fi	Palermo
	Guido Viceconte	Fi	Francavilla in Sinni (Pz)
Camera	Angelino Alfano	Fi-Pdl	Agrigento
	Gioacchino Alfano	Fi-Pdl	Sant'Antonio Abate (Na)
	Maurizio Bernardo	Fi-Pdl	Palermo
	Dorina Bianchi	Fi-Pdl	Calabria
	Antonino Bosco	Fi-Pdl	Agrigento
	Raffaele Calabrò	Fi-Pdl	Lucera (Fg)
	Giuseppe Castiglione	Fi-Pdl	Bronte (Ct)
	Vincenzo Garofalo	Fi-Pdl	Messina
	Antonio Marotta	Fi-Pdl	Torchiara (Salerno)
	Antonino Minardo	Fi-Pdl	Modica (Ragusa)
	Salvatore Misuraca	Fi-Pdl	Palermo
	Alessandro Pagano	Fi-Pdl	San Cataldo (Cl)
	Filippo Piccone	Fi-Pdl	Celano (Aq)
	Sergio Pizzolante	Fi-Pdl	Castrignano del Capo (Le)
	Paolo Tancredi	Fi-Pdl	Teramo

	Cor-Fitto	*Ex*	*Residenza*
Senato	Francesco Bruni	Fi	Otranto (Le)
	Salvatore Di Maggio	Sc-Pi-Gal	Barcellona Pozzo di Gotto (Me)
	Luigi Lettieri D'Ambrosio	Fi	Bari
	Pietro Liuzzi	Fi	Noci (Ba)
	Antonio Milo	Fi-Gal	Agerola (Na)
	Luigi Perrone	Fi	Corato (Ba)
	Lucio Tarquinio	Fi	Foggia
	Vittorio Zizza	Fi	Carovigno (Br)
Camera	Trifone Altieri	Fi-Pdl	Conversano (Ba)
	Gianfranco Chiarelli	Fi-Pdl	Martina Franca (Ta)
	Nicola Ciracì	Fi-Pdl	Ceglie Messapica (Br)
	Antonio Distaso	Fi-Pdl	Bari
	Benedetto Fucci	Fi-Pdl	Andria (Bt)
	Cosimo Latronico	Fi-Pdl	Nova Siri (Mt)
	Roberto Marti	Fi-Pdl	Lecce
	Rocco Palese	Fi-Pdl	Acquarica del Capo (Le)

	Misto	*Ex*	*Residenza*
Senato	Fabrizio Bocchino	M5S	Erice (Tp)
	Francesco Campanella	M5S	Palermo
	Salvatore Margotta	Pd	Potenza
	Corradino Mineo	Pd	Partanna (Tp)
	Francesco Molinari	M5S	Montalto Uffugo (Cs)
	Giuseppe Vacciano	M5S	Napoli
Camera	Sebastiano Barbanti	M5S	Cosenza
	Franco Bruno	Cd	Cosenza
	Alessandro Furnari	M5S	Taranto
	Vincenza Labriola	M5S	Taranto
	Mauro Pili	Fi-Pdl	Carbonia
	Pino Pisicchio	Cd	Corato (Bari)

Componenti del Gruppo Misto alla Camera

Alternativa libera-Possibile	*Ex*	*Residenza*
Marco Baldassarre	M5S	Tricase (Le)
Toni Matarrelli	Sel	Puglia
Usei (Unione sudamericana emigrati italiani)		
Nello Formisano	Cd	Torre del Greco (Na)
Guglielmo Vaccaio	Pd	Pompei (Na)
Psi-Pli		
Carmelo Lo Monte	Pi-Cd	Graniti (Me)

Si-Sel (solo Camera)	*Ex*	*Residenza*
Alfredo D'Attorre	Pd	Melfi (Pz)
Vincenzo Folino	Pd	Pietrapertosa (Pz)

	Pd	*Ex*	*Residenza*
Senato	Linda Lanzillotta	Sc	Cassano allo Ionio (Cs)
	Ferdinando Aiello	Sel	Cosenza
	Sergio Boccadutri	Sel	Palermo
	Tommaso Currò	M5S	Milazzo (Me)
	Lello Di Gioia	Psi	San Marco la Catola (Fg)
	Marco Di Lello	Psi	Napoli
Camera	Giovanni Falcone	Sc	Cava de' Tirreni (Sa)
	Luigi Lacquaniti	Sel	Oppido Mamertina (Rc)
	Gennaro Migliore	Sel	Napoli
	Paola Pinna	M5S	Cagliari
	Michele Ragosta	Sel	Salerno
	Gea Schirò	Scpi-Pi-Cd	Palermo

Noi con Salvini (Camera)	*Ex*	*Residenza*
Angelo Attaguile	Pdl-Fi	Grammichele (Ca)

	Forza Italia	*Ex*	*Residenza*
Senato	Antonio D'Alì	Fi-Pdl-Ap	Trapani
Camera	Nunzia De Girolamo	Fi-Pdl-Ap	Benevento
	Francantonio Genovese	Pd	Messina

Pi-Cd (Camera)	*Ex*	*Residenza*
Mario Caruso	Sc	Militello in Val di Catania (Ct)
Gaetano Piepoli	Sc	Bari

Gal (solo Senato)	*Ex*	*Residenza*
Antonio Caridi	Fi	Reggio Calabria
Angela D'Onghia	Sc	Noci (Ba)
Mario Mauro	Sc	San Giovanni Rotondo (Fg)
Paolo Naccarato	Lega-Gal-Ap	Cosenza
Bartolomeo Pepe	M5S	Casalnuovo di Napoli (Na)
Lucio Romano	Sc	Aversa (Ce)

COGITO, ERGO SUD

Tra i suddetti, l'illustrissimo onorevole Angelo Attaguile – classe 1947, già responsabile del movimento giovanile della Democrazia cristiana, già presidente dello Iacp (Istituto autonomo case popolari) di Catania, già candidato a sindaco per la Dc, già candidato alla Camera per l'Mpa di Raffaele Lombardo, eternamente figlio del fu ministro Gioacchino – è il nuovo che avanza della Lega Nord nel Sud Italia.

Eletto nel 2013 con il berlusconiano Popolo della Libertà, ha fatto il salto della quaglia e ora, per chi non se ne fosse accorto, è il segretario nazionale del movimento Noi con Salvini, cioè della propaggine meridionale del Carroccio. Eh sì, perché solo questa mancava: a candidarsi come moralizzatori e sviluppatori del Sud ora sono arrivati pure i leghisti.

D'altronde è legittimo: Matteo Salvini si è prontamente scusato (cinque anni dopo) per aver cantato nel 2009 un simpatico stornello: «Senti che puzza / scappano anche i cani / sono arrivati i napoletani». E pure quel gran burlone di Mario Borghezio, in fondo, scherzava quando diceva che «finché c'è il Sud nell'Italia il disastro è quotidiano. Senza il Sud si sta benissimo». Umberto Bossi, invece, è sempre stato un serio intellettuale: «A me i negri stanno simpatici. Loro non possono egemonizzarci. I meridionali sì, perché hanno in mano lo Stato».

Comunque, è vero che i meridionali possono egemonizzare la Lega. Ma solo perché hanno in mano i figuranti. Alla prima, grande manifestazione di presentazione di Noi con Salvini a Napoli, il 26 ottobre 2015, il teatro era stracolmo; come si dice nello slang locale: «Se ne cadeva di gente».

Peccato che almeno la metà fossero disoccupati di Scampia, cooptati dall'organizzazione per l'ospitata in camicia verde. A un certo punto si sono stufati. E hanno cominciato a cantare: «Senti che puzza / scappano anche i cani / sono arrivati i salviniani». Però è chiaro che scherzavano, tra qualche anno chiederanno scusa. Esattamente come ha fatto Salvini.

Tuttavia, a scorrere la lista dei transfughi, la figura che meglio spiega il trasformismo meridionale non è rivolta verso i due Matteo (Renzi e Salvini). No, va in un'altra direzione: quella di Forza Italia.

Classe 1968, quindi diversamente giovane, Francantonio Genovese comincia a praticare la politica nella sua città, Messina, all'età di diciotto anni. Esordisce nella Democrazia cristiana e poi transita per Partito popolare italiano (anni 1994-1995), Cristiani democratici uniti (1995-1998), Unione della Repubblica (1998-1999), Margherita (2002-2007) e Partito democratico (2007-2015). Nel dicembre 2012 si candida alle parlamentarie, le primarie per i parlamentari del Pd: con 19.590 preferenze è il più votato in Italia. Il 25 febbraio 2013 viene eletto deputato, ma il 15 maggio la Camera ne autorizza l'arresto dopo la richiesta avanzata dal giudice per le indagini preliminari di Messina per associazione per delinquere, riciclaggio, peculato e truffa. Vota a favore pure il «suo» Pd e il 7 dicembre 2015 Genovese abbandona il partito di Renzi per aderire a Forza Italia.

Non è solo. Francantonio porta con sé un'intera componente del Pd messinese. Ci sono alcuni consiglieri comunali, un deputato regionale (il cognato Franco Rinaldi) e una deputata nazionale, Maria Tindara Gullo.

Alle parlamentarie Gullo fu la più votata in Sicilia: catturò oltre undicimila preferenze, la gran parte delle quali «regalate» dall'amico Genovese. Per quelle consultazioni, infatti, si poteva esprimere una doppia preferenza, a patto che i generi sessuali fossero diversi. Peccato che questa commercialista (per formazione) e impiegata (di professione) non avesse un grande curriculum politico. Per la verità, non l'aveva affatto. Genovese chiuse la polemica così: «Maria Tindara forse non ha esperienza, ma fa parte di una famiglia, di un mondo, che fa politica da tempo: suo cugino è consigliere provinciale, suo padre è stato vicesindaco di Patti». Insomma, la competenza per asse ereditario.

Quanto a lei, la signora commercialista impiegata Gullo ha così spiegato il suo travaso, pardon, travaglio per passare dal Pd a Forza Italia: «La mia non è una scelta istintiva, è una decisione ponderata nell'interesse generale». E quando il 15 dicembre 2015 nell'aula della Camera è stata ufficialmente annunciata l'iscrizione di Maria Tindara al gruppo azzurro, subito dopo lei ha voluto chiarire agli ex colleghi del Pd quale fosse tale «interesse generale». Pure un po' commossa, a Giuseppe Lauricella e al solito Ginoble (questa volta ben sveglio) ha detto testualmente: «Vi vorrò sempre bene ma voi dovete capire che io sono una creatura di Francantonio...».

A sedurre Genovese e i «genovesiani» nel 2015 è il nuovo

coordinatore regionale azzurro, che però è lo stesso del 1994: Gianfranco Micciché.

Berlusconi lo ha richiamato in campo per tentare di rinverdire i fasti delle elezioni politiche del 2001, quando il centrodestra, coordinato dallo stesso Micciché, ottenne in Sicilia sessantuno seggi contro gli zero del centrosinistra. Un'«operazione nostalgia» dal sapore evidentemente malinconico: nell'intero Sud ormai comandano soltanto governatori iscritti al Pd. Il commento sul «Foglio» di Pietrangelo Buttafuoco, la mente più autorevole della Sicilia contemporanea, è il seguente: «La strategia di Micciché è presto detta: ripetere il sessantuno a zero». E «c'è da credere che di questo passo Micciché aprirà le porte di Forza Italia agli altri scartati dal Pd. Sempre per assicurare il sessantuno a zero. E così sarà: sessantuno a zero. Ma per i 5 Stelle».

Che poi i 5 Stelle sono quelli che, finora, hanno prodotto meno danni al Sud, ma soltanto perché se ne disinteressano. Quattro membri del direttorio su cinque sono campani; tuttavia, di Mezzogiorno parlano assai raramente. In fondo, per i leader nazionali del movimento la «questione meridionale» si risolve con il reddito di cittadinanza, quindi con altro assistenzialismo: il resto non conta. Intanto, però, nei comuni del Mezzogiorno dove hanno vinto le elezioni, i pentastellati sono comunque riusciti a combinare disastri.

Nel febbraio 2016, le *Iene* di Italia1 hanno scoperto che a Bagheria, nel palermitano, il sindaco (Patrizio Cinque, detto Patrizio Cinque Stelle) e l'assessore all'Urbanistica (Luca Tripoli, alias «Il Libico») vivono in abitazioni costruite abusivamente dai genitori. Tra gli impegni presi dai due in campagna elettorale c'era appunto quello di abbattere le case illegali, e vabbe', nulla da aggiungere. C'è poi una frase davvero stupefacente pronunciata dal sindaco: «Qui l'abusivismo era la regola, ma perché le colpe dei padri devono ricadere sui figli?». Infatti, ricadano sui padri e il sindaco ordini l'abbattimento dell'abuso prodotto dal suo genitore e da quello del «Libico». È altamente improbabile che accada: in un anno e mezzo di sindacatura, Patrizio Cinque Stelle non ha predisposto la demolizione delle ville dei mafiosi. Figurarsi le altre...

Sempre in Sicilia – a Gela, in provincia di Caltanissetta – il 31 dicembre 2015 il sindaco Domenico Messinese è stato espulso dal partito perché «è venuto meno agli obblighi assunti con l'accettazione della candidatura e si è dimostrato totalmente fuori asse rispetto ai principi di comportamento degli eletti nel M5S». Lui ha risposto attaccando i vertici siciliani con parole leggermente contorte: «Sono una corte marziale di bit: le motivazioni di quella che è solo l'ennesima esecuzione di piazza sono degne di un'altra Storia della Colonna infame ispirata ai giorni nostri». Delle due l'una: o il sindaco ha ragione, e i 5 Stelle sono (anche) una Colonna infame; oppure il sindaco ha torto, e allora i 5 Stelle non sanno selezionare la propria classe dirigente.

D'altronde, e non è una novità, il personale politico pentastellato si è finora dimostrato modesto. Lo provano le continue epurazioni, le ripetute crisi di nervi, l'incapacità di governare, appunto, persino i Comuni medi e piccoli, al Sud in particolare.

La storia di Quarto, in provincia di Napoli, è fin troppo nota. Inizialmente, la sindaca Rosa Capuozzo è stata ignorata dai vertici nazionali del suo movimento anche quando si addentrava in operazioni discutibili. A parte il fatto di abitare in una mansarda abusiva, la sindaca ha: mantenuto l'appalto del marito tipografo con il municipio; cancellato la convenzione comunale con la squadra anticamorra Nuova Quarto Calcio per la Legalità; revocato la pubblicazione del Puc (Piano urbanistico comunale) approvato dalla commissione prefettizia insediatasi al Comune dopo il precedente scioglimento per camorra. Soltanto dopo è spuntato il presunto ricatto alla sindaca del consigliere Giovanni De Robbio, secondo i pm vicini ai boss locali. E, comunque, lo stato maggiore grillino ha difeso la prima cittadina.

Capuozzo, per dirla chiara, è stata espulsa soltanto perché il caso Quarto è diventato nazionale. Quando la sindaca ha ammesso che al movimento sono andati «anche i voti sporchi», e la Rete (più che il mondo politico-giornalistico) ha trascinato nella polemica anche gli astri nascenti Luigi Di Maio e Roberto Fico, Grillo ha disposto la sua cacciata. Altrimenti Rosa sarebbe ancora lì a esercitare le sue pratiche amministrative in nome e per conto dei 5 Stelle.

Con tutto il rispetto per Capuozzo, il selezionato pentastellato (fa pure rima) più assurdo rimane però il mitico «Tonino». Chi è costui? Trattasi di Antonio Venturino, da Piazza Armerina, Enna. Di professione mimo, sostiene di aver insegnato drammaturgia nei più prestigiosi teatri anglosassoni, anche se nessuno ha mai verificato. Cinque mesi prima delle elezioni siciliane dell'ottobre 2012, Tonino rimane folgorato sulla via del blog di Grillo. Si iscrive alla sezione (pardon, meetup) di Piazza Armerina e poi viene candidato. Il suo programma elettorale è sintetizzabile in tre punti chiave non troppo articolati: «Taglierò i costi della politica», «Voglio cambiare la Sicilia» e «Porterò un po' di allegria, ma allegria seria». Almeno sul terzo punto è stato di parola.

Eletto all'assemblea regionale siciliana con la promessa di rinunciare all'auto blu e di accettare al massimo 2500 euro al mese di stipendio, non vedeva l'ora di essere cacciato dal movimento per ragioni superiori, confessate alle *Iene* di Italia1 il 16 novembre 2013: «Ora guadagno più di diecimila euro al mese. Prima ci avevo rinunciato, poi ho fatto un passo indietro. Uso anche l'auto blu. Insomma, in campagna elettorale ho detto una cazzata, se ne dicono tante, no?». Uno spasso. E poi si pensa che i mimi siano malinconici…

Uscendo dal faceto, ed entrando nel serio, una vicenda personale mi ha invece indotto la convinzione che certi 5 Stelle possono essere peggiori dei soliti e noti politici meridionali. La faccenda riguarda un altro deputato regionale siciliano, un cittadino apparentemente rigoroso, importante al punto da essere candidato come governatore in Sicilia nell'ottobre 2012. Questo deputato si chiama Giancarlo Cancelleri.

Il 6 marzo 2014 mi è capitato di incrociarlo ad *Agorà*, una trasmissione televisiva in onda su Rai 3, io in studio, lui in collegamento. Oserei dire che è stato un incontro straordinario (cioè fuori dall'ordinario).

Quando gli domando, con toni moderatissimi (è tutto verificabile sul sito della Rai), della legge elettorale in discussione, Cancelleri risponde che guardo troppa televisione. Replico che non ho la tv (anche se non capisco cosa c'entri con la legge elettorale). Tutti ridono. Trascorrono venti minuti duranti i quali si parla d'altro, ma improvvisamente Cancelleri, totalmente fuori contesto, dice che io, «Pucca» (e vabbe'), sono più o meno un cialtrone disinformato. Poi, d'impeto, mentre sto pacatamente replicando, si alza e se ne va. Tempo un paio d'ore e su www.beppegrillo.it compare un video dal seguente titolo: *Giancarlo Cancelleri ad* Agorà *distrugge il giornalista Carlo Puca*; sottotitolo: *Stamattina sono stato ospite ad* Agorà *su Rai 3 e ho capito che siamo in guerra.*

Sinceramente, il titolo si può anche ammettere perché chi sceglie di stare su piazza, cioè in tv, deve sempre accettare critiche e interpretazioni altrui, ci mancherebbe. La cosa oscena è un'altra: il filmato è taroccato, nel senso che Cancelleri (*nomen omen*) ha tagliato le parti sgradite. Insomma, uno dei grandi paladini dello streaming h24, «perché tutti devono poter verificare quello che accade», s'è cucito addosso un abito su misura pur di dimostrare che lui, cittadino duro e puro, le guerre le combatte e le vince. Peccato che la mia non fosse una guerra ma soltanto una domanda.

E non è finita. Mezz'ora dopo l'uscita del tarocco, sulla mia pagina Facebook centinaia di persone hanno preso ad aggredirmi con insulti, avvertimenti e persino un paio di minacce di morte.

Francamente, al mio Sud manca solo di aggiungere ai politici incompetenti i truffatori e i violenti. Così il quadro sarebbe completo.

Quanto ai corrotti, di ogni forma e colore, ribadisco: metteteli in carcere e buttate le chiavi perché, prima ancora di un danno materiale, producono un danno culturale. Triste appare infatti il paese nel quale basta essere onesti per essere votati. Non bisognerebbe nemmeno parlarne: l'onestà rimane una precondizione della politica, la condizione è la capacità.

È persino banale sottolinearlo: ci meriteremmo qualcosa di più e di meglio. Persone oneste e insieme capaci. Nel Mezzogiorno, per pura reazione al malaffare, troppe volte abbiamo eletto persone oneste e incapaci, aggiuntesi anche loro, seppur in buona fede, alla lunga lista degli assassini del Sud.

LA FINESTRA DI CAPACI

Viaggiare in auto sulle autostrade siciliane è uno spettacolo utile a sfatare un luogo comune: in quest'isola seducente e dannata, il mare occupa soltanto una minima parte, la campagna invade quasi tutto, la montagna si sparge vasta e disordinata. L'insieme è sublime, disegna un paesaggio artistico folgorato dall'intensità di una luce che è altro dalla normalità. Ma niente è normale, in Sicilia, nemmeno le strade.

Dovesse, per esempio, capitarvi di percorrere la Palermo-Mazara, tra il quarto e il quinto chilometro abbassate il volume dello stereo, aprite i finestrini e mettetevi ad ascoltare la voce del vento. Vi parlerà di Paolo Borsellino, Emanuela Loi, Agostino Catalano, Vincenzo Li Muli, Walter Eddy Cosina, Claudio Traina. Vi racconterà di Francesca Morvillo, Vito Schifani, Rocco Dicillo, Antonio Montinaro. Vi ricorderà Mauro De Mauro, Peppino Impastato, Boris Giuliano, Piersanti Mattarella, Rocco Chinnici, Rosario Livatino, Pino Puglisi. Vi descriverà, una per una, tutte le mille e più vittime di quella merda definita Piovra. E alla fine, statene certi, vi implorerà di ricordare per sempre gli eroi dell'antimafia. Serve a noi e serve anche a loro.

Se per caso ne avete, superate i vostri dubbi, questa non è la follia di un visionario. Lo urlo agli ignari, agli scettici e agli inconsapevoli: i venti del Sud parlano davvero e, a differenza di molti uomini, sono sinceri. Bisogna cercarle, le loro voci, e distinguerle tra miliardi di rumori. Prima o poi, però, arrivano forti e chiare: dicono sempre la cosa giusta. Ancora di più a Capaci.

Qui il 23 maggio 1992 una banda di *minus habens*, bestie vestite da uomini, uccise molti giusti. Pur di riuscirci, non esitò a cancellare un tratto di autostrada. Ora quel tratto è il migliore dell'isola. Lo Stato ha risposto individuando mandanti e complici della strage, ma ha anche restituito alla Sicilia un camminamento perfetto. È questione simbolica e pratica: la buona gestione della Cosa pubblica è il miglior antidoto ai cattivi affari di Cosa nostra.

Purtroppo, è una forma mentis difficile da far attecchire fra i decisori. Eppure è evidente che lo Stato non può pensare di vincere le mafie utilizzando soltanto l'arma della repressione, opportuna – va da sé – perché tende almeno a ristabilire l'autorità giudiziaria. Ciò che manca è la parte costruttiva. Manca di applicare, cioè, la Teoria della finestra rotta.

L'hanno divulgata nel 1982 i criminologi statunitensi James Q. Wilson e George Kelling. Sostiene che, se una finestra rotta non viene riparata, è altamente probabile che arrivi qualcuno a romperne un'altra e altre ancora, fino a devastare l'intero edificio, in un crescendo di vandalismi che infine spinge gli uomini verso la delinquenza comune ed efferata. Verso, cioè, la giungla metropolitana.

Al Sud, tollerando la giungla, lo Stato ha moltiplicato i selvaggi. Le prede, i meridionali perbene, si difendono come possono, anzitutto con l'ignavia dei pensieri. È così che il fatalismo è diventato assuefazione: per la convinzione che nel Mezzogiorno d'Italia nessuno aggiusterà mai la finestra della civiltà. Allora tanto vale vivere senza pensieri (e rabbia e dolore) nell'inciviltà. È il silenzio indifferente degli innocenti.

Solo così si spiega la tolleranza con la quale in Sicilia accettano l'apocalisse delle infrastrutture. Il viadotto Himera, crollato sulla Catania-Palermo il 10 aprile 2015, ha diviso l'isola a metà, ma i siciliani si sono immediatamente adattati. E Himera è soltanto il caso più clamoroso, di cedimenti strutturali ne sono seguiti molti. Il dato finale è impressionante: fra interruzioni, lavori in corso e crolli, su ventimila chilometri di strade siciliane, cinquemila sono chiusi al traffico. Altro che finestre! Qui bisogna ricostruire le fondamenta.

Quanto ai treni, in Sicilia sono i più lenti d'Italia. L'89% della rete ferroviaria è a monorotaia. Per andare da Ragusa a Palermo si impiegano 6 ore e 40 minuti, da Catania a Palermo 3 ore e 18. La linea tra Caltagirone e Gela è chiusa dal 2011 per il cedimento di un ponte, mentre i crolli si abbattono periodicamente sulla Catania-Messina, la Palermo-Trapani e i pendolari che le percorrono.

In Sicilia, per capirci, capita pure che i treni transitino a mesi alterni. Cosa volete che sia. In questa regione, nel III millennio della civiltà cristiana, l'acqua resta ancora un miraggio per decine di migliaia di persone. E pure chi ce l'ha prega Dio ogni santo giorno nella speranza che le condutture resistano alle calamità. A Messina, nel novembre 2015, non sono bastate nemmeno le suppliche: 240 mila persone hanno vissuto due settimane senz'acqua.

La giustificazione dei cambiamenti climatici è una mistificazione. O meglio, nella moria delle infrastrutture siciliane, i cambiamenti climatici c'entrano di sicuro. Però le quarantamila frane dell'isola dipendono principalmente da progetti lacunosi, opere ardite e lavori eseguiti male, quasi sempre dalle solite imprese in odore di mafia.

L'isola ha centinaia di strade, ferrovie e acquedotti (e case, centri commerciali, scuole, ospedali e commissariati) costruiti con il «cemento depotenziato» prodotto da boss, paraboss e aspiranti boss. I costruttori lo hanno certificato di qualità ma solo perché hanno utilizzato, spesso impuniti, bolle di accompagnamento fasulle.

Mirella Agliastro, procuratore generale presso la Corte d'appello di Palermo, vive sotto scorta per aver perseguito i vari «re del cemento». La sua previsione è impressionante: «Ci sono tanti immobili in Sicilia che nel giro di qualche decennio probabilmente crolleranno».

A Capaci il cemento è il migliore dell'isola e anche per questo il vento parla da lì. In altri luoghi, invece, lo Stato non ha fatto lo Stato, e ora è anche lento a riparare. «Non ci sono soldi», dicono i politici. Gli stessi che poi svuotano il portafogli dello Stato quando si tratta di negoziare con i portatori di voti.

LO STATUTO DEI FORESTALI

«C'è il deserto delle industrie che non ci sono più e quello delle botteghe che hanno abbassato definitivamente le saracinesche; c'è il deserto delle librerie, come quella di Sergio Flaccovio e c'è il deserto dei mercati popolari, che un tempo ispirarono quadri voluttuosi, come quelli di Renato Guttuso». In autunno la mia visione di una Palermo spoglia di grandezza conferma le parole di chi conosce la parabola della sua città fin dentro le viscere della storia, il maestro e collega Peppino Sottile.

«Abbiamo smesso di cercare noi stessi nel sacrificio», aggiunge Franco Alfonso, che di Palermo fa il pelo e il contropelo. Questo barbiere mite e garbato è un fuoriclasse della rasatura, pezze calde comprese. Le applica anche a Sergio Mattarella, ma le foto testimoniano che dal suo negozio sono davvero passati tutti: magistrati, prefetti, generali, calciatori, politici. Dal Gian Carlo Caselli paladino antimafia al Totò Cuffaro condannato per mafia, il filo rosso che unisce «le varie città nella città» lo ha teso anche lui, Franco. Che ai deserti elencati da Sottile ne aggiunge un altro ancora, quello della volontà: «Ormai inseguiamo soltanto le comodità».

La malinconia del barbiere è in un aneddoto: «La mia generazione, per salutare santa Rosalia, saliva a piedi sul Monte Pellegrino. All'andata ragionavamo sul presente, al ritorno immaginavamo il futuro e nel mezzo, magari, la santa ci dava una mano. Oggi, invece, salgono tutti in macchina, chiedono il miracolo e se ne vanno. Troppo comodo: i miracoli vanno conquistati col sudore e la fatica, non con una raccomandazione».

Nella steppa di Palermo – l'unica città d'Europa dove ancora giacciono le macerie dei bombardamenti del 1943 – un solo luogo rimane sempre animato. Sarà anche per il suo nome rivoluzionario, però piazza Indipendenza è costantemente popolata da centinaia di persone. Il 18 novembre 2015, per esempio, protestano i mitici forestali siciliani. Sono tutti protesi verso Palazzo d'Orleans, sede del governo regionale di Rosario Crocetta, e minacciano di rivoltare la Sicilia. Mancano all'appello 87 milioni di euro per pagare i loro stipendi futuri e i sindacati (tutti i sindacati) non fanno sconti. La parola più gentile è «vergogna».

A proposito di vergogna. In Sicilia il corpo conta 23.690 unità, nascoste sotto le mentite spoglie di «operai forestali». Di questi, 3500 risultano condannati. In particolare: una decina per mafia, duecento per reati contro la pubblica amministrazione, seicento contro la persona, mille contro il patrimonio, compresi alcuni – anche se pare incredibile – beccati a incendiare i boschi che dovrebbero difendere.

Tutti, condannati o meno, lavorano circa sei mesi all'anno; negli altri godono dell'indennità di disoccupazione versata dall'Inps (e spesso dei proventi di doppi e tripli lavori in nero, come dimostrano decine di inchieste). Sull'isola ci sono Comuni piccoli o piccolissimi dove il numero degli addetti ai boschi supera quello di intere Regioni italiane. A Godrano, a un'ora da Palermo, su 1096 abitanti se ne contano 190. A Pioppo, frazione di Monreale, 2366 anime, gli incaricati sono 383. Sortino, nel Siracusano, ha novemila abitanti e 437 impiegati nelle selve oscure. Le comparazioni? In Umbria, in tutto, i forestali sono 650, in Lombardia 460, in Liguria 404, in Piemonte 406.

Com'è stato possibile? La Sicilia è una Regione a statuto speciale, «un mostro di cui dobbiamo disfarci», urla il sicilianissimo Pietrangelo Buttafuoco, che, insieme agli altri sicilianissimi Claudio Fava e Fabrizio Ferrandelli, ne chiede l'abolizione perché «l'Autonomia è il paravento di ogni inefficienza, una Rolls Royce dal motore fuso».

Nel 1972, in nome dell'indipendenza, si è dotata di un proprio corpo di guardaboschi, autonomo da quello nazionale. Il tempo è stato malfattore, le assunzioni si sono stratificate di pari passo con le clientele e nessuno sa o vuole tornare indietro. Una soluzione ci sarebbe pure: basterebbe non rinnovare i contratti. Ma i ventiseimila precari, contando le loro famiglie, possono valere anche centomila voti. Senza di loro, in Sicilia la sconfitta è sicura per chiunque, anche per un Maradona della politica.

La conseguenza è un decennio folle: tra il 2006 e il 2015 i forestali sono costati alla comunità circa tre miliardi di euro. Pensate soltanto a quante finestre metaforiche (e autostrade e ferrovie vere) si sarebbero potute riparare. Invece nulla: non si è fatto prima e non si farà poi.

Crocetta e Renzi hanno risolto la questione dirottando sul bilancio della Regione 750 milioni di euro del Cipe (Comitato interministeriale per la programmazione economica) destinati alle infrastrutture; di questi, 87 milioni e 900 mila euro finanziano lo stipendificio dei forestali. L'Ance, l'Associazione nazionale costruttori edili della Sicilia, con Santo Cutrone calcola che questo «scippo alle opere pubbliche ha cancellato per sempre la possibilità di creare quindicimila posti di lavoro veri». Perché è chiaro come il sole siciliano che i forestali lavorano per finta. Mica sono come i consiglieri regionali. Questi sì che sono dei veri stacanovisti.

Scalare la rampa di quaranta metri che separa piazza Indipendenza da Palazzo dei Normanni ritemprerebbe chiunque. La salita è ripida, ma la fatica è inesistente perché la marcia di avvicinamento è esaltante a ogni passo. Questo palazzo è davvero reale, nel senso più proprio del termine: non ammicca alla maniera delle regge nobiliari, né invita come fanno i grandi santuari della cristianità. No: il palazzo, altezzoso, emana la sua potenza senza chiedere nulla, se non rispetto.

Ma siccome in Sicilia nulla è normale, le offese alla più antica residenza reale d'Europa – sede imperiale di Federico II e Corrado IV, dimora ufficiale dei monarchi del regno delle due Sicilie, patrimonio dell'umanità protetto dall'Unesco –, le offese, dicevo, cominciano già dal cortile, dove la vista dei giardini e delle mura è coperta da decine di auto di lusso, molte delle quali con addosso il colore della Casta. È noto, gli italiani detestano le auto blu. Ma qui i simboli del potere rozzo e arrogante resistono a ogni vento di passione.

La guardiola d'accesso al palazzo contiene pure la biglietteria, è persino accettabile nel gusto, nonostante sia di ghisa prefabbricata. Inaccettabile, invece, è la scoperta che segue.

«Buongiorno, vorrei visitare il palazzo.»

«Oggi è mercoledì.»

«E quindi?»

«Può visitare soltanto la Cappella palatina. Però, mi creda, ne vale la pena: è davvero stupenda.»

«Sì, ma gli appartamenti reali, le sale, i cortili? Perché non si possono vedere? Il mercoledì è giorno di chiusura?»

«Sì, e anche il martedì, il giovedì, il venerdì mattina e il lunedì pomeriggio.»

«Ammazza, cioè i Normanni aprono soltanto dal venerdì pomeriggio al lunedì mattina. E perché?»

«Il palazzo è occupato dall'assemblea regionale.»

«Cioè, lei mi sta dicendo che i consiglieri regionali...»
«Deputati, prego.»
«Ah, giusto, vero, in Sicilia i consiglieri regionali si sono autonominati deputati regionali. E quindi gli illustrissimi onorevoli si prendono il palazzo dal lunedì al venerdì.»
«Non lo prendono, al limite lo danno negli altri giorni.»
«Sono magnanimi.»
«Questa è la sede dell'assemblea regionale siciliana, i padroni di casa sono loro.»
«E i turisti ospiti.»
«I turisti sono turisti. Ma perché è così curioso?»
«È per il mio lavoro.»
«Aah, ho capito, lei è un giornalista. Poteva dirlo subito. Guardi, ora le do un numero, è dell'ufficio stampa dell'assemblea. Lei lo chiama, si accredita e si fa un giro più largo.»
«Migliore di quello dei turisti.»
«Eh, certo, lei che dice?»
«Dico no, grazie. Oggi sono turista pure io, mi stacca un biglietto normale per cortesia?»

La Cappella palatina è effettivamente un'apoteosi di mosaici bizantini, la forza del Cristo pantocratore è unica, i suoi colori splendono al punto da illuminare il buio. Evidentemente la forza di Cristo arriva fino a un certo punto; illuminare certe teste è impossibile persino per Dio sceso in terra.

È vero che la democrazia costa e sull'argomento si fa troppa demagogia, per esempio sui sindaci, che guadagnano cifre da fame rispetto alle responsabilità che si assumono (e infatti il livello qualitativo dei primi cittadini si è clamorosamente abbassato, soprattutto al Sud). Ma la democrazia non può nemmeno essere un costo e basta.

Anche dopo i tagli imposti dal governo di Mario Monti, i deputati siciliani incassano 11.100 euro lordi al mese, circa 8300 netti (5 Stelle a parte, perché tengono per loro 2500 euro netti al mese). Il personale al servizio dei politici siciliani, inoltre, è il più pagato d'Italia: gli assistenti arrivano anche a 117 mila euro all'anno, i tecnici prendono 129 mila euro, i coadiutori 142 mila, i segretari 187 mila e gli stenografi (ammesso che nell'era digitale servano ancora) 235 mila.

In totale, l'assemblea regionale siciliana costa 158 milioni di euro all'anno. Dovrebbe quindi essere uno straordinario modello di efficienza. Emanuele Lauria di «Repubblica» ha invece calcolato che, dal 31 ottobre al 31 dicembre 2015, ha lavorato per una media di 17,4 minuti al giorno, circa otto ore e mezzo al mese. Per fare cosa? Approvare appena tre leggi. È inammissibile.

Tanto meno sono ammissibili, nella contemporaneità, certi atteggiamenti alla marchese del Grillo («Io so' io e voi non siete un c...»). E se sbarrare Palazzo dei Normanni è già un delitto di per sé, dentro succede anche di peggio.

Proprio davanti alla cappella (e al Cristo pantocratore) sono schierati gli uffici dei gruppi parlamentari, ognuno con la sua targa in rigoroso finto marmo in bella evidenza. A dividere i turisti dalle istituzioni c'è soltanto un cancello in ferro battuto alto un metro e mezzo. Detto che nel palazzo è giustamente proibito fumare, dal lato dei comuni mortali il divieto viene rispettato, da quello dei marchesi del Grillo no: tutti inspirano e, soprattutto, espirano liberamente, mentre nessun usciere osa dire alcunché. Povero Federico II...

Nel frattempo due anziani americani protestano vivacemente: la faccenda del palazzo «chiuso per politica» non riescono proprio a digerirla. È una questione culturale, negli Stati Uniti è escluso che possa capitare. Né, d'altronde, si viene da Boston a Palermo tutti i giorni: la visita è ora o mai più.

Gli arzilli coniugi sono perciò assai alterati. A un certo punto se la prendono con un custode, anzianotto anche lui:

Moglie: *You say: no, no, no. Why? I don't understand.*
Usciere: «Io no capire voi. Voi capire che io no capire? Capito?».
Marito: *Fuck off. Do you understand me?*

Usciere: «Io no capire. Sotto, andare sotto, essere ufficio, ok? Lì parlare englìsc, ok?».

Marito: *Fuck off! Fuck off! Fuck off!*

Davanti a questo e altro ancora, si è alzato il grido di dolore («Salviamo una Sicilia moribonda») di due scrittori: Andrea Camilleri e Pietrangelo Buttafuoco. Si sono messi a capo di «un gruppo di siciliani, poeti, artisti ma anche gestori di alberghi e di locande, librai, chef e guide turistiche: gente che fa cultura, vive di cultura e fa vivere di cultura» e hanno scritto al ministro Dario Franceschini. «La situazione che si sta profilando in Sicilia è attualmente disastrosa», dicono, «e – con un degrado che non è solo imputabile alla scarsità dei bilanci – rischia di peggiorare di giorno in giorno». Proprio adesso «che la tensione militare porta i vacanzieri dalle coste del Nord Africa altrove, la Sicilia riesce ad avere un calo di visitatori dell'8 per cento».

Lo sanno bene anche i tassisti. Giovanni racconta del tour della città a tariffa fissa: centoventi euro per tre ore di viaggio fra le attrazioni di Palermo. È un servizio rivolto soprattutto ai croceristi e infatti lui ha appositamente studiato l'inglese (diploma compreso). «Inizialmente il tour funzionava», dice serafico, «poi però i social network ci hanno distrutto». Il passaparola, impietoso, ha avvisato il popolo web: «Il tour è inutile, negli orari in cui le navi fanno scalo in città, è tutto chiuso tranne il santuario di Santa Rosalia». Che peraltro appartiene al Vaticano, non allo Stato italiano.

UN'ISOLA IN CROCE(TTA)

Rosario «Saro» Crocetta ha infiammato di gioia i cuori degli italiani perbene. D'altronde la sua storia di onestà è agli atti dei tribunali mafiosi. Almeno tre volte la Stidda ha sentenziato per lui la condanna a morte, ma lo Stato ha sempre risposto con la forza della giustizia.

Questa forza era anche la sua. Tuttavia, quando «Saro» si è candidato a guidare la Sicilia, è opportunamente uscito dal cliché dell'antimafioso di professione. Ha scelto di fare politica per davvero, entrando a pieno nel ruolo di uomo delle istituzioni. A un certo punto parlava di cose importanti: spending review, bilanci rigorosi, abbattimento dei costi per la burocrazia regionale e altro ancora. Una rivoluzione.

Alle elezioni del 28 ottobre 2012 il popolo lo ha premiato. Meno di quanto venisse pronosticato, ma comunque abbastanza per costruire un'isola più nuova e più sana. Un'isola contemporanea.

Tre anni e mezzo dopo l'elezione di Rosario Crocetta a governatore, la situazione è la seguente:

- L'ente Regione Sicilia conta 1818 dipendenti dirigenti; messe assieme, tutte le Regioni a statuto ordinario arrivano a 2152.
- I dipendenti della Regione non dirigenti sono quindicimila, in Lombardia arrivano a tremila unità.
- La Sicilia ha un rapporto di 352,3 dipendenti regionali per centomila abitanti, la Lombardia di 32,5.
- In Italia un impiegato regionale su 14 è siciliano.
- Fra il 2013 e il 2014 la Regione Sicilia ha stanziato dieci milioni di euro per le «indennità di risultato» dei suoi dipendenti. Il principale obiettivo da raggiungere? L'utilizzo di internet.
- I dipendenti pubblici della Regione costano 940 milioni di euro all'anno.
- L'assessorato regionale alla Cultura spende 196 milioni di euro all'anno in stipendi e meno di 500 mila euro per la conservazione dei beni artistici.
- Tra i dipendenti pubblici siciliani soltanto nel 2014 si contavano 141 istruttorie per peculato e 114 indagati per attività varie: patenti facili, agevolazioni per ottenere invalidità civili, abusi della legge 104 sui parenti invalidi.
- Nonostante l'alta percentuale di dipendenti regionali, secondo l'Eurostat la Sicilia è la Regione europea con il più basso

tasso di occupazione (42,4%) delle persone tra i venti e i sessantaquattro anni. La disoccupazione giovanile è invece stabile al 51%.

- In Sicilia pagano le tasse per intero soltanto l'8% dei cittadini. Si dovrebbero raccogliere cinque miliardi e mezzo di euro, si arriva a stento a 490 milioni. A curare il recupero crediti della Regione è Riscossione Sicilia, l'Equitalia dell'isola.
- Il 29 dicembre 2015 l'assemblea regionale siciliana ha bocciato la ricapitalizzazione di Riscossione Sicilia, alle prese con un serio deficit finanziario. Il suo presidente, Antonio Fiumefreddo, ha risposto inviando ai pubblici ministeri la lista dei sessantuno deputati regionali (su novanta) che avrebbero guai con il fisco. Di fatto, Fiumefreddo sostiene che i politici vogliono affossare la sua società per sfuggire ai pagamenti. Soltanto il 29 febbraio 2016, dopo un'ondata di indignazione nazionale, l'Ars ha approvato la ricapitalizzazione di Riscossione Sicilia.

Davanti a tutto questo, e altro ancora, fino a metà 2015 Crocetta ribatteva: «Ho ereditato una Regione con sei miliardi di buco». Ha smesso quando è stato certificato che con la sua presidenza il debito si è allargato fino a 7,9 miliardi di euro.

Quanto alle mafie e ai mafiosi, in campagna elettorale «Saro» aveva rivendicato la sua discontinuità con i predecessori. In particolare con gli ultimi due governatori: Totò Cuffaro (condannato per mafia) e Raffaele Lombardo (sotto processo per mafia). È finita con la gran parte di cuffariani e lombardiani alleati o iscritti al Partito democratico di Crocetta, tutti protesi a sostenere il suo governo a maggioranze variabili. Anzi, variabilissime.

Durante il suo mandato, il governatore ha infatti cambiato quattro giunte e aggiornato costantemente il record mondiale di assessori: in tre anni è arrivato a quota 48, addirittura a 55 se si considerano le rotazioni, in pratica un assessore ogni 19 giorni. Non sono soltanto numeri strabilianti, è anche un favore indiretto alla criminalità organizzata. Lo sanno anche i bambini che la mafia è la più efficiente e stabile tra le organizzazioni. Lo Stato ha un solo modo per batterla: mostrarsi ancora più efficiente e stabile.

«Saro» ha fallito, è chiaro. E ha tradito se stesso, le speranze di una generazione e la rivincita degli uomini giusti. Il vento di Capaci, che non perdona gli incapaci, lo urla con tutta la sua autorevolezza: «Se le istituzioni continuano nella loro politica di miopia nei confronti della mafia, temo che la loro assoluta mancanza di prestigio nelle terre in cui prospera la criminalità organizzata non farà che favorire sempre di più Cosa nostra».

Il vento ha la voce di Giovanni Falcone.

LA POVERTÀ GENERA MOSTRI

Il percorso prevede terra, mare e ancora terra. Tutto compreso, però, la distanza in linea d'aria tra il centro di Messina e l'aeroporto di Reggio Calabria è di appena dodici chilometri. Tuttavia i messinesi preferiscono imbarcarsi a cento chilometri di distanza, cioè a Catania. Le spiegazioni di questo mistero buffo sono due.

La prima è che a Reggio i biglietti sono cari, i voli pochi, le destinazioni ancora meno. Circostanze singolari per una città che sostiene di puntare decisamente sul turismo.

La seconda spiegazione è strana ma vera: i messinesi fanno prima ad arrivare a Catania che in Calabria. Tra attesa dell'imbarco, percorrenza, arrivo alla stazione marittima di Reggio e spostamento in taxi di undici chilometri fino all'aeroporto, solitamente trascorrono oltre due ore. Per andare in macchina fino a Catania basta un'ora scarsa.

Certo, non si può costruire un ponte – e che ponte, quello sullo stretto – soltanto per servire meglio lo scalo calabrese; va da sé che le motivazioni sarebbero ben altre, soprattutto per quel che riguarda il trasferimento delle merci. Ma siccome sull'argomento il dibattito ricalca il modello guelfi-ghibellini, aggiungerò la mia opinione in maniera relativamente distaccata: per come è la condizione delle infrastrutture in Calabria e in Sicilia, il ponte risulterebbe l'ennesima cattedrale nel deserto, quindi superfluo; prima andrebbero ristrutturate le cadenti infrastrutture siciliane, completata la Salerno-Reggio Calabria e rese almeno decenti la linee ferroviarie meridionali. Soltanto allora – quindi probabilmente mai – i discorsi sul ponte diventerebbero opportuni. Insomma, guelfi e ghibellini possono starsene tranquilli ora e forse sempre.

Una cosa, però, risulta comunque insopportabile. Ovvero il sottodibattito che parte dal seguente postulato: poiché in Sicilia c'è la mafia e in Calabria la 'ndrangheta, il ponte non si deve fare. È come sostenere che siccome esistono i falsi invalidi vanno abolite le pensioni di invalidità. Anzi, a dirla tutta, meglio ancora sarebbe stanare gli evasori fiscali azzerando le tasse. E poi basta con certi medici incompetenti e truffaldini, la soluzione è semplice: smettiamo una volta per tutte di curare le persone. Che muoiano velocemente e senza lamentarsi troppo.

Ironie a parte, l'obiezione sulla presenza della criminalità organizzata vale meno di zero. Un paese sano combatte i boss, non li evita, perché uno Stato che abdica per principio davanti ai malviventi smette di fare lo Stato. Diventa la «Repubblica delle Banane».

Insomma, le uniche riserve corrette riguardano la sostenibilità ambientale ed economica del ponte. Sulla prima, le ragioni degli oppositori appaiono davvero fragili. I paesi più avanzati del mondo si sono dotati di strutture meravigliose, che hanno arricchito i loro popoli, spinto all'utilizzo del treno veloce e abbattuto l'inquinamento marino dovuto ai battelli. Pensiamo soltanto al ponte che unisce due nazioni ecologiste come poche: Svezia e Danimarca. Percorrerlo è entusiasmante, non si capisce perché l'Italia dovrebbe essere da meno. A patto, naturalmente, che arrivi una risposta all'altra obiezione, l'unica che conti davvero:

al Sud, questa grande opera, conviene economicamente? Al momento è impossibile stabilirlo: in molti sparano cifre a casaccio, mentre sul tema non esiste ancora una seria analisi costi-benefici.

In attesa di conoscerla, sullo stretto cercano di organizzarsi come possono. Ora, per esempio, per arrivare dalla Sicilia allo scalo calabrese un'alternativa più rapida esiste, seppur attivata con qualche decennio di ritardo. L'aeroporto, infatti, è stato aperto al traffico civile nel 1976, ma soltanto nell'ottobre 2015 è stato avviato un bus-navetta che trasporta i viaggiatori direttamente allo scalo dalla stazione marittima di Reggio.

Il servizio è teoricamente efficiente: in 55 minuti il tragitto da Messina è compiuto. Peccato persistano tre problemi. Il primo è che la navetta funziona soltanto la mattina e la sera. Il secondo è che bisogna prenotare entro quarantotto ore dalla partenza o dall'arrivo, e questo esclude i viaggi last minute, quindi soprattutto quelli per affari. Il terzo problema è che il ticket del bus costa dai cinque agli otto euro. Quindi una famiglia di quattro persone, fra traghetto (3,5 euro a biglietto) e navetta, arriva a spendere anche 92 euro solo per andare e tornare dall'aeroporto, escluso l'eventuale bagaglio extra da pagare a parte.

La morale è che in quasi quarant'anni di attività sarebbe bastato costruire un semplice (ed economico) molo nei pressi dello scalo e sviluppare la rotta di un aliscafo ad hoc. Tempo di percorrenza ipotetico: quindici minuti. Così, forse, il bacino potenziale dei 650 mila residenti nella provincia di Messina avrebbe scelto l'aeroporto dello Stretto (per chiamarlo così, ci sarà stato un motivo) invece del remoto Fontanarossa di Catania. È andata diversamente e anche nel 2015 il bilancio è stato misero: 490.804 passeggeri in tutto (Catania è a 7.300.000) e un meno 5,2% di traffico rispetto al 2014. L'effetto naturale è il disastro dei conti.

Il buco della Sogas, la società che gestisce la struttura, è stabilmente di un milione di euro all'anno, ma soltanto perché i debiti ulteriori vengono ripianati con continue ricapitalizzazioni dai soci principali, cioè Regione Calabria, Comune di Reggio e

Province di Messina e Reggio Calabria. Tutti soldi pubblici di enti che certo non navigano nell'oro, tanto è vero che riescono a rastrellare i denari necessari soltanto all'ultimo istante, sottraendoli spesso alle più disparate voci di bilancio. La conseguenza immediatamente visibile sono i lavoratori dell'aeroporto ormai abituati a ricevere lo stipendio anche a sei mesi dalla ricezione della busta paga.

Tuttavia è anche vero, come denuncia l'ex presidente della Sogas Carlo Porcino, che a Reggio Calabria c'è «un personale che potrebbe gestire un aeroporto con un milione e mezzo di passeggeri, il triplo del nostro. Abbiamo dodici responsabili di turno: Catania ne ha sette, Genova e Lamezia Terme cinque». L'Enac, Ente nazionale per l'aviazione civile, ha calcolato «che l'incidenza del personale sulle casse della Sogas è del 93%», compresi «sei-sette dipendenti che costano novemila euro al mese, oltre centomila all'anno. Non è una cosa normale, è il doppio rispetto a quello che è previsto dal contratto collettivo di lavoro». Inoltre, «quando sono arrivato, nel 2011 ho trovato persone a cui venivano pagate novemila ore di straordinario...». Ovviamente, Porcino è stato cacciato. L'Enac, tuttavia, continua a minacciare periodicamente la revoca della concessione, che equivale alla chiusura dell'aeroporto dello Stretto.

CRISTO SI È FERMATO A EBOLI, LE FERROVIE PRIMA

A quel punto, per andare verso Nord, ai reggini resterebbero esclusivamente treno e automobile. Se siete avventurosi e forti di stomaco, il viaggio su rotaia vi piacerà eccome. Della ferrovia Jonica, che collega Reggio Calabria a Taranto, basterà spiegare che funziona a scartamento assai ridotto, anche perché per lunghi tratti ancora non è elettrificata. Un disastro, insomma.

La linea fuoriclasse (si fa per dire) è invece la ferrovia Tirrenica Meridionale. Unisce il capoluogo calabro a Salerno ed è una vecchia signora che da tempo non ricorre al lifting: l'ultimo ammodernamento vero risale agli anni settanta del secolo scorso. Anche i treni sono vintage: i Pendolini, all'avanguardia a partire dalla fine degli anni ottanta (sempre del secolo scorso), sono stati riciclati per il Reggio-Roma. Il calendario delle Fs prevede tre viaggi al giorno, andata e ritorno. Di questi, soltanto uno è un Frecciabianca (5 ore e 15 minuti di percorrenza dichiarata), i rimanenti Frecciargento (6 ore e 21 minuti). L'ultimo treno da Roma è previsto alle 17.30, da Reggio alle 16.00, orari non propriamente comodi. In tutti i casi, però, la navigazione può provocare effetti indesiderati.

I Pendolini, infatti, sono treni ad assetto variabile, cioè si inclinano verso l'interno delle curve. E siccome la Tirrenica Meridionale è tutta un susseguirsi di spigoli e gomiti, la nausea arriva inesorabile a rovinare le viscere dei viaggiatori e persino del personale. Ciononostante, rimangono i migliori treni in circolazione da queste parti. Perciò è difficilissimo trovarvi posto, soprattutto d'estate, quando la costa tirrenica calabrese si popola di decine di migliaia di turisti, principalmente nel tratto in provincia di Cosenza. Inspiegabilmente, però, il numero delle corse è sempre rimasto invariato, ora come negli anni in cui risultava impossibile percorrere l'autostrada Salerno-Reggio Calabria. Tre erano allora i Frecciaqualcosa e tre sono adesso. E quando sono pieni, non resta che salire sui tremendi Regionali o Intercity.

Ecco: altro che sport estremi, corsi di sopravvivenza, esperienze ascetiche. Con tutto il rispetto per chi li pratica, questi test esistenziali si annullano davanti al brivido caldo di un viaggio sui treni minori delle Calabrie. E io, modestamente, il brivido l'ho provato, ma soprattutto il caldo. Infatti, nell'estate più afosa della storia, l'aria condizionata era irrimediabilmente guasta.

La cronaca di tale indimenticabile trasferimento è la seguente.

Domenica 2 agosto 2015. Di ritorno da Diamante a Roma dopo una visita ad amici, alla stazione scopro che l'Intercity viaggia con quaranta minuti di ritardo. «Magari fosse così», commenta una coppia, «di solito arriva almeno un'ora dopo. Arrabbiati? Macché, siamo abituati, al massimo ci scherziamo». E vabbe', scherziamo, in fondo sono cose che capitano.

Purtroppo, però, dopo sessanta minuti non c'è traccia del treno. Fermo su una banchina senza pensilina, sotto il bollore agostano delle cinque del pomeriggio, comincia a circolare la voce che la corsa sia stata soppressa: «Lo scrive il sito delle Ferrovie», urla qualcuno. Mah, penso, sarà la solita leggenda metropolitana, gli altoparlanti lo avrebbero annunciato.

Intanto, però, si ferma un regionale diretto a Napoli. I megafoni continuano a tacere e tutti cominciano a chiedersi se sia il caso di prenderlo al volo. In effetti, è un dubbio che coglie anche me. Vedo un controllore, mi avvicino e – tra detto, non detto e sottintesi – comincia una di quelle conversazione surreali che soltanto un meridionale può comprendere fino in fondo.

«È vero che l'Intercity è stato soppresso?»

«No, non è stato soppresso. Però ci hanno detto di farvi salire tutti su questo treno.»

«Quindi è stato soppresso?»

«No, ma è meglio che salite.»

«E se l'Intercity non è stato soppresso e poi arriva?»

«Non lo sappiamo, voi intanto salite poi vi comunicheremo qualcosa.»

«Il biglietto va bene lo stesso?»

«Oggi valgono tutti i biglietti per tutti i treni.»

«Scusi, però questo treno ferma a Napoli, poi c'è una coincidenza per Roma?»

Il controllore sorride e mi guarda come se io fossi un torturatore e lui un'anima innocente. Poi allarga le braccia, in quel gesto malinconico e rassegnato che appartiene a noi meridionali: è il segno che devo arrendermi, mi tocca il regionale.

Siamo appiccicati l'uno all'altro, restano soltanto posti in piedi, il treno sembra un enorme peperone ripieno: noi viaggiatori siamo il formaggio, ormai ne abbiamo assunto anche l'odore. L'aria condizionata, appunto, è un miraggio. Quando la signora Lina sta per svenire, Ciro riesce a spalancare i finestrini forzando le serrature con una specie di chiave inglese. L'applauso è unanime. Poi, certo, verrebbe da indagare perché uno torni dalle vacanze con una chiave inglese nella borsa, ma in questo contesto sarebbero dettagli. Meglio soprassedere.

Ora il rumore dei binari spacca i timpani, ma almeno si respira, il peggio è passato. Anzi no. Alla stazione di Scalea gli altoparlanti diffondono un annuncio apparentemente liberatorio: «Si comunica ai signori viaggiatori che il treno Intercity proveniente da Reggio Calabria è in arrivo al binario tre». Evviva, evviva, evviva! Scendiamo tutti, corriamo a centinaia, accaldati, verso il nuovo binario. Il tempo di raggiungerlo e gli altoparlanti ci ripensano: «Si comunica ai signori viaggiatori che il treno Intercity proveniente da Reggio Calabria e diretto a Roma è stato soppresso, ci scusiamo per il disagio». Non c'è il tempo di imprecare, bisogna riacciuffare il regionale. Nuova corsa verso il vecchio binario ed ennesimo colpo di scena: «Si comunica ai signori viaggiatori che il treno Intercity proveniente da Reggio Calabria e diretto a Roma arriverà con settanta minuti di ritardo, ci scusiamo per il disagio».

Seguono settanta minuti di acqua, caffè e telefonate. Una è per gli amici di Diamante: «A noi è capitato già tre volte.»

«Cosa?»

«Di vedere soppressi i treni. D'altronde qui lo sanno tutti: almeno un paio di volte a settimana sugli Intercity si rompe la motrice. Talora riescono a ripararla in giornata, altre no. In un certo senso, sei stato anche fortunato, la tua è ripartita presto, il ritardo è minimo.»

«Ma sono settanta minuti, fa caldo, sul Regionale l'aria condizionata era rotta, stavamo in piedi, puzzavamo tutti, me compreso.»

«Eeh, e cosa vuoi che sia! È il Sud, ragazzo…»

Eh no, non riesco proprio più a sopportare gli annunci mancati, i ritardi, un regionale figlio degli anni settanta, caldo e stracolmo come la casbah all'ora di punta, l'Intercity vecchio almeno quarant'anni, le poltrone di velluto liso e sudicio, i fetori vecchi e nuovi, le continue, lunghe, maledette e inspiegabili soste nelle stazioni più periferiche.

Adesso c'è Eboli, per esempio, dove per Carlo Levi si era fermato Cristo. Italo si è fermato anche prima: l'alta velocità termina a Salerno, trenta chilometri più a Nord. Sfinito, scendo qui. Sono più o meno le 21.30. Il primo Frecciarossa disponibile parte alle 6.12. Fa nulla, è venuto a raccattarmi mio padre da Napoli. In macchina gli racconto la mia odissea e lui replica così: «Dai, non prendertela, lo sai come funziona, fatti una risata...». Invece di mandarlo a quel paese come pure meriterebbe, pianifico questo libro di denuncia e di protesta.

BINARIO ZERO

Meno di un anno dopo, il 12 luglio 2016, amici e parenti smorzeranno i loro sorrisi autoconsolatori davanti alla «strage dei pendolari», uno dei più assurdi e tragici incidenti ferroviari italiani.

Quel giorno – nell'epoca di internet, della digitalizzazione planetaria e (persino) delle auto senza conducente – tra Andria e Corato due locali si scontrano frontalmente su una tratta delle Ferrovie del Nord Barese. È la stessa, identica linea di cinquant'anni prima, del tempo cioè in cui Aldo Moro la inaugurò. Il binario è unico e, circostanza forse peggiore, la tratta risulta sprovvista di qualsiasi sistema di sicurezza automatico. Per far circolare i treni si utilizzano ancora i dispacci telefonici e il capostazione dà il via libera con la paletta verde. Nella cultura occidentale avanzata è preistoria, nel Sud arretrato la normalità: la rete locale meridionale conta ancora il 70% di tratte a binario unico.

Eppure, a differenza di altri posti del Mezzogiorno a secco di liquidità, nel caso delle Ferrovie del Nord Barese, i venticinque milioni di euro necessari per il raddoppio della linea erano già impegnati dal lontano 2006. Ma non sono mai stati spesi per ritardi nelle gare e nella progettazione. Denuncia Alessandro De Angelis dell'Huffington Post: «La politica meridionale celebra freneticamente i suoi riti per acchiappare i voti col vizio atavico, una volta presi, di custodire l'immobilismo infrastrutturale».

Il risultato sono le immagini agghiaccianti di lamiere, rotaie e sangue. Il contegno della stampa italiana, per fortuna sensibile, almeno ci ha risparmiato la vista dei corpi mutilati e sparsi ovunque nei campi di Puglia. Giusto così, talvolta bastano le parole a descrivere un dolore. Come quello di Samuele, sei anni, che abitava a Milano e si trovava in Puglia per trascorrere qualche giorno di vacanza. È vivo grazie al gesto di estremo amore di sua nonna. Questa santa donna si chiamava Donata Pepe. È morta, ma ha salvato il nipote avvolgendolo tra le braccia un attimo prima dello schianto.

Chissà se un giorno Samuele riuscirà a superare lo choc. Di certo lo ha superato l'Italia. Poche settimane dopo, al netto di rare voci, la strage dei pendolari – persone come noi e i nostri cari: studenti, nonne, bambine, lavoratori – era stata già digerita dall'opinione pubblica. Il fatalismo meridionale ha immediatamente preso il sopravvento.

A futura memoria è rimasto soltanto un titolo considerato emblematico: «Binario unico». Tuttavia, è un titolo impreciso. Il Sud, rispetto al mondo civilizzato, rimane di fatto a «binario zero».

Proprio i treni rappresentano l'esempio migliore per spiegare l'Italia a due velocità. Il *Rapporto Pendolaria 2015* di Legambiente dimostra che tutti i 1738 Regionali del Sud (che conta 19,5 milioni di abitanti) sono in numero inferiore ai 2300 della sola Lombardia (9,7 milioni). Inoltre, si tratta di treni più vecchi rispetto a quelli del Nord (in media 20,4 anni d'età contro 16,6) e più lenti, perché la gran parte delle linee sono a binario unico e non elettrificate. Data la situazione, bisognerebbe investire trasporto ferroviario. Invece il paradosso è che, a partire dal 2010, al Sud le risorse sono state tolte in maniera scellerata: -3,6% in Puglia, -9,8% in Abruzzo, -12,1% in Sicilia, -15,1% in Campania, -18,9% in Basilicata, -26,4% in Calabria.

Insomma, finché si continuerà così, sarà meglio viaggiare in macchina. È più sicuro. O forse no.

ANAS E BANANAS

Da Reggio Calabria si possono valutare due opzioni stradali verso Nord. La prima è percorrere la statale Jonica 106 per raggiungere la Puglia e da lì la costa adriatica. Ecco, questo tragitto è da evitare a tutti i costi: ogni anno produce più vittime di un'epidemia. I calabresi hanno costruito abusivamente finanche sui marciapiedi di una strada pensata a scorrimento veloce. Poi lo Stato, invece di abbattere quegli orrori urbanistici, li ha sanati con l'obiettivo di fare cassa. Il risultato è che da almeno due decenni i vari governi cercano vanamente risorse per costruire una nuova 106, parallela alla vecchia. Costerebbe cento volte i soldi incassati dalla sanatoria.

La sicurezza della strada è così labile che Fabio Pugliese, presidente dell'associazione Basta vittime sulla Strada statale 106 propone «una commissione di inchiesta parlamentare sulla famigerata strada della morte». Ma le sue lettere, inviate ai parlamentari calabresi, non hanno trovato soddisfazione. Evidentemente, hanno tutti qualcosa di meglio da fare. Eppure basta interpellare qualsiasi agenzia di stampa e inserire «incidente statale 106» per scoprire che non passa mese senza un tragico corollario di morti e feriti gravi.

Piuttosto che la «statale della morte», conviene quindi affrontare l'A3, cioè la Salerno-Reggio Calabria. I governanti della

Prima Repubblica l'hanno costruita male – d'altronde non si edificano 443 chilometri in appena otto anni (dal 1964 al 1972) e con soli 1,9 miliardi di euro di oggi. Quelli della Seconda si sono invece spesi con parole importanti e sentite, fallendo miseramente ogni obiettivo. Nella Terza Repubblica fanno i gigioni, quindi almeno si ride. A conferma che i mandanti politici dell'omicidio del Sud sono amorali, immortali e trasversali. Ecco una lista esemplare, a presente e futura memoria.

«Il governo vuole accelerare l'ammodernamento della Salerno-Reggio Calabria. Il progetto sarà completato entro il 2003», ministro Enrico Micheli, 1998, D'Alema I.

«Un paese che è fra le prime sette potenze industriali non può avere un'autostrada così. La Salerno-Reggio sarà sistemata in cinque anni», ministro Nerio Nesi, 2000, Amato II.

«L'autostrada sarà pronta nel 2004-2005. Ho già chiesto che si paghi il pedaggio», ministro Pietro Lunardi, 2001. «Per i lavori ancora in fase di progettazione o affidamento il completamento previsto entro il 2006», Lunardi 2002. «I lavori saranno conclusi nel 2009», Lunardi, 2005, Berlusconi II.

«A oggi su 443 km di lunghezza dell'A3, sono stati completati e aperti al traffico 210 km, sono in fase di realizzazione 174 km. I restanti circa 60 km sono in via di progettazione e da finanziare. I lavori, pertanto, procedono nel rispetto del cronoprogramma che ci siamo dati a inizio di legislatura e potranno essere completati, per 384 km, entro il 2013», ministro Altero Matteoli, 2010, Berlusconi IV.

«Metto la faccia in tanti posti, la metto anche qui. Dobbiamo assicurarci che entro la fine del 2013 tutti i cantieri della Salerno-Reggio siano completati. Il governo segue i lavori mese per mese perché questo accada», ministro Corrado Passera, 2012, Monti I.

«Entro il 2015 tutti i cantieri avranno un'accelerazione definitiva e al massimo il prossimo anno concludiamo i lavori», il presidente del Consiglio, 2015, Renzi I.

«Nel 2016 completeremo le quattro corsie, ma, lo ammetto con molta onestà, non finiranno i lavori complementari», ministro Graziano Delrio, 2015, Renzi I.

«Tenetevi forte, so che non ci crederete, ma così come sembrava impossibile la Variante di valico, il 22 dicembre inauguriamo la Salerno-Reggio Calabria. E a tutti quelli che hanno fatto un ooh di stupore gli faremo fare un pezzo di strada e guido io», il premier, 22 febbraio 2016, Renzi I.

Chiunque può verificare che permane la particolarità di un'autostrada che comincia (a Salerno) e finisce (a Reggio) in due imbuti trafficati e pericolosi. Oggettivamente, però, la situazione è migliorata (e ci mancherebbe, dopo quasi vent'anni di lavori...). Tuttavia l'A3 risulta ben lontana dall'essere completata. L'azzardo verbale di Renzi è possibile perché per i quarantatré chilometri ancora allo stato primordiale – cioè risalenti al 1972 e più pericolosi di una qualsiasi strada provinciale: corsie ridotte, curve a gomito, prive di corsia d'emergenza, guard-rail anacronistici – sono garantite soltanto le «attività di manutenzione straordinaria», spiega l'amministratore delegato di Anas, Gianni Armani. Insomma, per finire (eventualmente) l'A3 servirebbero almeno quattro anni e altri due miliardi e mezzo di euro. Soldi che intanto il governo nazionale ha sottratto alla programmazione meridionale. Persino il Partito democratico, cioè il partito di Renzi, la pensa così.

Il 28 gennaio 2016 i consiglieri regionali calabresi in quota Pd Carlo Guccione, Vincenzo Pasqua, Franco Sergio, Michelangelo Mirabello e Giuseppe Giudiceandrea hanno presentato un ordine del giorno sollecitando la giunta a chiedere un incontro urgente al ministro Delrio. Causa scatenante: le parole di Armani, persona serissima, evidentemente costretta ad assecondare il presidente del Consiglio.

Per i consiglieri del Pd «restano ancora da ammodernare i chilometri tra Morano-Castrovillari-Sibari, Rende, Cosenza Sud e da Cosenza a Rogliano. Tutte queste tratte sono in fase di progettazione ma non sono state ancora finanziate». Perciò, «i proclami sul completamento dell'A3 restano solo annunci privi di contenuto». Inoltre, aggiungono, «è inconcepibile che per costruire un'autostrada che, peraltro, l'Unione europea non considera neanche tale, poiché manca del requisito delle quattro corsie e non solo di quella di emergenza (laddove è stata costruita), s'impieghino più anni di quanti ne sono serviti per costruire le piramidi in Egitto...».

Ovviamente, la giunta regionale, sempre a guida Pd, non ha battuto ciglio, neanche quando venivano tolti quattrini alla Calabria. Il presidente dell'Associazione nazionale costruttori Calabria, Francesco Berna, è chiarissimo: «L'ultimo scippo perpetrato dal governo è il taglio di sei miliardi di euro già stanziati per il completamento della Salerno-Reggio e della statale 106 Jonica», denuncia. Per la politica, sostiene Berna, «siamo una regione low cost, la figlia negletta del paese. Intanto, però, gli appalti ripartono dappertutto, fuorché al Sud, e la Calabria è maglia nera a causa del nuovo tracollo delle commesse pubbliche, che nell'ultimo anno si sono dimezzate». Berna svela i dettagli: «Il costo complessivo residuo per completare la Salerno-Reggio Calabria è sceso nel giro di pochi mesi da tre miliardi di euro a 1,7; e gli interventi prioritari per la statale Jonica da 6,3 a 1,5 miliardi di euro. Tutto questo scaturisce da una decisione che giudichiamo inaccettabile e irresponsabile: il ministero dei Trasporti e i vertici dell'Anas hanno sostituito i progetti che prevedevano le nuove tratte dell'A3 e della statale 106 con nuovi elaborati che si limitano all'ammodernamento dei tracciati esistenti. Il ragionamento del governo è stato: inutile sprecare soldi con i calabresi, perché non meritano grandi opere; si accontentino delle stesse strade di quarant'anni fa».

Come è possibile, però, che nessun parlamentare protesti o, semplicemente, parli? La risposta del presidente dell'Ance è scorata: «La deputazione calabrese apprende degli scippi al Sud dalle nostre denunce sui giornali...».

In verità, non è proprio così. Tranne rari casi, i politici meridionali sanno ma tacciono per opportunismo personale. È una vecchia storia: stanno zitti per evitare di turbare il capo di turno e per raccogliere qualche briciola da spendere sui territori elettorali di riferimento. Del benessere generale e generalizzato non importa nulla a nessuno.

Il risultato è il paradigma-Calabria: tutti i rilevatori economici e sociali dell'Istat sono drammatici:

- è la regione più povera d'Italia con un prodotto interno lordo per abitante pari a 16.200 euro contro una media italiana pari a 26.500.
- È all'ultimo posto della classifica per il reddito prodotto individualmente da ogni occupato dipendente: 28.800 euro di media contro 35.600 a italiano.
- Con il 23,4%, è la regione che segna il più alto tasso di disoccupazione d'Italia.
- È ultima anche sul piano dei redditi disponibili dalle famiglie consumatrici: 12.300 euro contro i 17.500 di media italiana.
- Secondo l'Ips, Indice di performance sanitaria dell'istituto Demoskopika, la regione è all'ultimo posto in Italia per prestazioni sanitarie. Su un bilancio di 3,2 miliardi di euro all'anno, gli investimenti sono pari a zero: il 70% è costituito da stipendi, il restante 30% da spese correnti, compresi i circa 250 milioni usati per permettere ai calabresi di curarsi fuori regione.
- Infine, il dato più drammatico: ben 227 mila calabresi hanno rinunciato a curarsi e, di questi, 170 mila per motivi economici. Su una popolazione totale di un milione e novecentomila persone è quasi il 10%.

Numeri angoscianti, che dovrebbero muovere la guerra permanente della classe politica locale verso Roma. E invece nulla, solo accondiscendenza e lentezza.

Per chi non lo sapesse (perché non lo vede e non lo sente), dopo le dimissioni del governatore di centrodestra Giuseppe Scopelliti, condannato in primo grado a sei anni per falso e abuso d'ufficio, qui il nuovo che avanza è il governatore Mario

Oliverio. In politica fin da bambino, è il più classico esponente del Pci-Pds-Ds-Pd (se li è fatti tutti). Eletto trionfalmente nel novembre 2014 con il 61,4% dei voti, al primo test importante (le comunali del giugno 2016), nella sua roccaforte elettorale, cioè Cosenza, il Pd ha raggiunto a malapena il 9% dci consensi. Diciamo anche che la velocità non è propriamente il suo forte.

Insediatosi alla guida della Regione, ha impiegato ben sei settimane per varare appena mezza giunta. Sì, mezza. Accampando la scusa di voler prima cambiare lo Statuto regionale, ha potuto così acquietare ras e *capataz* che lo opprimevano in cerca di assessorati.

L'uomo, però, è anche sfortunato. Composta la squadra «parziale», si è trovato subito travolto dallo scandalo-rimborsi: un assessore arrestato e due indagati. La conseguenza? Dimissioni forzate e una giunta, stavolta completa, composta di soli tecnici. Viva la società civile, quindi? No, ogni assessore è espressione di un vecchio *capataz* locale, da Agazio Loiero a Nicola Adamo, passando per Sandro Principe: tutta gente che naviga la politica già dagli anni ottanta. La Calabria affonda e loro ci sono sempre.

Il simbolo più evidente dei limiti di tale classe politica è il Museo archeologico nazionale di Reggio Calabria, che ora ospita i Bronzi di Riace dopo anni in cui le statue hanno subito qualsiasi umiliazione, persino quella di giacere sdraiate in un'anonima sala del consiglio regionale. Inaugurato il 30 aprile 2016, il Museo è stato celebrato (anche da Matteo Renzi) come simbolo del riscatto calabrese. Peccato che per ristrutturarlo (ristrutturarlo, non costruirlo) ci siano voluti un decennio (un'eternità) e trentaquattro milioni di soldi pubblici (un'enormità). E già il 1° maggio, sul «Corriere della Sera», Paolo Conti notava «la disarmante povertà tecnica e di contenuti del sito ufficiale»; inoltre, «cliccando su *buy tickets online now* non si approda letteralmente a nulla (e naturalmente non c'è alcuna traduzione, nemmeno in inglese)». Insomma, molto tempo e tanti soldi non sono bastati per offrire un servizio appena decente. Incredibile.

Simboli a parte, la prova riassuntiva più impietosa sulla modestia dei politici calabresi arriva con l'annuale classifica sulla qualità della vita delle province italiane stilata dal «Sole 24 Ore». La regione ne esce puntualmente a pezzi. Nel 2015 su 110 province, Crotone risulta all'89° posto, Cosenza al 98°, Catanzaro al 100°, Vibo Valentia al 109° e, in coda, Reggio Calabria. Sul capoluogo pesano i piazzamenti peggiori alle voci *Tenore di vita, Affari e lavoro, Servizi.*

Sostiene Roberto Galullo, firma del «Sole 24 Ore»: «Reggio Calabria continua a ricevere briciole», mentre «la speranza che sia lo Stato a volgere il suo sguardo pietoso da queste parti è morta da tempo». E «se ci si avventura nella provincia – nella quale il porto di Gioia Tauro è l'emblema del fallimento economico e sociale, e i centri aspromontani sono le stimmate di una criminalità sanguinaria senza confini geografici – è peggio che andare a fari spenti».

Ancor più tragico se ci si addentra nella Calabria interna, oltre la provincia di Reggio. Per esempio a Nardodipace, 1400 anime sulle Serre calabresi, hanno battuto record forse ineguagliabile. In appena cinque anni il consiglio comunale è stato sciolto ben tre volte per infiltrazioni mafiose: la prima nel 2011, la seconda nel 2014, la terza nel 2015.

Siccome però i nardopacesi sono gente seria, hanno conquistato un ulteriore primato con un colpo a sorpresa: dopo lo scioglimento del 2011, nel 2013 hanno rieletto Romano Loielo, esponente della destra di Fratelli d'Italia. La prima volta Loielo aveva scelto come vice Romolo Tassone, figlio di Rocco, noto 'ndranghetista. La seconda, invece, è andata diversamente. Il sindaco ha chiamato un altro vice, ma poi è stato arrestato insieme all'immancabile Tassone (e ad altre sei persone). L'accusa? Avrebbero lucrato su fondi europei destinati ai corsi di formazione per i disoccupati del loro paese, secondo alcune statistiche il più povero d'Italia.

Il commento del procuratore di Vibo Valentia, Mario Spagnuolo, è amarissimo: «La povertà genera mostri. Lo dico senza voler offendere nessuno, ma è la realtà». E i mostri stanno contro uno Stato che in Calabria «è visto lontano. Vi è un'adesione alla subcultura di illegalità, in presenza di una criminalità feroce che monopolizza tutto». E costruisce Stati paralleli.

I mafiosi

> I mafiosi non hanno paura del carcere; i mafiosi hanno paura che noi mettiamo loro le mani nelle tasche.
>
> PIERO GRASSO a Fabio Fazio, 26 aprile 2009

L'IMPERO DI F4

Franz Di Salvo fu un urbanista-poeta-uomo di mondo. Da urbanista concepì le Vele di Scampia ispirandosi all'*unité d'habitation* di Le Corbusier e alle strutture «a cavalletto» di Kenzo Tange. Da poeta immaginò un modello macrostrutturale buono a riprodurre l'habitat economico-sociale di *bassi* e vicoli partenopei. Da uomo di mondo ottenne l'incarico di progettazione dopo un accordo consociativo tra il Partito comunista e la Democrazia cristiana.

Tutto il comprensorio 167 di Secondigliano (dai napoletani chiamato semplicemente «la 167») fu un prodotto del consociativismo. Puntava a risolvere l'emergenza abitativa, ma anche a perpetuare il consenso elettorale e a favorire gli affari di costruttori amici. Alla Cassa per il Mezzogiorno, nel 1965, spettò finanziare le Vele, allo Iacp edificare sui terreni di Scampia quattordici comparti per seimiladuecento alloggi e trentasettemila stanze. Una quantità letale di cemento, che uccise la possibilità di rendere il quartiere, seppur proletario, un satellite di Napoli. La 167 divenne subito un grigio dormitorio.

Ad ammazzarla nella culla fu il classico «sadismo degli architetti», in particolare degli architetti-poeti-uomini di mondo, quelli che progettano case nelle quali non vivrebbero mai. Il nostro Franz è andato anche oltre: ha costruito una nave a sette alberi dove il mare non c'è. Sopra ogni albero c'è una Vela, composta da due corpi di fabbrica inclinati e separati da un grande vuoto centrale attraversato da lunghi ballatoi, tutti sospesi a mezz'aria tra gli alloggi di destra e di sinistra. Proprio il ballatoio doveva riprodurre le atmosfere del vicolo.

Un difetto, uno fra tanti, è che i *bassi* napoletani hanno l'ingresso indipendente e sono a livello della strada, non al decimo piano di un palazzo. Un altro, ancora più banale, è che l'economia del vicolo si basa anche su negozi, servizi e centri sociali, qui totalmente assenti. O meglio, di economico qualcosa c'è. Abusivo, ma c'è: due mercerie, un laboratorio di pasta fresca, uno di pasticceria, una sartoria e l'immancabile barbiere a domicilio. C'è chi si arrangia a pulire le scarpe, a portare pesi, a fare qualche lavoretto di muratura. E poi gli animali, esotici o da compagnia, allevati negli appartamenti abbandonati dagli uomini.

È tutto molto pittoresco, insomma, e questo accresce persino il fascino decadente delle Vele. Peccato che questi palazzoni di cemento sporco risultino comunque invivibili. Sono un posto atroce, un formicaio gelido d'inverno, soffocante d'estate, ammorbante sempre per il suo odore putrido di fogna. Un odore che nessuno scritto o filmato potrà mai descrivere.

Lo squallore è così vero che pure lo Stato costruttore ha dovuto ammettere la sua sconfitta: voleva farci abitare quarantamila persone, ha deliberato ufficialmente che le Vele sono «inadatte alla vita umana». E infatti ora gli alberi di Franz sono quattro, poiché tre vennero abbattuti nel dicembre 1997 seppur con grande difficoltà: il cemento è armato per definizione e le Vele resistevano al tritolo.

Agli esodati dei palazzoni è stata quindi assegnata una casa sostitutiva, tecnicamente definita «edilizia compensativa». A ottenere il via libera dal parlamento fu il coordinamento dei residenti storici. Achille Aisler, uno dei suoi leader più autorevoli e sagaci, si rivolse direttamente a Francesco Cossiga, picconatore pure del cemento di Scampia. «Eravamo tesi ed emozionati ma il presidente fu cordialissimo», racconta Aisler mentre mostra le foto di quella giornata epica. «Alla fine dell'incontro pronunciò una frase decisiva [...]: "Fate attenzione, questi vi fottono un'altra volta"».

«Questi» erano i politici. E in effetti altre quattro Vele – gialla, verde, rossa e celeste – attendono ancora, dal 1990, la stessa sorte demolitoria: ogni promessa è debito, e infatti lo Stato è pieno di debiti.

L'ASSE DEI VELENI

Abbandonata da quanti hanno potuto, dentro la nave fantasma del capitano Franz abitano ancora famiglie assegnatarie in attesa di un alloggio compensativo. Poi ci sono circa duemila abusivi. Non pagano l'affitto e nemmeno acqua, gas e luce. L'Enel ha addirittura portato via i contatori, ma i residenti hanno risolto agganciandosi alle linee pubbliche. Sicché nelle Vele il coacervo di fili volanti e tubi scoperti ricorda Bangkok e precorre una nuova Hiroshima. Tutto potrebbe esplodere in qualsiasi momento. Anche ora, in questo istante. Ma nessuno fa nulla perché poi una tale massa di disperati non si saprebbe dove sistemarla.

Nel frattempo, rispunta invece periodica l'ipotesi di completare una sede dell'università. Forse sarebbe la cosa più opportuna e urgente da fare: posti come questi, è noto, si salvano soltanto con l'arte, lo sport e l'istruzione.

Chi ce l'ha fatta davvero partendo da qui, è diventato cantante, olimpionico, libraio. Per quanto mi riguarda, il modello umano e professionale sono Rosario Esposito La Rossa e Maddalena Stornaiuolo. Nativi di Scampia, qui hanno impiantato una casa editrice, la Marotta&Cafiero: dà lavoro a una quindicina di ragazzi «e senza usare un euro di soldi pubblici», dice orgoglioso Rosario. «Dovevo scegliere se rimanere libero o impiccarmi a questo o a quell'assessore: non è stata una scelta difficile. Mi spiace soltanto che molte volte, a usufruire del denaro pubblico, sono enti e persone che del quartiere non sanno niente».

Già, perché, dopo la prima faida del 2006, nel quartiere capitò ciò che sta ora accadendo a Lampedusa: «Arrivarono molti aiuti e si sprecarono con logiche pubblicitarie molti soldi finanziando gruppi e gruppetti di raro opportunismo». A scriverlo, in tempi non sospetti, è stato Goffredo Fofi, intellettuale di ferma trasparenza, assai critico verso quelle associazioni «meno serie e più roboanti, e alcune di loro decisamente parassitarie». Anche perché, intanto, «le difficoltà di Scampia non sono diminuite». Correva il 2011 e nulla è cambiato. Ecco, se Dio esiste, abbia in gloria i volontari veri e seri della 167. E con loro i preti e gli insegnanti che devono imbiancarsi da soli persino le aule (come alla Giovanni Pascoli). Ma da soli – volontari, preti e insegnanti – nulla possono fare per ribaltare la realtà. Per cambiare davvero servirebbe lo Stato. Punto.

E invece siamo sempre ai puntini di sospensione. Nel quartiere, di comunitario, continua a esserci poco.

In tutta Scampia, che ha le dimensioni di una città media, non c'è un solo centro commerciale (e neanche, per inciso, un solo bancomat o pronto soccorso). La spesa quotidiana si è costretti a farla nelle botteghucce intorno al quartiere, non tutte dignitose. E, soprattutto, alle bancarelle abusive che spuntano quotidianamente lungo l'asse di via Bakù. Vendono di tutto e di più senza alcun controllo fiscale e sanitario: è il trionfo degli ambulanti non autorizzati. Ai residenti e ai passanti diretti verso i comuni a nord di Napoli offrono: fiori veri e artificiali, uccelli (cardellini e canarini, soprattutto), frutta e verdura, pesce, pane, cibo di strada (carciofi arrosto, torte rustiche, fritti) e cianfrusaglie spesso inutili. I venditori si disfano di tutto quanto è superfluo, oggetti usati e talvolta raccolti dai cassonetti dei rifiuti. Tuttavia, per dieci euro, sapendo scegliere, prendi anche delle belle lenzuola ricamate: d'altronde, qui sono soldi con i quali sei persone riescono a mangiare anche per due giorni di fila.

L'unica, autentica agorà è il mercato del venerdì. Camion, furgoni e persone arrivano al mattino presto, colmi di merci e di speranze. Percorrono l'Asse mediano, la superstrada che collega la provincia di Caserta con l'aeroporto di Capodichino e la rete autostradale.

L'ho percorso decine di volte, l'Asse dei veleni. Sotto i suoi piloni vivono migliaia di rom e di clandestini africani, dentro i loro alloggi di cartone e lamiere, il fuoco come riscaldamento. Un seguito ininterrotto di persone, lungo come l'itinerario, trentatré chilometri di statale in sopraelevata.

Ci sono voluti quarant'anni per costruire e aprire gli ultimi nove chilometri, una settimana per scoprire che la qualità dell'opera è discutibile, tra curve irregolari, svincoli killer e zero illuminazione. Quando il vento diventa fortissimo, puntualmente le insegne stradali si abbattono sfinite sull'asfalto perché di materiale e saldature scadenti. Il bitume, poi, è di pessima fattura, crepato dalle buche, mentre la segnaletica orizzontale è sbiadita, stremata dagli anni che passano senza che un lifting venga a soccorrerla.

La scena più raccapricciante sono però le tonnellate di rifiuti lungo le carreggiate. Ti accompagnano lungo il viaggio e lo rendono sudicio: sacchetti, materassi, pneumatici, lavatrici, scaldabagni, copertoni, cucine, credenze, siringhe e preservativi. Persino lastre di eternit bruciacchiate.

Non è roba lasciata dai residenti, questa, viene da fuori, portata da chi considera il quartiere una discarica di cose e persone.

Il dramma è che l'Asse mediano corre sulla testa della gente del quartiere, talvolta sfiora le finestre delle loro case, ammorba cucine e camere da letto. Il Comune viene saltuariamente a pulire, tuttavia la norma è la combustione: squadre di residenti si armano di benzina e incendiano tutto. Risolvono il problema del fetore, però ignorano che fuochi e ceneri spalancano le porte del cancro ai corpi loro e dei loro figli. I dati della municipalità dicono che a Scampia e dintorni, in dieci anni, la mortalità per tumori è cresciuta del 24%, con un trend in aumento e la diossina quale prima causa scatenante.

Al mercato del venerdì tutta questa rovina non c'è. Imballaggi e cartoni vengono diligentemente radunati, raccolti e portati via dalla nettezza urbana. Le mamme circolano con i loro passeggini, le nonne comprano sciarpe e cappelli, ragazzi e ragazze si scambiano sguardi furtivi prodromi all'amore. Insomma, nell'agorà la serenità vince, l'allegria risulta contagiosa e la festa diventa permanente. Il venerdì del villaggio è una condizione che mi impressiona ed emoziona. Perché, per il resto, Scampia è il limbo dell'Occidente: né città, né paese. Solo pura periferia.

È una periferia culturale che, a partire dal terremoto del 1980, in due decenni ha contagiato tutta l'area a nord di Napoli. È in quel ventennio che la camorra diventa una grande potenza economica per i soldi che ricava dall'industria del cemento, per quelli che incassa dai costruttori abusivi in cambio di protezione, per gli investimenti posterremoto (tanti, troppi) dello Stato: tre bancomat formidabili, denaro fresco per finanziare il salto di qualità nel mercato della droga. Al netto di mille sfumature, è questa l'epoca esatta in cui le gang diventano clan.

Dopo il sisma, il centro storico della città espulse, infatti, decine di migliaia di persone. Una parte si rifugiò abusivamente a Scampia, archiviando l'ultimo anelito di utopia sul quartiere modello, a misura d'uomo, con aree verdi e grandi parchi. Un'altra finì con l'occupare Castel Volturno. Un'altra ancora cercò invece una casa legale e conveniente in provincia, a nord di Napoli, in quelli che erano ridenti paesini e paeselli abitati dagli eredi dei contadini. I quali, fiutata l'aria permissiva, edificarono quasi sempre abusivamente, in quantità e non in qualità, al posto dei frutteti di famiglia. È una storia che riguarda Arzano, Casoria, Giugliano, Sant'Antimo, Villaricca e altri Comuni ancora. Ma il caso più clamoroso investe Melito, che oggi, urbanisticamente, è tutt'uno con Scampia, senza alcuna discontinuità territoriale. Un altro formicaio, costruito al posto dei vivai di fiori e piante che erano l'orgoglio e lo stipendio dei melitesi. Soltanto uno ha resistito al cemento e i suoi colori fanno quasi tenerezza, offesi come sono dall'ombra dei palazzoni.

A Melito, tra gli ottanta e i novanta, la criminalità organizzata istituì false cooperative. Comprandone una quota, col tempo, il proletariato con un minimo di reddito si sarebbe ritrovato un'abitazione senza grandi sacrifici. Fu allora che comprensori simil Vele spuntarono come funghi. Solo che erano avvelenati.

Siccome la camorra è sempre avanti, per convincere la gente all'acquisto inventò le prime televendite immobiliari della storia italica. Le tv locali, seguitissime, erano inondate da imbonitori di ogni risma. C'erano pure le ballerine brasiliane. Alla fine della fiera, però, le cooperative furono fatte fallire a tavolino. E le banche creditrici chiesero agli inquilini, gente economicamente stremata, di rientrare dal debito se avessero voluto rimanere in appartamenti che avevano pagato alla camorra e non a loro. Altrimenti lo sfratto. Ci sono state proteste e manifestazioni (contro gli istituti di credito, naturalmente, mica contro la camorra). Alla fine, alcuni concordarono con le banche uno sconto, altri sono finiti da abusivi nelle Vele, sostituiti da nuovi acquirenti, stavolta solventi con i creditori.

Fatto sta che Melito nel 1980 contava appena tredicimila residenti, già diventati trentaquattromila nel 2000, tutti stipati in 3,72 chilometri quadrati. Un sacco edilizio che per i magistrati ha un responsabile chiaro: l'ex sindaco Alfredo Cicala. Ha subito varie condanne per la sua vicinanza al clan Di Lauro e il sequestro di una serie sterminata di beni: settantacinque appartamenti, una villa di due piani con piscina, tre milioni in contanti e in titoli, quindici ettari di terreno, per un totale di novanta milioni di euro. Ora a Melito vivono circa diecimila persone ogni mille metri quadrati. Un alveare costruito da privati e non dallo Stato, che però ha fatto più o meno la fine della confinante 167.

A Scampia, infatti, ci sono alloggi per sessantatremila persone, una città grande come Pavia concentrata in 4,3 chilometri quadrati. Pavia di chilometri ne conta sessantatré. Attenzione, però: nel quartiere persiste da decenni un mistero. Il censimento del 2011 ha confermato che i residenti ufficiali sarebbero quarantamila scarsi (39.059). Ma preti e associazioni sostengono che sono almeno sessantamila anche a causa di apolidi, senza fissa dimora e occupanti abusivi.

Di sicuro tutti, residenti ufficiali e non, arrivano da zone lontane. I più numerosi sono gli «ex senzatetto storici», le famiglie e gli eredi delle famiglie che negli anni sessanta furono sedotti dalla deruralizzazione. Abbandonarono il Sannio, l'Irpinia e il Sud intero – ulivi, vigneti e campi di girasole – per cercare fortuna in città. Andarono a vivere in roulotte, tende e baracche. Andarono a vivere da disperati.

Negli anni settanta, per dare loro una casa, laddove c'erano l'orto e i campi di canapa di Napoli, dal nulla lo Stato costruì appunto la 167, il più grande e costoso investimento di edilizia popolare della storia italica. Mise assieme tutte queste persone e nel tempo vi ha aggiunto un carcere, l'ospedale psichiatrico, il più grande Sert (Servizio di recupero tossicodipendenti) napoletano e la discarica di Chiaiano a un chilometro in linea d'aria. Crudele, la Repubblica italiana ha pure tollerato le occupazioni degli abusivi, il sorgere di due campi rom e lo spuntare dei clandestini africani.

Dentro tutta questa disperazione, la camorra è diventata padrona. Il risultato è la Scampia contemporanea, la più grande piazza per il traffico di droga d'Europa.

Nel quartiere, da almeno trent’anni comanda ’O sistema, il sistema criminale, piramidale e composito. In tempo di pace unisce le forze contro lo Stato; in tempo di guerra diventa incontrollabile e feroce.

I conflitti tra clan dipendono dalla permanente mutazione della geopolitica del crimine. Il sistema è medievale e feudale. C’è un governante (della Repubblica di Scampia) e nella piramide del comando si susseguono i vari vassalli (capozona), valvassori (responsabili delle singole piazze di spaccio) e valvassini (le paranze).

La prima faida tra Paolo Di Lauro (alias «Ciruzzo ’o milionario») e gli scissionisti durò tre anni abbondanti, dal 2004 al 2007. Provocò oltre settanta morti e cominciò perché un vassallo, Raffaele Amato, detto «’O spagnolo», tentò di farsi imperatore, trascinandosi dietro un po’ di aristocrazia criminale. Un’aristocrazia inaffidabile, pronta a cambiare alleanze secondo il vento del potere e del denaro. Per inseguire questi due concetti convergenti e paralleli – potere e denaro –, nella 167 le guerre sono frequenti e gli allarmi sociali pure.

Nella Scampia delinquenziale la situazione è così fluida da rendere difficile persino una lettura verosimile delle cose. Le certezze sono rare. Per cominciare, è noto che la seconda faida – una guerra lampo – si è svolta dall’agosto al dicembre 2012. Poi si sa che i clan legati ai Di Lauro, ridimensionati dopo la prima faida, hanno ripreso il controllo di gran parte del quartiere. La terza certezza sono l’età e l’indole dei nuovi aristocratici: giovani e incazzati, mescolano la collera delle periferie, la mentalità dei clan e il rancore degli orfani di guerra. Per individuarli basta poco. È sufficiente retrocedere al 2007 e – tra morti ammazzati ed ergastolani per associazione mafiosa – recuperare lo *Spoon River* della faida. Figli, nipoti: i nuovi capi sono i discendenti diretti dei vecchi padrini. Che, come capita con la nobiltà più pura, diventano automaticamente eredi dei loro imperi.

Dal 2007 a guidare i Di Lauro è Marco, dopo che il padre e tre suoi fratelli sono finiti in carcere. Nel 2010 venne scovato un libro mastro degli affari di famiglia. Sequestrato dagli investigatori nel Terzo Mondo (che non è l'Africa, ma il quartiere regno dei Di Lauro a Secondigliano), il libro indicava Marco come «F4». Appunto: il quarto dei dieci figli maschi di «Ciruzzo 'o milionario», ma primo, in ordine di età, fuori dal carcere. E, per questo, erede al trono. Lo è rimasto anche nel 2015, quando due suoi fratelli più grandi – Ciro e Vincenzo – sono tornati in libertà. È una questione di talento criminale superiore.

Per esempio: come molti suoi coetanei, Marco ama donne e motori. Ma, da quando ha assunto la guida del clan, si è fatto morigerato. Poi, confidando nel fatto che a Napoli un segreto ben diffuso dura dieci minuti, ha voluto che certe sue abitudini monastiche fossero rese pubbliche. Tra i suoi segni particolari, l'attenzione maniacale all'igiene personale. E poi, niente supercar, niente donne vistose, soprattutto niente uso di alcol e droga, a partire dalla cocaina, che rese il fratello Cosimo troppo suscettibile durante la prima faida, portandolo a commettere errori tattici e strategici.

All'opposto, Marco teorizza che le armi vanno sì usate, ma soltanto in casi estremi. I carabinieri del Raggruppamento operativo speciale, da tempo sulle tracce del boss latitante, hanno intercettato un suo capobastone. Riferisce a un affiliato: «Chi spara è un morto di fame».

F4 ha reso suo il primo comandamento del padre: «Meglio una buona tregua che un'inutile faida». Perciò ha cercato e ottenuto un concordato con alcuni gruppi di scissionisti. Durante la prima faida furono particolarmente bellicosi contro il suo clan, ma fa nulla. Da bravo diplomatico, il boss sa che la guerra prevede anche alleanze sorprendenti. Così come l'8 settembre 1943 l'Italia passò dal patto con Hitler agli anglo-americani, dalla fine del 2011 i boss della Vanella Grassi da scissionisti sono ridiventati sodali dei dilauraini. E perciò da «Spagnoli» che erano diventati, hanno ripreso il nome delle loro origini: «I girati».

Inoltre, con il perseverare della sua latitanza, F4 è diventato una sorta di modello sociale, persino nel look: abiti di stilisti famosi, scarpe fatte a mano, capelli di taglio regolare. Tatuaggi e altre ostentazioni non gli appartengono. Nel giugno 2013 il fratello Raffaele, «F9», è stato sottratto alla latitanza perché beccato in crociera mentre festeggiava i diciott'anni della fidanzata. È un errore che Marco non compirebbe mai. Anzi, da qualche tempo circola addirittura la leggenda che per sfuggire alla cattura abiterebbe nel quartiere vestito da donna. Una leggenda, appunto, ché puzza tanto di propaganda.

Il boss, infatti, cura molto la comunicazione criminale, per garantirsi al meglio la libertà che gli è rimasta. Che è poca ma non pochissima. Per un lodo storico tra boss partenopei, i figli di Paolo Di Lauro non possono venire uccisi da chicchessia. E così i figli di altri capoclan di Napoli: è un patto tra imperatori e va rispettato.

Inoltre, Marco ha molto denaro a disposizione, nell'ordine – almeno – delle centinaia di milioni di euro. La holding F4, però, è difficilmente individuabile: gli investigatori hanno la certezza che il boss operi in joint venture con soci puliti e occultati. Tanto da potersi permettere di fare più il manager che il camorrista, oltre che il papà.

La latitanza del capoclan è tripla. Ben nascosta, insieme a lui, c'è pure la sua donna. Si chiama Cira Marino, detta «Ciretta», bella e innamorata come il giovane Di Lauro. Un giorno a casa Marino si sono presentati tre plenipotenziari del boss. Le hanno fatto un discorso: «Cara Cira, Marco ti manda a dire che... Ora la decisione spetta a te». Nel mezzo, tra i punti sospensivi e la frase finale, il concetto espresso è risultato chiarissimo: Ciretta, il tuo uomo ti ama, vuole vivere per sempre con te, costruire una famiglia, avere dei figli, crescere assieme. Lui è sicuro anche dei tuoi sentimenti. Solo che il suo futuro è segnato: resterà latitante per il resto dei suoi giorni. Sei pronta a nasconderti da tutto e da tutti? A rimanere nell'ombra? A stare lontana da Scampia e da Napoli? Sei pronta a rinunciare persino ai tuoi amici e alla tua famiglia d'origine? Se deciderai per il sì, difficilmente potrai più vedere e sentire tua madre, tuo padre, i tuoi fratelli.

Ciretta ha scelto seguendo i sentimenti, come soltanto certe donne del Sud sanno fare. A Scampia raccontano che il padre ancora piange la scomparsa di sua figlia, non ha potuto più abbracciarla, baciarla, annusarla, lei e il suo bambino che profuma di pulito. Cira ha scelto la latitanza da innocente. Si è legata a Marco nella buona e nella cattiva sorte, e ha generato un piccolo Di Lauro, pure lui latitante senza colpa alcuna. Si chiama Paolo. Come il nonno paterno. Il padrino.

Nonostante il curriculum, Marco è ancora giovane. Classe 1980, fugge dal 2004 per una condanna all'ergastolo più altri svariati mandati di cattura per droga. Di F4 circola un'unica foto da ragazzino sbarbatello. È in bella mostra sul sito del ministero dell'Interno che considera Di Lauro il secondo latitante più pericoloso d'Italia soltanto dietro a Matteo Messina Denaro, alias «u Siccu», il Magro, famosissimo superboss di Cosa nostra. Il quale, però, all'età di Marco non era nemmeno nella lista.

Ancor più di Messina Denaro, la storia del boss di Scampia è esemplare per spiegare come e perché le mafie stanno uccidendo il Sud. Messina Denaro ha probabilmente una pericolosità criminale maggiore. Ma Di Lauro (in particolare) e il sistema (in generale) rappresentano una minaccia sociale nettamente superiore.

La Piovra siciliana e la 'ndrangheta calabrese si sono finora limitate a rubare soldi e benessere ai meridionali corrompendo parti dello Stato. La camorra di Scampia è andata oltre, inventandosi uno Stato uguale e contrario a quello ufficiale. Impone codici di comportamento, garantisce la pace sociale, distribuisce case e lavoro (legale o illegale, è lo stesso) ai suoi governati. Si è presa in carico persino il welfare: dispensa cibo agli indigenti, procura medici e medicine, copre le spese per i funerali. A Natale e a Pasqua è ancora più accudente, distribuisce panettoni e uova di cioccolato. Diffonde l'idea di essere la soluzione alle incertezze dello Stato. Non solo ha occupato il presente, come fanno mafiosi e 'ndranghetisti; a Scampia la camorra ha pure ipotecato il futuro.

LA FANTASIA AL POTERE

È tutto agli atti di tribunali e giornali. La «proprietà» delle piazze di spaccio stabilisce chi conta e chi no nelle gerarchie camorristiche. Chi, insomma, è autorizzato a vendere e a guadagnare sui dieci milioni di euro garantiti ogni mese dal traffico di stupefacenti.

I Di Lauro governano un mercato sul quale circolano almeno sette prodotti: cocaina, eroina, acidi, kobret (più o meno eroina che si fuma), hashish, marijuana, amnésia (marijuana trattata chimicamente).

Le droghe pesanti sono tagliate a Scampia e testate sugli «zombie» (i drogati) prima di immetterle sul mercato. Siccome non sempre fattura e taglio sono perfetti, capita che i morti viventi diventino morti e basta, senza che alcuno accudisca le loro salme. I casi di corpi ritrovati in avanzato stato di decomposizione sono comuni. Se il trapasso di uno zombie capita in zone troppo visibili, le «paranze» – l'appendice su piazza dei boss – sono leste a sistemare lo sventurato in luoghi meno sensibili. Una volta un cadavere è spuntato da un cassonetto dei rifiuti della Vela gialla. Pace all'anima sua.

Gran parte degli stupefacenti arriva dal Marocco (hashish) o da Colombia e Perù (cocaina), via Olanda o Spagna, trasportata con ogni mezzo (auto, camion, bus, navi) e stratagemma possibile. I corrieri di grossi quantitativi parlano le lingue, percorrono tratte sempre diverse, nascondono gli stupefacenti dentro doppifondi sempre più sorprendenti: pentole, piumini, toner delle stampanti, cassette di frutta; due volte gli investigatori hanno trovato dei carichi di cocaina piazzati di lungo, come fossero tubi di scappamento, dietro le targhe di furgoni e automobili provenienti dall'estero.

La droga viene addirittura indossata, cioè cucita nei colletti delle camicie o nelle pieghe dei pantaloni. Per il vestiario è in auge un trasporto ancora più evoluto: alla partenza viene impregnata nei vestiti e all'arrivo recuperata sciogliendola con acqua o alcol.

Nelle Vele l'escamotage più ricorrente consiste nel trasportare i carichi in coppia, marito e moglie, veri e presunti, meglio ancora con nonna e bambino a bordo. Così crollano le percentuali di possibilità di essere fermati a un posto di blocco.

E siccome la 167 è una Barbagia metropolitana, nascondervi la droga è relativamente semplice. A fare da guardia sono «pali» o «sentinelle» che sorvegliano lo Stato e dispongono i comportamenti della normale gente di Scampia. Poliziotti e carabinieri sanno di doverli superare, essere veloci e cercare ovunque, peraltro evitando accuratamente le comunicazioni via radiomobile: gli è capitato di sequestrare uno scanner di frequenza rudimentale, utile per intercettare le comunicazioni dei Buoni. Ma luoghi ed espedienti dei Cattivi per celare droga e armi sono multiformi: gli angoli segreti delle Vele, i vani ascensore, i quadri elettrici, dietro i battiscopa. E botole, anche telecomandate, cassette delle lettere, doppi fondi nei mobili e nei pavimenti, vani segreti nelle pareti, bombole del gas finto-ermetiche, comignoli. La polizia ha trovato la roba anche nei tubi delle patatine, nei passeggini, persino nel reggiseno di un trans, nelle calze della Befana, negli slip di un bambino di dieci anni e negli ovetti Kinder di uno di sei. E pistole, kalashnikov e fucili da guerra sotto le statue dei santi protettori sparse nel quartiere e nei bauli destinati ai bambini, confusi tra le magliette del Napoli calcio.

Santi e calciatori: i boss di Scampia li considerano una sola cosa.

Gli atleti del football vengono glorificati per un dribbling ubriacante, beatificati per un salvataggio sulla linea, santificati per un goal decisivo. Ma a Scampia il gioco del pallone è ancora più di una religione. Il calcio è la sovranità ritrovata, un trionfo potenziale, l'oppio di un popolo malmesso.

Nelle case, tutte le case, l'azzurro è il colore dominante. Bambini e ragazzi vestono le magliette di Reina, Hamšík e Insigne. La conversazione di uomini e donne insiste sul pane, la droga e il pallone. L'ospedale più vicino, il San Giovanni Bosco, viene usato alla stregua dello studio di un medico di base, il popolo di Scampia ci va per disturbi anche lievi perché la visita è gratis. Ma è certificato che quando gioca il Napoli i pazienti calano drasticamente.

Alle pareti delle case le figurine Panini fanno pendant con le foto dei morti e dei «santini», le immaginette che raffigurano i santi più venerati a Napoli, che stanno pure nello spogliatoio dello stadio: padre Pio, san Giovanni Bosco, la Madonna dell'Arco, san Gennaro, san Gaetano Errico.

Ogni partita è un'emozione collettiva: le Vele diventano miracolosamente un luogo di socialità. Sui ballatoi solitamente vuoti sostano le famiglie, che chiacchierano amabilmente di calcio. E insomma, francamente, sembra un altro mondo, un mondo quasi normale.

Al fischio d'inizio spariscono tutti: sentinelle, spacciatori e persino gli zombie si danno pace. E sembra di stare nella Cuba postrivoluzionaria di Fidel Castro: canale unico, volume roboante, tutta L'Avana invasa dal verbo del Líder máximo. Nelle Vele mutano soltanto le sonorità, la voce risulta distorta dall'eco degli androni. E c'è un verbalizzatore privo di barba: Raffaele Auriemma, cronista-tifoso di Reina e company. Il Lìder futbolìstico.

A Scampia un calciatore è dio in pantaloncini. E qui, insieme ai preti, soltanto i boss sono autorizzati a fare da intermediari col Padreterno. I capoclan cercano di frequentare gli atleti, aumenta il prestigio sociale e perciò ostentano pubblicamente la loro amicizia. I calciatori si lasciano spesso irretire. Un po' accade per quieto vivere, talvolta per il fascino carismatico del male, la maggior parte delle volte per utilità personale. Le bande criminali incidono pesantemente sugli ultrà. E uno striscione allo stadio, pro o contro, può risultare decisivo per rinnovare il contratto o, più semplicemente, farsi perdonare un goal mancato.

La storia della città è piena di amicizie tra camorristi e calciatori. Negli anni ottanta cominciò il più grande di tutti, Diego Armando Maradona, la «Trinità argentina», a farsi fotografare nella vasca da bagno dei Giuliano. I padrini-padroni di Forcella fecero circolare lo scatto nel quartiere e anche fuori, come sfregio verso i clan antagonisti al loro. E infatti la foto venne ritrovata nell'appartamento di due piccoli spacciatori.

In tempi più recenti, tanti hanno imitato le bizzarrie di Diego. Anche gente che veniva da fuori Napoli. Nel giugno 2010, Mario Balotelli visitò Scampia accompagnato da due bodyguard d'eccezione: Salvatore Silvestri, del clan Lo Russo, e Biagio Esposito, degli scissionisti.

Talvolta, però, i calciatori sono totalmente inconsapevoli. Dentro il book fotografico riferibile a Domenico Antonio Pagano, boss degli scissionisti, c'era pure un ritratto di coppia. Soggetti: lo stesso Pagano e Marek Hamšík. Scattata in un ristorante di Napoli, fu del tutto casuale: il campione slovacco proprio non sapeva chi fosse quell'uomo. Il boss, invece, sul modello Giuliano-Maradona, ne aveva diffuso le copie. Voleva fare di Hamšík un santino a uso personale, per conquistarsi lo spirito dei fedeli azzurri.

'O VESUVIO

Santa Maria (ora pro nobis).
Santa Madre di Dio (ora pro nobis).
Santa Vergine delle vergini (ora pro nobis).

O Dio, vieni a salvarmi. Signore, vieni presto in mio aiuto.
Ora pro nobis.

Nella chiesa di Santa Maria del Perdono, blindata con ferro e grate («Se no gli zombie vengono a rubare»), Nunzia, Consiglia e Assunta recitano il rosario. Hanno volti e voci artistiche. Terminata la preghiera parlo con loro di Dio, del mare e del Vesuvio. Fuori il cielo è plumbeo. Stenta comunque a occultare il vulcano. Dice Nunzia: «'O Vesuvio è del popolo, appartiene a tutti quanti. Invece il mare è di pochi, dei ricchi che lo vedono dal balcone di casa loro».

È una visione quasi letteraria, simile a quella di Anna Maria Ortese nel *Mare non bagna Napoli*. Nunzia aggiunge qualcosa, spiega a modo suo che il Vesuvio si scorge anche dalle case assai modeste, a Porta Capuana, nei Quartieri spagnoli e dentro il Pallonetto. A Barra, poi, alla Sanità e a Forcella, e nei casermoni periferici più sperduti. Come sono quelli di Scampia.

Il campanello annuncia la messa. La funzione di padre Fabrizio Valletti bisognerebbe trasmetterla ogni giorno in mondovisione. È l'*Angelus* dei disperati, l'*Urbi et Orbi* agli infelici, la resurrezione dei Buoni. Sembra uguale a quelle di trent'anni fa, quando da bambino frequentavo il catechismo. Celebrazioni così educate e compite resistono solo nella cattolicissima (più che da noi) Polonia: tutti i fedeli in rigoroso silenzio; tutti che declamano e cantano solo al momento opportuno; tutti in ginocchio, sempre, tranne quando c'è da prendere la comunione. È una messa che ha molto di eterno sulle facce dei ragazzi del coro e molto di terreno nelle parole del prete. Padre Fabrizio ricorda il suo Progetto Scampia – microimprese «per formare e valorizzare i giovani artigiani» –, ragiona della biblioteca, del laboratorio di sartoria e di quello di informatica, parla dei giovani e della camorra, di cultura e legalità.

I fedeli, è evidente, portano ancora addosso le parole di papa Francesco, venuto a soccorrerli il 21 marzo 2015: «Il male non abbia mai l'ultima parola. È la speranza, lo sapete bene, questo grande patrimonio, questa leva dell'anima tanto preziosa, ma anche esposta ad assalti e ruberie. Chi prende volontariamente la via del male ruba un pezzo di speranza. Lo ruba a se stesso e a tutti, a tanta gente onesta e laboriosa, alla buona fama della città, alla sua economia».

Per la verità, molti preti di Scampia esercitano tale dottrina da almeno vent'anni in maniera assai pragmatica. Provano cioè a salvare i corpi più che a convincere le anime. Distribuiscono viveri, medicine, libri e quaderni. Consigliano gli inermi e gli infelici. Trovano qualche lavoretto ai più disperati, soprattutto a quelli in procinto di compiere il passo decisivo verso l'affiliazione a un clan. Insomma, i sacerdoti lottano a modo loro, pallidi in volto e tremanti nel corpo. Ma non per paura, anzi. È per il freddo. Le loro chiese di cemento sono così gelide che d'inverno a ogni messa le membra si ghiacciano. Sicché i pastori di Dio salvano alcuni dalla camorra ma non loro stessi e i fedeli dalla bronchite. Ciononostante, i santuari sono colmi di gente e di purezza.

Non è per il freddo che i boss restano fuori dalle cattedrali. È perché la polizia ne sorveglia gli accessi: serve per difendere, almeno simbolicamente, la casa del Signore. Pur disprezzando i comandamenti, il quinto soprattutto, i criminali sono infatti religiosissimi. Cercano l'indulgenza del divino con donazioni anonime, opere caritatevoli, edicole votive. Nel quartiere campeggiano centinaia di tabernacoli in onore di santi, cristi e madonne: sono tutti, o quasi, costruiti per volere dei capoclan e tollerati dallo Stato, anche se talvolta sono serviti a celare agli occhi degli agenti droghe, armi e munizioni.

Insomma, può sembrare un ossimoro, ma pure questo è agli atti: spiritualità e criminalità camminano assieme. I boss uccidono e riempiono le loro case e i loro quartieri di immagini sacre. Spacciano e non rinunciano ai sacramenti. Estorcono e chiedono i funerali religiosi. È storia antica: già nel Cinquecento i camorristi cercarono di accreditarsi come uomini di Chiesa. E nel 1821 la «Bella società riformata» (la cupola dell'epoca) venne fondata nella chiesa di Santa Caterina a Formiello, a Porta Capuana. Nel 1951 fece il giro del mondo la foto del funerale del più famoso camorrista dell'epoca, celebrato nella chiesa del Monacone, nel quartiere Sanità. Ritraeva un «tiro a dieci», cioè una carrozza trainata da venti cavalli, circondata da due ali di folla. Il boss, va da sé, ricevette la benedizione del prete. I tempi sono cambiati, per fortuna, ma certe sconcezze resistono ancora, e nell'agosto 2015 i funerali romani di Vittorio Casamonica l'hanno certificato. Nel Mezzogiorno d'Italia, però, più che ai funerali bisogna guardare alle feste patronali. È lì che si consuma il delitto di lesa religione: spesso i boss le finanziano e in cambio ricevono l'inchino dei santi in processione. L'inchino del disonore.

A Scampia i santi più pregati sono ancora Cosma e Damiano, i gemelli patroni di Secondigliano, protettori ufficiali di medici e barbieri e ora di camorristi e disperati. Fino al 2004 nelle Vele li celebravano, i santi gemelli, con una festa patronale rumorosa, pagana e dispendiosa. C'erano *l'allummata* (le luminarie), *'a prucessione* (la processione) e *'o cuncertino* (il concerto che chiudeva la festa). La *cantata* durava almeno otto ore, con ospiti i migliori cantanti neomelodici.

La musica è finita con la prima faida. E poi c'è altro: su Cosma e Damiano avanza prepotente l'ombra di padre Pio, e non soltanto per motivi religiosi: è il santo preferito da Marco Di Lauro. All'ingresso della Vela celeste c'è una statua del frate di Pietralcina a dimensione naturale. Non è accogliente, volge le spalle a chi arriva. La sua protezione, infatti, va a chi esce dalle Vele, non a chi ci entra. Dentro, la copertura la garantiscono i boss. Ovvero: i camorristi che pensano di parlare con Dio e pensano che giochi a calcio in serie A.

L'omaggio di magliette, pantaloncini e palloni è soltanto uno dei mezzi, peraltro meno sporchi, per deviare i ragazzini verso la delinquenza. Giovani tra i giovani, i nuovi capiclan adolescenti seducono frotte di coetanei attraverso metodi ben più diretti: soldi, potere e bella vita. D'altronde, lo scouting è fin troppo semplice.

Il rapporto 2015 di Save the Children è impietoso. L'associazione dichiara che a Napoli un bambino su tre è povero. E denuncia che il 65,3% dei minori campani, dai sei ai diciassette anni, non ha mai sfogliato un libro diverso da un testo scolastico. Il 45% non va in rete, mentre il 19,7% non ha mai visto un film al cinema. Non solo. Vincenzo Spadafora, primo garante per l'infanzia, ha detto che intorno al Vesuvio l'età dei minori che commettono reati si è abbassata a tredici-quattordici anni.

Quanto a Scampia, nel quartiere la dispersione scolastica è al 22%, mentre soltanto il 36% degli alunni provenienti dalle scuole medie è ammesso al terzo anno della scuola superiore. Il risultato dell'evasione scolastica è drammatico. Secondo la Virgilio 4, un istituto del quartiere, il 34% dei residenti ha solo la licenza media e il 29% la licenza elementare. Addirittura, il 14% non possiede un titolo di studio e i laureati sono appena il 3,58% del totale (non scorderò mai la lezione che un giorno ebbi dal maestro di strada Marco Rossi-Doria: «In ogni luogo d'Italia, la percentuale dei ragazzi che si diploma e poi diventa criminale comune è prossima allo zero»).

Save the Children aggiunge dati ancora più severi: a Napoli un ragazzo su quattro non sa leggere; il 72% degli studenti quindicenni frequenta scuole con strutture insufficienti; in Campania soltanto il 3% dei bambini tra zero e due anni può usufruire dell'asilo nido; l'89% delle classi della scuola primaria non offre il tempo pieno.

Ma non è soltanto questo a spiegare la fuga dagli studi di

molti, troppi scugnizzi della 167. Questi ragazzi rifiutano la scuola perché è benevola, mentre loro hanno una gran rabbia in corpo. E anche se i clan sono abili a intercettarla, è una collera che prescinde dalla camorra. Non è soltanto una questione criminale, la loro.

Prima del passaggio alle armi, le baby gang di Scampia hanno anzitutto l'obiettivo di insolentire i figli della Napoli bene. Si affacciano in città con la metropolitana e invadono il lungomare e le piazze della movida: Bellini, Dante, del Gesù, San Domenico Maggiore, San Pasquale. D'estate si spingono nei luoghi di vacanza, da Sorrento a Ischia. Ma è il Vomero il luogo preferito per i loro assalti: vandalizzano gli autobus, lanciano rifiuti contro i passanti, sparano pallini di plastica con le pistole ad aria compressa. Soprattutto, sputano e risputano addosso ai vomeresi e al loro benessere.

In altre capitali dell'Occidente le baby gang mutano spesso la loro rabbia in razzismo violento contro omosessuali ed ebrei oppure si sfidano divisi per etnie e colore della pelle. A Napoli no, le azioni degli scugnizzi sono «a sfregio», per rivalsa, una rivalsa sociale. È noto che ai napoletani bene Scampia fa ribrezzo. Le gang ricambiano con gli interessi.

Dalla violenza spicciola alla delinquenza il passaggio è rapido. In certe famiglie di tradizione camorristica sono direttamente i genitori a incitare i loro eredi. Altre volte, in situazione di indigenza, sono addirittura le madri a rivolgersi ai boss in cerca di una sistemazione illegale per i figli. Generalmente, però, si viene arruolati dopo, appunto, uno scouting: un selezionatore individua un giovane talento criminale e lo indica al capobastone di riferimento. Al ragazzo vengono promessi soldi, lusso, viaggi. Gli si organizza una visita guidata nei garage dove sono depositate Ferrari, Lamborghini, Porsche e Harley, Ducati, Triumph. Gli si spiega che frequentare la scuola è da perdenti mentre la sua famiglia potrà avere, grazie a lui, la cucina nuova, i divani, magari la macchina, e che macchina. Però deve prima superare una qualche prova di coraggio, una sorta di servizio militare del sistema. Lo Stato lo ha abolito, la camorra no.

Napoli, d'altronde, è la capitale dei baby killer cocainomani. Il fatto è che la città chiede loro di crescere in fretta, a Scampia in particolare, dove alcuni bambini hanno il piglio dell'adulto già a dieci anni.

Siamo a un punto nel quale la procura minorile lavora di concerto con la Direzione distrettuale antimafia. Dalle inchieste emerge che la gran parte dei ragazzi sono già parenti di pregiudicati. Cresciuti nel brodo di coltura della malvivenza, a dodici anni possono già girare con in tasca un'arma e una busta di cocaina per uso personale. Possono già essere pusher a cento euro al giorno di stipendio. E possono già uccidere.

L'annus horribilis fu il 2011, con diciotto omicidi ufficialmente commessi da minori. Il 2015, invece, è stato l'anno delle «stese»: gruppi di ragazzini urlanti che, lanciati a tutta velocità, dagli scooter sparano ad altezza d'uomo senza guardarsi intorno; chi è nei pressi si salva solo se si getta a terra. Il 6 settembre 2015, nel quartiere Sanità, Gennaro Cesarano non è stato abbastanza svelto a tuffarsi. Aveva diciassette anni.

Nel 2016 Napoli è ancora nel pieno della baby guerra. Questi capobanda-adolescenti-già uomini sono un'altra cosa rispetto ai boss della cupola. Sono sbandati di periferia che non si controllano e che nessuno può controllare. Sicché Napoli ha due emergenze: la camorra intesa come criminalità organizzata e la criminalità comune giovanile che vuole farsi camorra.

Combattono senza pietà alcuna tra loro, i boss in embrione. Eppure hanno un'età lirica, splendida, dove solitamente le speranze sono certezza e i sentimenti un lieve piacere. Avrebbero potuto frequentare la stessa università, discoteca, comitiva. Divertirsi, insomma. E crescere, diventare adulti e poi anziani. Invece fuggono gli uni dagli altri e tutti dallo Stato. Finiranno in carcere, latitanti o uccisi. In ogni caso, insegna Luciano De Crescenzo in *Così parlò Bellavista*, «è sempre una vita di merda».

Chi fa il criminale ha solo tre strade davanti a sé: marcire in galera, fuggire dallo Stato o morire ammazzato anche da giovanissimo, come tristemente sa la famiglia Riccio di Miano. Marco lo hanno fatto fuori il 26 giugno 2012, a pochi metri da una caserma dei carabinieri. I killer hanno sparato in faccia ai suoi diciott'anni.

È un messaggio che bisognerebbe alimentare e imporre. La necessità fondamentale è quella di spezzare finalmente la sostituzione a catena tra vecchi e nuovi criminali. Se no arriverà sempre qualcuno a prendere il posto di chi c'era prima, boss sempre più giovani, che saranno ugualmente ricchi e potenti, ma in carcere, al cimitero o al limite – come Marco Di Lauro – nascosti chissà dove, lontani da affetti e sentimenti.

PERCHÉ SCAMPIA

Tra la fine del 2015 e i primi mesi del 2016 – sparatorie e uccisioni dilagano oltre i confini di Scampia a Napoli e nella sua provincia – da Barra ai Quartieri spagnoli, dalla Sanità a Ponticelli, fino a Saviano e Marigliano. «La faida è tra le nuove generazioni», racconta Roberto Saviano su «Repubblica», «e il campo si apre a tutti quei ragazzi che si sono addestrati sparando sui tetti contro le antenne paraboliche, quei minorenni che da un'inchiesta della Dda di Napoli vengono definiti "La paranza dei bambini". Le loro famiglie spesso non sono neanche di camorra, non appartengono al Sistema...».

Ma il Sistema c'entra ancora, c'entra sempre. Se Napoli è una polveriera, e lo sta diventando l'intero Sud, è perché il modello criminale di Scampia ha fatto scuola.

Certo, la reazione militare è stata opportuna, forte e decisa, bisogna riconoscere che lo Stato le sue soddisfazioni se l'è prese. In varie celle di sicurezza, distanti tra loro, ora bivaccano boss sopravvissuti alla faida: Paolo e Cosimo Di Lauro, Cesare Pagano,

Raffaele Amato, Arcangelo Abete, Gennaro Marino, Arcangelo Abbinante e chi più ne ha più ne metta. Ma oltre la repressione continua a esserci il nulla. Eppure la prima faida è del 2004; *Gomorra* è uscito nel 2006; il presidente dell'Anticorruzione Raffaele Cantone sollecita da anni «un piano sociale straordinario per combattere il welfare della camorra». Invece niente, è mancata completamente l'azione sociale. E così, mentre a Scampia si reprimeva e basta, nuove Scampie nascevano a Napoli, nella sua provincia e in tutto il Sud Italia per conquistare posizioni e mercati.

Su un chilo di cocaina un trafficante guadagna trentasettemila euro. Ed ecco perché – spiega bene Daniela De Crescenzo, cronista del quotidiano «Il Mattino» – «le paranze partono alla conquista dei quartieri, dei rioni, delle piazze e delle piazzette. E chi se ne frega se qualcuno ci rimette la pelle».

Perciò a Napoli c'è un'emergenza criminale finora sconosciuta, per molti versi peggiore delle precedenti. Fermarla sarà complicato. Franco Roberti, procuratore nazionale antimafia, denuncia la «spaventosa quantità di armi» in possesso degli adolescenti napoletani. Soltanto i carabinieri, in un anno, ne hanno sequestrate mille e duecento, a cui vanno aggiunte ventitremila munizioni e diecimila chili di esplosivo.

D'altronde, in città una pistola 7.65 costa appena duecento euro e una mitraglietta Uzi arriva a mille; però a fronte di un incasso di tremila euro a omicidio e cinquemila per la gambizzazione, per la quale occorre maggiore precisione: questo è il tariffario imposto dai boss e svelato da un'inchiesta sul capoclan di Ercolano Natale Dantese.

Però è possibile, speriamo probabile, che lo Stato – come dice il ministro Angelino Alfano – zittisca le pistole. Ma quelle stesse rivoltelle (e mitra ed esplosivi e altro ancora) torneranno irrimediabilmente a sparare se mai la Repubblica italiana sarà socialmente autorevole. «Dobbiamo spiegare ai ragazzi che un corriere della coca è un morto di fame che morirà morto di fame, guadagnando meno di un onesto panettiere, idraulico, falegname», spiega il magistrato anti 'ndrangheta Nicola Gratteri. Lo ha ben capito anche il procuratore Roberti, che, dopo aver invocato un piano speciale per Napoli («Lo Stato investa in scuola, lavoro e sport o perderà»), almeno ha stimolato il governo all'apertura estiva delle scuole partenopee.

Un bel segnale, ma basterà? Improbabile. «A Napoli la crisi dell'ordinario è straordinaria», sostiene Antonio Polito, «perché si combina con l'esplosione di violenza e sopraffazione che una lunghissima depressione sociale ha generato sotto forma di camorra diffusa, dando vita a un'organizzazione comunitaria parallela e alternativa allo Stato di diritto, la quale insegna ai giovani di quelle terre che il diritto è la forza e il debole è destinato a soccombere».

È palese che la debolezza di Napoli trovi facile diffusione a causa dell'emergenza lavoro. In città la disoccupazione raggiunge il 42%, a Scampia sale al 61%; per le donne l'emergenza è di livello mondiale: tra loro il 73% non ha un'occupazione regolare.

Sia chiaro, però: la povertà è indotta anzitutto dal sistema. Il solo fatto che il sistema esista sconsiglia qualsiasi iniziativa imprenditoriale nell'area. Non a caso, Scampia è la municipalità con la più bassa presenza di attività economiche: sono 23,5 ogni mille abitanti ufficiali.

La Campania se la passa un po' meglio, ma la verità è che pochi investono nella regione proprio per la presenza della camorra. Secondo i dati di Sos impresa, Regione, Cgia di Mestre e fondazione Polis, in Campania ci sono trentaduemila commercianti sotto usura e quarantamila vittime del racket, che ormai si applica attraverso le forniture. Esempio: tu commerciante vendi zainetti e quaderni? E io camorra, a inizio anno scolastico, ti impongo di distribuire i miei prodotti. È così che boss e criminalità comune fatturano in Campania diciassette miliardi di euro all'anno. Altri sette miliardi e mezzo sono la cifra che i malaffaristi evitano di versare allo Stato per i loro affari. In totale fanno circa venticinque miliardi, tutti soldi sottratti al mercato e al lavoro. Non solo a Scampia. Anche a Capri. E a Palermo, Reggio Calabria, Bari, e poi Roma, Bologna, Milano. Nell'Italia intera e pure all'estero, a Madrid, Berlino, Parigi. Luoghi dove ancora non si è compreso che Scampia non è soltanto una periferia disagiata.

Il guaio è che dalla 167 hanno imparato, e tanto, non solo le gang partenopee, come la «paranza dei bimbi» di Forcella, quarantatré ragazzi – la gran parte ben al di sotto dei venticinque anni – condannati il 16 giugno 2016 per associazione camorristica e (tre di loro) omicidio. No, pure i giovani criminali di altri comuni, province e regioni – L'Aquila, Pisa, Matera, Potenza, Cosenza, l'Irpinia, il Molise, soltanto per rimanere agli arrestati negli ultimi anni. Di più. Secondo le indagini del Gico – i Gruppi d'investigazione sulla criminalità organizzata, l'élite della Guardia di finanza – nel quartiere di Tor Bella Monaca, a Roma, è stato riprodotto un identico sistema di spaccio (paranze e sentinelle comprese) grazie alla «consulenza» di Antonio Leonardi, storico capoclan di Secondigliano poi finito in manette.

«Napoli è un incubatore di un fenomeno che rischia di esplodere in tutte le grandi città», avverte Cantone, e ha maledettamente ragione. Ecco, Scampia è l'Occidente che sarà, un Occidente governato da boss e baby boss a capo di tanti sistemi paralleli ma, almeno per ora, poco convergenti. Secondo i dati della Dia, le mafie – tra camorra, Cosa nostra e 'ndrine – contano 543 clan riconosciuti, ancora disorganici tra loro. È una fortuna: se fosse unita, la criminalità avrebbe già vinto la sua guerra politica contro la Repubblica italiana. Intanto, però, ha quasi vinto quella dell'economia. Azzoppando lo sviluppo del Sud e cominciando a torturare il resto del paese.

IL QUINTO LIVELLO

«Come si riconosce un giovane d'onore? Con una stella d'oro in fronte, una croce da cavaliere sul petto e una palma d'oro in mano. E come mai queste belle cose non si vedono? Perché le porto in carne, pelle e ossa». Il messaggio è firmato Pasquale Capano. Il 4 ottobre 2015 la Guardia di finanza di Roma gli ha confiscato beni per quaranta milioni di euro. Nella lista ci sono un centro sportivo con palestra e ristorante a Trigoria, una villa di lusso a Casal Palocco, due Ferrari, due Hummer, appartamenti sparsi nella capitale, conti correnti e altro ancora: l'inventario è assai lungo.

Eh sì, faceva proprio una bella vita Capano: girava con un passaporto diplomatico ed era un uomo di lettere. Ora le scrive alla famiglia dal carcere, ma prima le spediva ai suoi collaboratori. La missiva più importante svela il giuramento di affiliazione alle 'ndrine: «Essere 'ndranghetisti è una scelta non più revocabile e che crea un vincolo di sangue ineludibile tra gli associati, chiamati sempre a un mutuo soccorso, anche e soprattutto in ipotesi di (prevedibili) infortuni giudiziari». Il «mutuo soccorso» spiega esattamente il «quinto livello» delle mafie: quello economico-finanziario.

Giuseppe Fava, giornalista-eroe ucciso da Cosa nostra, elencò i primi tre. Sintetizzando al massimo, il primo individua la manovalanza, il secondo caratterizza i boss con potere decisionale, il terzo i politici. Il quarto livello lo battezzò invece il mafioso Vito Ciancimino per indicare i presunti «alti esponenti delle istituzioni» che «per ragioni di ordine superiore» avrebbero coperto gli interessi dei clan. Il quinto, invece, è emerso in tutta la sua potenza nel 2015.

Da Palermo a Milano statistiche, testimonianze e inchieste giudiziarie dimostrano un trend evidente del sistema economico-finanziario della criminalità organizzata: meno racket, usura e omicidi; più corruzione e aziende a partecipazione mafiosa. La certificazione ufficiale è arrivata con la relazione della Direzione investigativa antimafia, diretta dal generale della Finanza Nunzio Ferla.

Il generale è un investigatore di prima classe. In carriera ha calpestato gli interessi di mafiosi e camorristi e ha pure trovato il tempo di laurearsi tre volte: in Giurisprudenza, in Scienze della sicurezza economico-finanziaria e in Scienze delle pubbliche amministrazioni. A vederlo da vicino, ha poco dei detective da telefilm. Appare compito, mite, istituzionale. La nostra chiacchierata avviene nel luogo simbolo della sicurezza nazionale: il Viminale, la sede del ministero dell'Interno.

È il 15 dicembre 2015. Dopo il nostro caffè, Ferla regala al ministro Alfano, al procuratore antimafia Franco Roberti e alla presidente della Commissione parlamentare antimafia Rosy Bindi, dati apprezzabili sull'attività della Dia.

Nel 2015 la sua Direzione investigativa ha vagliato le posizioni di 40.289 persone fisiche. Cosa più importante, i beni confiscati alla criminalità organizzata ammontano a 530 milioni di euro, quelli sequestrati arrivano a due miliardi e 600 milioni. Per Alfano, soddisfatto, «l'aggressione patrimoniale, insieme all'arresto dei latitanti e al carcere duro, sono i tre fronti su cui arrivano grandi risultati che hanno messo in difficoltà le organizzazioni mafiose».

Il ministro fa il suo mestiere, cioè l'ottimista, ma è evidente che i conti non tornano. La forbice è larga, però, secondo vari studi sull'economia criminale, le «mafie spa» fatturano ogni anno da cinquanta a duecento miliardi di euro. Anzi, nel febbraio 2014, l'allora vicepresidente del Consiglio superiore della magistratura, Michele Vietti, in un convegno organizzato insieme alla Banca d'Italia, si spinse a rivelare che «l'economia sommersa e quella criminale hanno un fatturato valutabile nel suo complesso tra i quattrocento e i cinquecento miliardi di euro, pari a circa un terzo della ricchezza nazionale».

Ma fa nulla. Mettiamo pure che Csm e Bankitalia abbiano toppato su tutta la linea e prendiamo il dato meno pessimistico. Su un ipotetico giro d'affari illegale di cinquanta miliardi, i tre miliardi e centotrenta milioni del 2015 (tra confische e sequestri) dichiarati dallo Stato rappresentano appena il 6,26% del fatturato mafioso.

Insomma, lo Stato italiano si è attrezzato, la Dia ne è la dimostrazione, e le confische crescono negli anni in maniera regolare. La strada è ancora lunga. Anzitutto, servirebbe investire di più nella «sicurezza economico-finanziaria», anche perché il ritorno in denaro è assicurato. «Lo Stato», sottolinea il procuratore antimafia Roberti, «può vincere la lotta alle mafie, se lo vuole. Ma occorre affrontarle efficacemente sul piano economico». Proprio la Dia costa appena quindici milioni di euro all'anno a fronte dei tre e passa miliardi recuperati: per le casse pubbliche è un affare grandioso, e non soltanto in termini di incasso economico.

Le organizzazioni criminali sono cambiate, «preferiscono la corruzione alla violenza», sentenzia Ferla. Corruzione che è politica ma anche sociale. Per Rosy Bindi «le mafie sparano meno ma non sono meno pericolose, anzi, lo sono di più perché ci rubano una parte di libertà». Poi, l'affondo: «Dobbiamo chiederci se ciò sia determinato dal fatto che trovano più consensi, più acquiescenza in una società più disponibile a interloquire con i poteri mafiosi, a non contrastarli».

A dare retta a Ferla e alla Dia, la risposta è sì. Dal Sud Italia i boss «controllano e dirigono, secondo un disegno unitario, molteplici business criminali sempre più interdipendenti», grazie a «profonde relazioni con la zona grigia e affondando le radici anche nei gangli più nascosti della pubblica amministrazione e dell'imprenditoria». Inoltre, le mafie hanno organizzato «un ciclo economico-criminale in grado di alterare il corretto processo di sviluppo dell'economia nazionale ed estera». Insomma, hanno costituito vere e proprie holding criminali, che presentano «la morfologia caratteristica dei gruppi societari internazionali»: hanno filiali in tutto il mondo e la testa nelle regioni d'origine.

Le holding a conduzione mafiosa sono di vario tipo. Le più classiche appartengono ai boss «vecchio stile»: le società intestate ai prestanome, utili per riciclare al Centro-Nord il denaro sporco ricavato al Sud. Secondo un'indagine di Coldiretti, Eurispes e Osservatorio sulla criminalità nell'agricoltura, sono almeno cinquemila i bar e i ristoranti in mano alle mafie, quasi tutti di lusso o comunque di livello superiore alla media. Roma, per esempio, è stata infettata dai boss fino al suo cuore: piazza Navona, il Pantheon, piazza di Spagna.

Tanto per citarne una, l'inchiesta Pizza Connection ha portato al sequestro di ventitré ristoranti riferibili al capoclan napoletano Edoardo Contini, detto «'O romano». Nella lunga teoria di osterie criminali d'«O romano» ci sono un locale a due passi dal Senato, uno in via della Vite frequentato da attori e calciatori e persino la trattoria di via della Mercede dove mangiava, totalmente inconsapevole, un altro Romano, il più che sobrio Prodi.

Contini credeva che nella capitale non lo avrebbero stanato. Aveva intestato tutto a due teste di legno, i fratelli Antonio e Salvatore Righi. Gli investigatori hanno dimostrato che «Tonino» e «Sasà», eleganti ed educati, riciclavano regolarmente i soldi del boss, peraltro operando «in posizione monopolistica». In sostanza, i Righi pulivano i denari di Contini e in contemporanea le tasche della concorrenza pulita. Tutto in modo sporco.

Esempi così, nella città del Colosseo, se ne contano a decine, distribuzione compresa. Per esempio, il 9 febbraio 2016 sette esponenti del clan Moccia, compreso il superboss Luigi, sono stati arrestati con l'accusa di aver imposto in vaste aree della capitale il monopolio del rifornimento a bar, ristoranti e supermercati di latticini, frutta e verdura. Fenomeni come questo – è il ragionamento di Ferla, contenuto anche nella relazione annuale della Dia – dimostrano «la spiccata vocazione dei clan a infiltrarsi, anche fuori regione e all'estero, negli apparati economici e finanziari» al punto da atteggiarsi «a soggetto economico in grado di operare sul mercato legale per acquisire una posizione dominante». E, infatti, un'indagine della Coldiretti del febbraio 2016 valuta in sedici miliardi il giro d'affari delle mafie soltanto nell'agroalimentare, dalla coltivazione alla distribuzione, in Italia e in Europa.

Ma il caso di più forte impatto simbolico rimane il sequestro dell'Antico Caffè Chigi. Li ho contati: da Palazzo Chigi, l'Antico Caffè distava appena cento passi, gli stessi che a Cinisi dividevano la casa di Peppino Impastato, eroe dell'antimafia, da quella del boss Gaetano Badalamenti.

Chiunque conosca un minimo il mondo politico, sa che l'Antico Caffè era il bar più frequentato dai lavoranti a Palazzo Chigi. Quindi anche ministri e primi ministri, oltre che funzionari e forze di sicurezza. Ora c'è una banca, ma fino al 2011 apparteneva occultamente alla storica 'ndrina dei Gallico di Palmi, in provincia di Reggio Calabria. Mafia capitale esisteva da tempo, insomma, ben prima di Salvatore Buzzi e Massimo Carminati. E si era piazzata a cento passi dal potere politico nazionale.

LA FRATELLANZA D'AFFARI E LE «AGENZIE DI SERVIZI»

Criminali e paracriminali di ultima generazione, quelli del «quinto livello», ragionano però secondo parametri ancora più sofisticati. Colti e preparati, hanno superato la fase dei prestanome e operano da azionisti, soci finanziatori o manager e, a volte, hanno addirittura studiato per esserlo. Raffaele Cantone – che da pm ha decimato il clan dei Casalesi – denuncia da anni che gli uomini d'onore non sono più «coppola e lupara», rappresentano vere e proprie «agenzie di servizi: risolvono problemi al mondo imprenditoriale, e non solo a quello meridionale».

Da qui è partito l'ennesimo salto di qualità criminale, quasi un ossimoro: l'impresa pulita di stampo mafioso. Funzionano così. Le «agenzie di servizi» di cui parla Cantone offrono agli imprenditori piena libertà operativa attraverso alcune prestazioni d'opera: finanziamenti a tassi non usurari, sicurezza assoluta, protezione dalla microcriminalità, zero grattacapi burocratici su licenze e controlli. In cambio, le agenzie mafiose ottengono una partecipazione agli utili.

Lo stesso Capano, per intenderci, cominciò a fare impresa pulita. È finito in galera per aver investito nel settore turistico-immobiliare insieme al clan Muto di Cetraro, sulla costa tirrenica di Cosenza. Ha pensato, insomma, di bruciare le tappe diventando socio di un boss. Come? Nella lettera indirizzata a un pregiudicato appena arruolato scrive: «La prima cosa che mi è stata spiegata nelle prime frequentazioni di alcuni ambienti è stata la differenza fra "concetto di amicizia e fratellanza": l'amicizia è espressione di una frequentazione abituale, la fratellanza rappresenta un "legame"». Ecco: proprio la fratellanza d'affari è il «quinto livello» della mafia.

La prova la fornisce Antonio Iovine, alias «'O Ninno», il lattante. Iovine è rimasto uccel di bosco per ben quattordici anni, una fuga raccontata pure in tv con *Sotto copertura*, fiction di Rai 1 campione d'ascolti. Arrestato il 17 novembre 2010, nel maggio 2014 «'O Ninno» ha scelto di pentirsi e ora è un collaboratore di giustizia. Le sue dichiarazioni vengono considerate attendibili dai pubblici ministeri antimafia di Napoli. Sono particolarmente importanti perché, nella cupola del potentissimo clan dei Casalesi, Iovine gestiva la cassa comune. I suoi racconti rappresentano una lectio magistralis sulla «fratellanza d'affari». Ecco alcuni *highlights*:

– Sto spiegando un sistema di cui la camorra non è l'unica responsabile. C'erano soldi per tutti in un sistema che era completamente corrotto.
– Non aveva alcuna differenza il colore politico del sindaco, perché il sistema era ed è operante allo stesso modo.
– Naturalmente si deve considerare anche la parte politica e i sindaci dei Comuni, i quali avevano l'interesse a favorire se stessi e alcuni imprenditori in rapporto con il clan per avere dei vantaggi durante le campagne elettorali in termini di voti e finanziamenti.
– Generalmente io ero del tutto indifferente rispetto a chi si candidava a sindaco, nel senso che chiunque avesse vinto automaticamente sarebbe entrato a far parte di questo sistema da noi gestito. Devo però anche dire che altre persone del clan potevano avere passione per la politica e comunque un interesse per un candidato piuttosto che per un altro.

- Esiste una «mentalità casalese inculcata fin da giovani, la regola del 5%, della raccomandazione, dei favoritismi, la cultura delle mazzette e delle bustarelle che, prima ancora che i camorristi, ha diffuso nel nostro territorio proprio lo Stato, che invece è stato proprio assente nell'offrire delle possibilità alternative e legali alla propria popolazione.
- Anche la parte politica, che dovrebbe rappresentare la parte buona dello Stato, è stata quantomeno connivente con questo sistema se non complice. Sicuramente era del tutto consapevole di come andavano le cose. Era noto a tutti che quella era un'impresa di Antonio Iovine, eppure nessuno si è mai opposto a questo sistema.
- Il clan ha garantito appoggio e protezione ai sindaci che si sono succeduti a Casapesenna, San Cipriano e Casal di Principe.

A proposito di Comuni inquinati. Soltanto dal 2010 al 2015 nel Sud Italia sono stati sciolti per mafia 33 Comuni in Calabria, 14 in Sicilia, 12 in Campania, uno in Puglia. Ma i parassiti del malaffare hanno cominciato a infettare pure il Nord, da Leinì a Rivarolo Canavese (Torino), da Ventimiglia (Imperia) a Sedriano (Milano). Persino Brescello, il paese di don Camillo e Peppone in provincia di Reggio Emilia, è stato commissariato.

Il filo rosso che tiene assieme le varie storie municipali è l'accordo strutturale tra mafiosi, politici e imprenditori. Un modello standard è quello sulla metanizzazione di sette comuni in provincia di Caserta. È stata trattata da un rappresentante dei sindaci, approvata dai boss e realizzata dalla Cpl Concordia, una cooperativa rossa di Modena. Ancora Iovine:

- Si trattò di un'intesa raggiunta attorno a una sorta di tavolo.
- Si sedettero Concordia, l'intermediario Antonio Piccolo e la criminalità organizzata casalese.
- Eravamo noi esponenti della criminalità a stabilire quali dovessero essere i subappaltatori dei lavori della Concordia, e ciascun capozona indicava l'impresa sua referente.

Tuttavia, le esternazioni di Iovine che più confermano la tesi del presidente dell'Antimafia Cantone sulle mafie che agiscono come «agenzie di servizi» sono le seguenti:

- L'imprenditore veniva da me, ovviamente conscio di chi fossi, per avere ogni garanzia che i lavori potessero essere espletati liberamente, senza condizionamenti.
- L'imprenditore acquistava da me un vero e proprio pacchetto di assistenza.
- L'imprenditore non solo si garantiva che nessuna famiglia disturbasse i lavori, ma si garantiva, per esempio, la possibilità di chiedermi di intervenire o di spendere anche solo il mio nome nei confronti di fornitori, dipendenti, funzionari comunali, sindaci che potevano intralciare, magari anche legittimamente, i lavori.

Lo schema suddetto è utilizzato anche dalla nuove mafie siciliane e calabresi. La Direzione investigativa antimafia riconosce a Cosa nostra una «connaturata capacità» di fomentare «situazioni di opacità, promuovendo un'opera di delegittimazione di quanti tentino di ostacolarla e attirando, allo stesso tempo, esponenti del sistema politico, economico e amministrativo».

Quanto alla 'ndrangheta, Renato Cortese, ora capo dello Sco (Servizio centrale operativo della polizia di Stato), è l'uomo che da dirigente della Squadra mobile di Roma ha trovato e decifrato il giuramento criptato di affiliazione alla 'ndrangheta di Pasquale Capano. Dei nuovi mafiosi Cortese dice: «Bisogna guardare a quelli in giacca e cravatta che frequentano gli studi professionali. Di certo la 'ndrangheta si muove molto in quest'ambito. Non va a infiltrarsi negli apparati di vertice, ma arriva ai quadri intermedi, si insedia nei posti di comando non visibili».

E dunque, se nei vecchissimi capiclan resiste immane il mito di Scarface, nelle leve successive l'evoluzione è già compiuta. Il boss è progredito, utilizza tecnologie all'avanguardia, è il referente di uomini istruiti, eleganti, spesso di buona famiglia, sempre vestiti con abiti cuciti su misura. Gente laureata, che non spara con le armi ma in Borsa, non si apposta per strada ma uccide al computer. Uomini capaci di stare nella globalizzazione finanziaria, di guadagnare illecitamente e di riciclare il denaro sporco, moltiplicandolo.

Non è un caso che il modus operandi dei nuovi boss risulti sgradito a Totò Riina. Durante i colloqui con il codetenuto Alberto Lorusso nel carcere milanese di Opera, il vecchio «capo dei capi» si è lamentato di Matteo Messina Denaro. Lo ritiene colpevole di scarsa ferocia: «A me dispiace dirlo, questo signor Messina Denaro, questo che fa il latitante, questo si sente di comandare, ma non si interessa di noi», ha sentenziato Riina. «Questo fa i pali della luce, ci farebbe più figura se se la mettesse in culo la luce: fa pali per prendere soldi».

In provincia di Trapani, patria di Messina Denaro, dal 2010 al 2015 la Dia ha sequestrato beni per cinque miliardi di euro. Agli investigatori non è sfuggito che piccoli e sconosciuti artigiani erano improvvisamente diventati milionari o miliardari. Tipo Carmelo Patti, che scalò la Valtur. O Giuseppe Grigoli, divenuto il rappresentante siciliano della Despar. Oppure, ancora, il re del cemento Rosario Cascio.

È però altamente probabile che Totò «'U curtu» si riferisse principalmente ai legami di Messina Denaro con il «signore del vento», Vito Nicastri. Indagato dalla Direzione distrettuale antimafia di Palermo, Nicastri ha subito una confisca senza precedenti: 1,3 miliardi di euro. L'imprenditore utilizzava quarantatré società di capitali per il suo business nell'eolico e fotovoltaico. E, secondo la Dda di Palermo, godeva dell'appoggio mafioso. La sua attività sarebbe stata in sé lecita, ma avrebbe beneficiato della «comunanza di interessi, di una lunga attività di fiancheggiamento e di scambio di favori, un rapporto fondato sulla fiducia e sui vicendevoli vantaggi che ne possono derivare».

Il «signore del vento» avrebbe avuto partner criminali su diverse piazze: Messina Denaro in Sicilia (in generale), Salvatore Lo Piccolo a Palermo (in particolare), le famiglie 'ndranghetiste di Platì, Africo e San Luca in Calabria. Ciononostante, Nicastri ha evitato il carcere, perché un imprenditore che si limita a fare affari (presunti, ribadiamolo) con la mafia è difficilmente perseguibile: il fatto non costituisce automaticamente una condizione di legge per la carcerazione.

Naturalmente, questi esempi di ultragarantismo giudiziario sono vitamine ulteriori per gli strateghi del «quinto livello». E altre vitamine, opache o meno, sono elencabili. Lo fa Maurizio De Lucia, sostituto della Direzione nazionale antimafia. «L'impresa mafiosa», spiega, «non tratta con i sindacati, che spesso non si lamentano; agisce sul mercato con prestazioni e forniture ai prezzi che impone. Ovviamente ottiene appalti grazie a corsie preferenziali, riservate a chi ha certi appoggi». E però, quando l'azienda viene sequestrata e confiscata «spuntano i sindacati, ci sono le proteste di piazza, i fornitori pretendono di essere pagati ai prezzi di mercato e subito...».

Tra l'altro, e non è secondario, in tempo di crisi economiche la «Mafie spa» è l'unica holding davvero in grado di investire capitali senza sofferenza alcuna. La stessa sensazione hanno gli iscritti a Confcommercio. Il loro presidente, Carlo Sangalli, è chiarissimo: «Nella crisi l'illegalità trova il suo terreno fertile». Sono indicativi, in questo senso, i dati di un'indagine Censis-Confcommercio «sulla crisi economica e la legalità»: un terzo degli imprenditori segnala il ricorso di molte imprese «a canali di credito non ufficiali».

La conseguenza storica è il ricorso agli usurai, cioè alle «mafie banking», capaci di creare sistemi di credito paralleli alle banche ufficiali; quella socialmente più drammatica riguarda gli imprenditori che ormai chiedono stabilmente ai boss di entrare in società con loro. È un fenomeno che riguarda anche il Nord Italia.

Il rapporto della Direzione investigativa antimafia è esemplare, elenca gli interessi criminali dei boss in varie regioni del settentrione. E così si scopre, per esempio, che in Emilia-Romagna i clan hanno i centri di gestione per le attività nell'edilizia; in

Veneto interessi su eolico e solare; in Lombardia infiltrazioni nell'economia legale e così via. Vale, qui, una vecchia opinione del sostituto procuratore di Brescia, Paolo Savio: «È più pertinente parlare di stabilizzazione anziché di infiltrazioni mafiose».

L'evento più rumoroso riguarda il Blue Call di Cernusco sul Naviglio, fino al 2008 leader nazionale dei call center, con quasi mille dipendenti e un fatturato da tredici milioni all'anno. Il titolare, in cattive acque, pensò bene (anzi, male) di rivolgersi alla 'ndrangheta.

Più recente è invece il caso dei buttafuori delle discoteche più famose della «Milano da bere». L'8 gennaio 2014 la Direzione distrettuale antimafia ha individuato e fermato un gruppo criminale originario della Locride. L'accusa? Fornire protezione e assicurare il recupero crediti. Così è stato, secondo l'accusa, per i Magazzini generali, il De Sade, lo Chandelier e altri locali che fatturano milioni. Hanno tutti assunto personale calabrese per la security.

Il 26 gennaio 2016, invece, sempre la Dda di Milano ha arrestato un carrozziere quarantenne di Desio, Ignazio Marrone. Questo siciliano, anello di congiunzione tra mafia e 'ndrangheta, convocava le riunioni della cupola milanese nel suo capannone, ultraprotetto da telecamere e sofisticati sistemi d'allarme.

Insieme al carrozziere è finito in manette pure un insospettabile chirurgo plastico di quarantadue anni, Arturo Sgrò, di stanza all'ospedale Niguarda. Sia chiaro: il nosocomio è totalmente estraneo all'inchiesta. Anzi, Sgrò lo sfruttava per curare indisturbato vari e variegati esponenti mafiosi. Nel tempo libero, poi, il medico si è messo pure a praticare il recupero crediti con modi «bruschi e tipici del metodo mafioso», secondo le accuse di Ilda Boccassini, massima autorità sulla 'ndrangheta di Milano, che nel marzo 2016 ha pure svelato come le 'ndrine calabresi stanno mettendo le mani sulle farmacie meneghine.

Questi episodi sono soltanto alcuni di una lunga serie. Il dato generale lo segnala la procura nazionale antimafia di Franco

Roberti, ovvero la presenza della 'ndrangheta «sempre più massiccia e incisiva, sia quantitativamente sia qualitativamente, in tutte le regioni del Centro-Nord Italia, atteso che oltre alle presenze storiche in Lombardia, Lazio, Piemonte, Emilia-Romagna, sono attestate con chiarezza cellule in Liguria, Umbria, Veneto e Marche». Il procuratore generale di Milano, Roberto Alfonso, la definisce apertamente «borghesia mafiosa, costituita, come è noto, anche da imprenditori, professionisti, pubblici funzionari e politici».

En passant: la meno ascoltata ma forse la più importante delle denunce dei procuratori antimafia riguarda i compensi per i consulenti nei processi: medici legali, periti e informatici, tecnici audio, commercialisti e manager esperti di flussi finanziari. Tutti questi professionisti, indispensabili nei procedimenti giudiziari, per le loro prestazioni ricevono dallo Stato un pagherò (a tempo indeterminato) di circa tremila euro a fronte di novanta giorni di lavoro. Per la stessa attività gli imputati arrivano invece a pagare i consulenti anche trentamila euro cash. Facile immaginare per chi preferiscano lavorare i consulenti più bravi. L'altra conseguenza è che persone stimatissime e spesso stimabilissime hanno ormai l'uso di frequentare gli imputati loro clienti, se non altro per ragioni di lavoro.

Quello dei professionisti al soldo dei mafiosi è un mondo che Raffaele Cantone conosce molto bene. Lo ha indagato da magistrato, lo punisce da presidente dell'Autorità anticorruzione. C'è il rischio, dice, che la gestione delle attività illecite «passi alle prime file dell'imprenditoria paramafiosa». A quel punto dovremmo parlare di «sesto livello mafioso». Quello che drena risorse nel meridione e capitalizza nel settentrione. E quindi uccide l'economia del Sud due volte.

I nordisti

> Non è la libertà che manca in Italia.
> Mancano gli uomini liberi.
>
> LEO LONGANESI, *La sua signora*

IL FUOCO DEGLI AFFARI

A Giugliano convivono con le baraccopoli da almeno trent'anni. Spesso tollerate, mai davvero destrutturate, talvolta sostituite da villaggi autorizzati dallo Stato. Ma pure quando la Repubblica italiana fa il suo dovere, i nuovi caseggiati diventano squallidi nel giro di qualche settimana. Non mesi o anni: settimane.

Anche nel villaggio di Masseria del Pozzo è andata così. Nel marzo 2013 il Comune di Giugliano fornì ai rom i cosiddetti «container igienici»: sessanta wc, docce e lavabi e un padiglione per le visite mediche degli assistenti sociali. Servivano a rendere civile la vita delle duecento persone ufficialmente censite dagli uffici municipali. Ma nel giro di un mese a occupare il campo arrivarono in seicento. Sicché, nel settembre 2013, davanti ai miei occhi l'effetto fu il solito: alloggi di fortuna, fili elettrici scoperti, allacci abusivi. E il consueto, deprimente spettacolo dell'immondizia sparsa intorno agli alloggi, una sorta di manifestazione virale del postimpressionismo. Il legno, le lamiere e la lordura componevano un quadro che Vincent Van Gogh avrebbe intitolato *Campo di spazzatura sotto cielo nuvoloso.*

Il tappeto di *munnezza* talvolta si elevava e assumeva le vaghe sembianze di colline sistemate qua e là, in ordine sparso. In cima svettavano i copertoni, alberi di pece colmi di stracci che parevano foglie colorate. I bambini ci giocavano e si divertivano, sapevano che le loro alture sarebbero cenere al calar della notte, con gli stracci a fare da micce e i copertoni da combustibile di rifiuti ancora più tossici. Quando fiamme alte anche venti metri avrebbero tormentato il cielo e i fumi alla diossina insozzato il loro respiro ancora ingenuo.

Perciò sputano nero già all'età delle elementari, gli zingari bambini: perché i genitori li fanno vivere così. Ed è un peccato, lo è davvero perché sono proprio belli, presentano i volti dello splendore gitano e la stessa apparente innocenza degli italiani bambini. Ma vivono in contesti devastanti, che sono la negazione dell'amore genitoriale. Masseria del Pozzo lo è ancora di più: è uno degli epicentri della Terra dei fuochi.

Nel maggio 2015 il commissario di polizia Pasquale Trocino ha scoperto dentro il campo rom tre discariche abusive. E l'Arpac, l'Agenzia regionale per l'ambiente, ha certificato che contengono rifiuti altamente tossici, bruciati e ribruciati. Una situazione igienicamente insostenibile, specie per i più piccoli. Perciò, il 20 giugno 2016, la polizia ha sequestrato e sgomberato il campo e suoi residenti, compresi duecento bambini. E in attesa che venga completato l'ecovillaggio di Ponte Riccio, ai rom è stato destinato un terreno già bonificato in via Salice. Trovarlo non è complicato, è situato a tre chilometri da Masseria del Pozzo.

Quando mi spingo all'interno del campo improvvisato, è trascorsa appena una settimana dal trasloco forzato. Comincia già a manifestarsi qualche lordura, ma non è tanto questo a turbarmi. Vedo chiaramente un signore ingioiellato indicare il mio arrivo a una comitiva di bambini. Loro sembrano festanti, tracciano un girotondo intorno a me. Io ricambio i sorrisi. Il girotondo si stringe poco alla volta – lento, inesorabile e distraente – finché in due, un maschietto e una femminuccia, tentano di infilarmi le mani nelle tasche. Li guardo severo, loro non si scompongono. La festa finisce lì, tornano tutti verso l'uomo dei gioielli. Tranne un ragazzino, che va dietro una collinetta. Lo scorgo appena: abbassa i pantaloni e si mette a cavalcioni. Una fossa è il suo bagno e confina con i primi cumuli di rifiuti bruciati. Gli adulti hanno già ripreso a lavorare (si fa per dire).

I falsi nomadi – appunto, stanno a Giugliano da trent'anni – lavorano a mano. Bruciano oli esausti, vernici, scarti industriali, amianto, elettrodomestici usati sversati da speculatori e balordi. È un sistema banale: camion, furgoni e auto arrivano di notte e scaricano in piena libertà i rifiuti. I rom li accolgono e procedono a setacciare: ammucchiano quanto va bruciato e recuperano quel che può essere rivenduto. Se, infatti, nella *munnezza* capitano partite di metalli riciclabili, l'affare raddoppia. Il più pregiato è l'oro rosato.

«Fare il rame» per rivenderlo al mercato nero rende fra i tre e i quattro euro al chilo. Pure rubandolo si rischia poco o niente: poco se ti beccano (una denuncia a piede libero); nulla se sei appena scaltro e la fai franca. In Italia se ne saccheggia tantissimo, soprattutto alle linee dell'alta velocità. Pensare di sorvegliare migliaia di chilometri di ferrovie è semplicemente un'utopia. Sicché al danno del furto si aggiunge la beffa dei ritardi: più di mille ore di media all'anno.

I ricettatori autorizzati dalla camorra rivendono l'oro rosato a sette euro al chilo. Dal Sud il rame parte a quintali per Cina, India o Nord Italia, dove la richiesta è pressante. Ma il problema non è tanto trafugarlo, bensì liberarlo dalla guaina che contiene i dati identificativi di produttore e utilizzatore. Si può fare lentamente, con pinze e tronchesi. Oppure rapidamente, incendiando la plastica. I rom non esitano a bruciarla, perché il rame liberato dai cavi vale cinquanta centesimi in più al chilo. Se il metallo viene granulato, cioè polverizzato si guadagna mezzo euro in più. Ma questa è soltanto una parte del lavoro. L'altra parte è un servizio a cottimo.

Per eliminare le prove del traffico di rifiuti tossici, uno dei grandi affari della camorra, gli scarti vengono bruciati nei termovalorizzatori improvvisati. Ai fuochisti i clan pagano la giornata di lavoro, che però non è un'esclusiva dei rom. La manodopera incendiaria è pure africana e più recentemente italiana: arresti di nostri connazionali li hanno fatti ad Afragola, Succivo e Casal di Principe. E sono solo quelli che hanno beccato in flagranza di reato.

Ecco spiegata, dunque, la Terra dei fuochi: è l'insieme degli inceneritori fai-da-te, che sprigionano fiamme alla diossina e un fumo grigio che *annozza n'gann*, blocca la gola.

In Campania questi termovalorizzatori sono decine, meno noti di quello ufficiale di Acerra e ben più dannosi. Solo che contro Acerra mezza provincia partenopea, la più civile e impegnata, ha ferocemente combattuto per oltre quindici anni: proteste, cortei, barricate. Contro gli inceneritori abusivi, piazzati nelle cave dismesse o addirittura a cielo aperto, di rado si sono levate voci indignate, tranne quelle di pochi residenti. Hanno preso carta e penna per scrivere alle istituzioni, ma nulla, la storia non è mai cambiata, sono rimasti ultraminoranza. Forse perché la suddetta società civile si impegna soltanto quando si tratta di combattere lo Stato. E i rifiuti illegali, è noto, li gestiscono i boss.

È così dappertutto e pure nel quadrilatero della Terra dei fuochi. Che comincia dalla Liburia – Casal di Principe, Villa Literno, Mondragone –, segue linee più o meno rette e comprende il cosiddetto «triangolo della morte» Acerra-Nola-Marigliano. All'estremità occidentale del quadrilatero c'è appunto Giugliano in Campania. Questo comune fra le province di Napoli e Caserta ha la testa in quella che un tempo era piena campagna e i piedi fin dentro il mare. Il suo territorio è sterminato: oltre 94 chilometri quadrati. Secondo il censimento del 2011, lo abitano 122 mila persone, che lo rendono il comune non capoluogo più affollato d'Italia. Non è sempre stato così. Appena trent'anni prima, nel 1981, i residenti erano 44 mila, un terzo di adesso. Anche qui ha pesato il terremoto del 1980.

Ho l'età giusta per ricordare la superfetazione del cemento e la contestuale contrazione dei frutteti. Sconvolse l'intero hinterland partenopeo, compreso Sant'Antimo, il mio paesello d'origine, che divenne in niente un paesone prima e periferia poi, fino a rappresentare un unicum con tutto quanto lo circondava, a partire dalla confinante Giugliano, dove ancora conservo qualche amico del liceo e pure dei parenti.

Perdonatemi, quindi, se indugio nei ricordi. Ma quando incontro la mia terra, ho spesso l'umore fragile. Conta l'infanzia. Ero bambino e nelle domeniche di mezza estate noi santantimesi ci radunavamo a centinaia sul mare di Varcaturo, la frazione di Giugliano che insiste sul mar Tirreno. Fu la mia età dell'innocenza. Noi ragazzini visitavamo con qualche insofferenza il lago Patria e gli scavi di Liternum, la città dove si ritirò a morire Scipione l'Africano. E poi, divertiti, scorrazzavamo allo stato brado fra dune dorate e acque brillanti di sole, inseguivamo le lucertole nella macchia mediterranea, fra ginestre, ginepri e campi di mele annurche. Seguivamo il volo di germani reali, marzaioli, aironi.

Del tempo di allora sono rimaste soltanto le bufale, buone per le mozzarelle. Il resto è stato devastato dall'uomo e dalla camorra, capaci di trasformare migliaia di infanzie luminose in una geometria di mare, cemento e lordura. Sostiene un celebre atleta, Dean Karnazes: «A volte devi passare attraverso l'inferno per arrivare in paradiso». Forse è vero, ma solo quando l'inferno non è casa tua.

Il 13 febbraio 2016 sono offeso nei ricordi e indignato per il presente. Alla guida di un'utilitaria, ripercorro dopo anni la strada che porta al mare e nemmeno ascolto la musica. Mi distrae la conseguenza di abusi edilizi che avvolge la statale, ma copre la discarica ufficiale della Resit e quelle ufficiose della camorra. Lo Stato ha censito mille sversatoi abusivi e 2500 siti da bonificare. Facendo il conto, sono duemila ettari.

Ecco, una delle domande retoriche più diffuse sulla Terra dei fuochi è la seguente: «Come è potuto accadere?». In genere, dopo mille analisi e sfumature, la risposta è sempre la stessa: «Lo Stato non ha vigilato». Cosa più che vera, per carità, ma le concause sono tante.

L'indifferenza degli innocenti

Tra i complici ci siamo anche noi, i sudisti probi, indifferenti davanti allo scempio dei rifiuti e persino agli omicidi: «Finché si uccidono tra di loro, meglio così...» – ripetiamo, cinici e implacabili, a ogni agguato di camorra. Non riusciamo a vedere che l'ammazzarsi tra loro sta ammazzando anche noi. Perché dietro quelle faide si nascondono interessi. E dietro gli interessi si manifestano dinamiche decisive per l'assassinio del Sud. Un assassinio che è solitamente culturale ed economico. Nel caso della Terra dei fuochi ha un'appendice «fisica».

Quando la camorra piazza i rifiuti tossici sotto le tue case, quando tenta di avvelenare i tuoi campi e la tua acqua, quando intossica i polmoni degli innocenti, quando moltiplica enfisemi, bronchiti, allergie, asma, dermatiti, quando fa tutto questo, voltarsi dall'altra parte non basta più. Bisogna combattere, anche ferocemente, contro i boss prima ancora che contro lo Stato.

Pure lo Stato, però, ha tradito. Per esempio, manifestando la sua incapacità di regolare lo smaltimento dei rifiuti urbani, fallendo totalmente la pianificazione della raccolta differenziata, costruendo male le discariche o, peggio ancora, scegliendo i luoghi dove piazzarle non in base ai rilievi geologici bensì geopolitici. Perché anche questo è successo negli anni dell'emergenza più piena: quando un territorio veniva valutato come il migliore per ospitare uno sversatoio, bastava la parola di un sottosegretario per scansare il pericolo. Il risultato è stato l'esplosione dell'emergenza rifiuti, con Napoli inondata di spazzatura e il mondo intero incredulo davanti alle immagini dei sacchetti che arrivavano al secondo piano delle case.

Peggio ancora ha fatto lo Stato emergenziale quando ha scelto di consegnare il ciclo legale dei rifiuti alle persone sbagliate, per esempio ai sodali di Francesco Bidognetti, alias «Cicciotto 'e mezzanotte», un superboss dei Casalesi.

IL VARCO

I boss come «Cicciotto» sono Zelig, capaci di recitare più parti. Di sicuro, nella commedia drammatica della Terra dei fuochi, sono dei sofisticati esecutori. I principali mandanti vanno invece individuati nei tanti industriali e manager del Nord.

Se infatti politici e mafiosi intossicano culturalmente ed economicamente il corpaccione del Sud, questi untori settentrionali hanno sottomesso la civiltà alla viltà, gli uomini ai soldi, lo Stato ai criminali. È agli atti di vari processi: a partire dalla fine degli anni ottanta, per risparmiare denari sul costoso smaltimento regolare hanno infatti scaricato i loro scarti produttivi sul Mezzogiorno d'Italia. La Campania è soltanto l'apice di un fenomeno che secondo le inchieste investe l'intero meridione – Puglia, Calabria, Sicilia, Abruzzo – e forse anche il settentrione, ma chissà.

Di sicuro, facendo affari con i clan, sono autori di un secondo errore: hanno aperto un varco decisivo per lo sbarco in terra padana della criminalità organizzata. Così gli scarti industriali sono rimbalzati verso nord sotto le mentite spoglie della cultura e dell'economia mafiosa. È proprio a partire dagli anni novanta, nel pieno del traffico dei rifiuti, che i parassiti mafiosi colonizzano il settentrione d'Italia. Succede sempre: a contatto con la malattia degli altri, il contagio diventa inevitabile.

Nella Terra dei fuochi, secondo la ricostruzione dei magistrati antimafia, ad avviare la contaminazione del territorio fu la civilissima Toscana nel lontano 1988. La chiusura del termovalorizzatore di San Donnino condusse l'indotto di un'azienda chimica di Massa Carrara, la Farmoplanst, a spedire i suoi veleni in Campania. I primi furono i fratelli Fornaciari di Lucca. Poi il gran maestro della P2, Licio Gelli, avrebbe fatto da tramite fra altri imprenditori toscani e i Casalesi. Da lì alla consuetudine è stato un attimo. Dal Nord partivano abitualmente file di camion, i camorristi li accoglievano e poi organizzavano l'intera filiera criminale, a volte sotterrando i fusti avvelenati, altre organizzando i roghi tossici.

Legambiente, alla quale peraltro già spetta il copyright sulla definizione «Terra dei fuochi», ha diffuso un dossier sugli inquinatori settentrionali, ricavato (anche) dal lavoro di Roberto Mancini, il poliziotto eroe che ha indagato così in profondità quel mondo ripugnante da subirne le esalazioni e morire di tumore. La sintesi del dossier è la seguente:

– In ventidue anni sono stati sversati in Campania circa 10 milioni di tonnellate di veleni.
– Almeno 410.905 camion hanno viaggiato verso le province di Napoli e Caserta.
– Sono state censite ben 82 inchieste per traffico di rifiuti.
– Tali inchieste si sono concluse con 915 ordinanze di custodia cautelare, 1806 denunce, coinvolgendo ben 443 aziende: la stragrande maggioranza di queste ultime con sede sociale al Centro e al Nord Italia.
– Tra i materiali ritrovati ci sono: scorie derivanti dalla metallurgia termica dell'alluminio, polveri di abbattimento fumi, toner delle stampanti, morchia di verniciatura, solventi, reflui liquidi contaminati da metalli pesanti, amianto.
– Il Nord ha sicuramente invaso la Campania con i rifiuti dell'Acna di Cengio, i fanghi conciari della Toscana e quelli dei depuratori di Venezia e di Forlì.
– In totale sarebbero 334 le aziende del settentrione accordatesi con la camorra per smaltire illegalmente i rifiuti.

In *Così vi ho avvelenato*, libro di Daniela De Crescenzo, Gaetano Vassallo, l'ex «ministro della munnezza» della camorra ora pentito e considerato affidabile dalla procura antimafia di Napoli dice: «I proprietari e i manager delle aziende, anche di quelle pubbliche, non avevano nessuna intenzione di dissanguare le loro casse per smaltire i residui delle lavorazioni». I costi per lo smaltimento sono altissimi e «noi, proprietari delle discariche legati ai boss, per far sparire i fanghi prendevamo settanta-ottanta lire al chilo, per lavorarli regolarmente ce ne sarebbero volute almeno cinquecento. Un'industria che avesse rispettato le regole sarebbe stata svantaggiata rispetto a quelle che, rivolgendosi a noi, risolvevano il problema in tempi rapidi e con poco denaro».

La buona notizia è che, nonostante tutto questo, la natura ha resistito, è riuscita a salvare se stessa dall'uomo inquinatore. Il territorio campano infetto occupa appena il 3% della superficie regionale. Inoltre, fatto più importante, Regione Campania, Repubblica italiana, Unione europea, Russia, Stati Uniti d'America e persino i migliori laboratori privati mondiali hanno certificato che i prodotti agricoli campani sono sani e puri. Anzi, proprio per la straordinaria quantità di controlli che subiscono, sono i più sicuri del pianeta. Quindi, si può stare più che tranquilli. O meglio, si sarebbe potuto stare tranquilli.

Ai mandanti della tentata strage ambientale si sono infatti associati gli ideatori della strage economica. Nonostante lo stesso Vassallo ammonisca i facili denigratori («Non cercate in Campania tutti i veleni del Nord», molti sono in qualche cava o campo coltivato «della Pianura Padana, del Veneto, della Liguria o della Toscana»), nell'autunno 2013 l'emergenza Terra dei fuochi è riesplosa quando sono state riesumate vecchie dichiarazioni di un pentito cialtrone come Carmine Schiavone, capace di inventarsi fusti radioattivi dove non sono mai stati trovati e potenziali inferni atomici dove i terreni sono risultati perfettamente integri ai controlli. Così Raffaele Cantone: «Schiavone è un mentitore abituale, mi dispiace che sia morto, non si parla male dei morti, ma lui non sapeva nulla: lo inventava; se gli chiedevano se sulla luna hanno messo rifiuti, lui diceva di sì». Tale cialtroneria l'hanno pagata immediatamente i contadini: da Caivano in giù, si sono visti sequestrare coltivazioni buone e fidate. Poi sono arrivati loro, i nordisti, a dare il colpo di grazia.

Le grandi imprese alimentari del settentrione – produttori e distributori forti di investimenti pubblicitari a sette zeri, utili anche a spingere il venticello delle menzogna – hanno speculato sulla falsa notizia che i frutti della terra campana provocassero il cancro. Immancabile la sponda della grande stampa nazionale, la quale – ricordiamolo – è per definizione centro-nordista.

Un produttore, Pomì, uscì addirittura allo scoperto con uno spot che esaltava i suoi pomodori esclusivamente padani. Ciro Pellegrino, bravo cronista vecchio stile, ha anche documentato come la Findus abbia sbattuto le porte in faccia ai contadini campani: «Da Mondragone a Licola, dalla provincia di Caserta fino alle porte di Napoli, a est e a ovest, non acquista più nulla», denuncia Pellegrino. E la Md Discount (Lillo spa), «una delle catene più note a livello meridionale, ha chiesto ai fornitori un'autocertificazione dei prodotti, di mettere nero su bianco che non sono campani». Per la cronaca: Patrizio Podini, il proprietario di Md, è di Bolzano.

Il fatto è che nella guerra dei ricchi ai poveri, i poveri perdono sempre. E in Campania il fatturato del cibo è spalmato su migliaia di aziende piccole o piccolissime, prive di qualsiasi potenza politica e mediatica. Prendiamo i latticini. Mentre i consumatori italiani ed europei spostavano gli acquisti sui prodotti della grande distribuzione nordista – comprese le mozzarelle che ogni tanto diventano blu – i caseifici campani perdevano milioni di fatturato. Perché? La spiegazione l'ho avuta già nel dicembre 2013, quando mi è capitato di intervistare l'allora direttore del Consorzio mozzarella di bufala Antonio Lucisano.

«In Campania non abbiamo i mezzi economici che hanno, per esempio, i colleghi del Consorzio Parmigiano Reggiano», diceva scorato Lucisano. «Se una menzogna simile si fosse abbattuta su di loro, avrebbero potuto contrattaccare con una grande campagna sui media. Noi, piccoli e sperduti qui al Sud, non ce lo possiamo permettere, con la mozzarella come con i pomodori e pure tutto il resto. Siamo impotenti davanti a un danno così gratuito e cattivo».

Ancora nel 2016 la regione è lontana dal tornare alla normalità commerciale del 2012. Per l'agricoltura campana significa almeno cento milioni di euro all'anno di incassi sfumati, un delitto economico nel delitto ambientale. Il Sud deve morire, insomma, in tutti i sensi.

SILENZIO, SI SCIPPA

L'avvocato Joe Miller ha una sola certezza: non avere certezze. Conosce i suoi limiti e perciò sollecita continuamente Andy Beckett, il suo assistito. Gli impone note, chiarimenti, osservazioni. E quando fatica a capire qualcosa, usa una formula umile e felice: «Andy, me lo spieghi come se fossi un bambino di sei anni?».

Joe Miller e Andy Beckett sono Denzel Washington e Tom Hanks in *Philadelphia*, il film che cambiò l'approccio del mondo verso i gay. Correva il 1993, avevo ventitré anni e mi capitò di vederlo a Brescia.

Ero andato in visita da Lello, un amico emigrato lì per fare l'infermiere. S'era fidanzato con Brigitta, una ragazza della provincia lombarda, e ancora ricordo il campionario di luoghi comuni sui meridionali che dovetti subire alla cena del dopocinema. All'attacco andavano lei, per niente imbarazzata dal fidanzato meridionale, e la sua comitiva. Mite com'ero, riuscii soltanto ad articolare qualche parola: «Però, ragazzi, abbiamo appena visto un film sulla tolleranza, ci siamo tutti emozionati, no?». Ottenni un silenzio di tre secondi, poi irruppero tale Matilde («Beh, meglio checca che terrone») e le risate sguaiate di tutti.

Detto che alla fine Lello ha sposato la ragazza più odiata da Brigitta, cioè la cugina Antonella; rivelato che la sua ex ancora piange per l'umiliazione; spiegato banalmente che, per quanto mi riguarda, checca e terrone (esattamente come eterosessuale e polentone) sono categorie di pensiero superate dalla storia anche prima del 1993; finita questa ampia premessa, resta ancora da capire perché pure nel III millennio dopo Cristo tra meridionali e settentrionali resistano così tanti luoghi comuni.

Come ultrà che si contendono lo scudetto delle chiacchiere, il Nord e il Sud d'Italia vivono infatti un'eterna competizione fatta di propagande uguali e contrarie, utili soltanto a fomentare offese e leggende reciproche. E se sulle offese è meglio chiuderla subito, sulle leggende no.

Una ricorrente assegna ai settentrionali una qualche superiorità antropologica sui meridionali. Basterà appena un accenno di replica: tale interpretazione non spiegherebbe perché la ricchezza nordica sia stata costruita anche dalle centinaia di migliaia di emigranti meridionali, tra cervelli e manovalanza, che hanno reso Milano, Torino, Venezia ciò che sono adesso. L'antropologia o vale sempre o non vale mai. Date ai meridionali un contesto decente e vediamo cosa succede.

Per farla breve, la differenza di Pil è semplicemente una questione di ambiente: il Nord parte avvantaggiato per ragioni storiche, sociali e geografiche. Proprio per tentare di avvicinare economicamente le due Italie, a partire dagli anni cinquanta del secolo scorso, al settentrione produttivo è stato chiesto il sacrificio di finanziare lo sviluppo del Sud. È finita come sappiamo: la solidarietà si è spesso concretizzata in un insopportabile assistenzialismo.

Fin qui gli uomini di buona volontà sono (quasi) tutti d'accordo nell'analisi. C'è però un passaggio economico ulteriore che nessuno racconta mai. È nascosto dal circuito politico-giornalistico, ma scontato su quello tecnico-scientifico: funziona così.

Ogni anno, con le loro dichiarazioni dei redditi, i nordisti permettono allo Stato centrale di trasferire al Sud più o meno 45 miliardi di residuo fiscale. Sono soldi che però i meridionali restituiscono con gli interessi. Il Mezzogiorno, infatti, acquista beni e servizi per 75 miliardi. Di questi, 12 vanno all'estero e ben 63 al Nord Italia: sono più di un terzo di tutta la produzione settentrionale.

Dunque: i pagatori di tasse settentrionali lamentano di dover contribure alla sopravvivenza minima del Mezzogiorno, ma poi si riprendono con gli interessi i loro soldi vendendo ai meridionali i prodotti padani. Un fatto evidente e dimostrabile, ma talmente occultato da indurre i governi a trazione nordista della Seconda Repubblica a tagliare costantemente le risorse destinate al Sud.

Eppure sono anni che autorevoli economisti espongono a gran voce la verità. Per esempio Paolo Savona, uomo dal curriculum ineccepibile, da padre della patria. Sintetizzando (e molto): studi e collaborazione negli Stati Uniti con il Nobel Franco Modigliani, direttore in Banca d'Italia, direttore in Confindustria con Guido Carli, amministratore delegato della Banca nazionale del lavoro, presidente della Banca di Roma, ministro dell'Industria nel governo di Carlo Azeglio Ciampi, presidente del Fondo interbancario di tutela dei depositi, oggi Savona è professore emerito di Politica economica e presidente della fondazione Ugo La Malfa.

Insieme a Zeno Rotondi, Savona ha (anche) realizzato il *Rapporto sulle imprese industriali del Mezzogiorno*, lo studio più autorevole per determinare la bilancia commerciale Nord-Sud. La sua analisi è la seguente: «Al Nord, in molti sono convinti che il meridione d'Italia sia una palla al piede, nonostante le statistiche indichino il contrario». Il Mezzogiorno, infatti, «partecipa a un sistema economico che mantiene alto il potere d'acquisto delle regioni settentrionali. E i trasferimenti finanziari al Sud tornano al Nord in misura crescente sotto forma di importazioni di beni ed esportazioni di finanza». Ma su questi dati, spiega Savona, «si assiste a una vera congiura del silenzio».

L'imprenditore Andrea Guccione, presidente dell'associazione culturale Assud, ha provato a rompere questa congiura con un suo progetto, Consuma meridionale, poi diventato un libro per Imprimatur editore. «L'utilizzo di beni e servizi meridionali vale almeno quindici miliardi di euro. Ecco, sono tutti soldi che rimarrebbero nel Mezzogiorno se soltanto noi scegliessimo di comprare prodotti locali di almeno pari qualità». Insomma, la minaccia è servita.

Tuttavia, il presidente della Regione Lombardia Roberto Maroni continua a chiedere che le tasse pagate dai residenti rimangano al 75% sul suo territorio. Se avvenisse davvero, il Sud morirebbe letteralmente (e immediatamente) di fame, ma a pagarne subito dopo il conto sarebbero le imprese del Nord. Secondo la Banca d'Italia, le aziende settentrionali che continuerebbero a vivere in assenza dei consumatori meridionali sono 180 mila su 4,5 milioni. Insomma, Maroni diventerebbe il mandante di un omicidio-suicidio. Tanto per rimanere all'avvocato Joe Miller, sarebbe un duplice delitto che capirebbe pure un bambino di sei anni.

ASSISTENZIALISMO E MENEFREGHISMO

Lo stesso bambino non avrebbe difficoltà a intendere dove sta il problema. La politica italiana ha sottratto fondi al futuro del Mezzogiorno pur di salvare il suo presente: è capitato e sta capitando lungo tutto l'arco della Seconda e Terza Repubblica.

Il modello più percepibile resta sempre la Sicilia: gli investimenti? Chi se ne frega, meglio garantire lo stipendio ai forestali. Seguendo tale schema, i governi nazionali – stabilmente a trazione nordista, sia chiaro – si garantiscono i voti anche del Sud, mentre l'unica alternativa possibile alla morte del Mezzogiorno sarebbe la sostituzione dell'assistenzialismo e del clientelismo con lo sviluppo e il merito.

Purtroppo, finora Palazzo Chigi ha promosso le politiche

contrarie. Anzi, con l'avanzare della crisi economica ha addirittura peggiorato la situazione. Il bisogno di recuperare risorse per il bilancio dello Stato nazionale ha portato al taglio netto delle voci utili al potenziale sviluppo del meridione. In compenso, Roma ha mantenuto inalterati i capitoli economici dedicati all'assistenzialismo. Lo dimostrano i numeri.

La sostanza di questo paragrafo è tutta nelle poche righe di apertura. Perciò, se vi annoiano dati, cifre e percentuali, potete anche evitare di leggere ciò che segue e passare al prossimo capitolo. Se invece volete le prove: eccole.

Tutti i governi della Seconda Repubblica hanno promesso piani straordinari per lo sviluppo del Mezzogiorno d'Italia. La lista è la seguente:

- 1998, premier Romano Prodi, programma per il Sud presentato ai sindacati: interventi per 60 mila miliardi di lire (circa 30 miliardi di euro).
- 1999, presidente del Consiglio Massimo D'Alema: «Al Sud 400 mila miliardi di lire nei prossimi sei anni», cioè 200 miliardi di euro.
- 2007, il secondo Prodi rilancia se stesso fino a 101 miliardi di euro.
- 2010, Silvio Berlusconi promette «fondi complessivi che potranno arrivare nel tempo a 200 mila miliardi di vecchie lire, pari a circa 100 miliardi di euro».
- Arriva la Terza Repubblica e nel 2013 Enrico Letta annuncia: «Abbiamo inserito l'obiettivo Mezzogiorno nel nuovo piano industriale della Cassa depositi e prestiti che, complessivamente, prevede investimenti fino a 95 miliardi di euro nel periodo triennale».
- Quando Letta viene «disarcionato», Renzi non manca di presentare un «Piano di sviluppo per il Sud», corrispondente a sedici singoli «Patti per il Sud»: uno per ognuna delle otto Regioni meridionali (Abruzzo, Molise, Campania, Basilicata, Puglia, Calabria, Sicilia, Sardegna), uno per ciascuna delle

sette città metropolitane (Napoli, Bari, Reggio Calabria, Messina, Catania, Palermo, Cagliari) più il «Contratto istituzionale di sviluppo (Cis)» per Taranto. L'obiettivo, riporta il sito del governo, è «quello di definire per ognuna di esse gli interventi prioritari e trainanti, le azioni da intraprendere per attuarli e gli ostacoli da rimuovere, la tempistica, le reciproche responsabilità». In sintesi, si tratta di un «Masterplan» pluriennale per 95 miliardi di euro di investimenti fino al 2023.

Volendo prendere sul serio il progetto renziano, due cose vanno dette subito. La prima è che questi soldi sono già in dotazione al Mezzogiorno, derivano dai fondi strutturali 2014-2020 e dal Fondo per lo sviluppo e la coesione. Se Renzi riesce a spenderli bene, meglio così, se non altro perché storicamente le Regioni meridionali utilizzano male le risorse a loro disposizione, in particolare quelle europee. Dunque, onore al merito al premier se dovesse davvero risolvere certi problemi storici dopo averli avocati a sé: il risanamento dell'area di Bagnoli, a Napoli; le bonifiche ambientali, a partire dall'Ilva di Taranto e dalle ecoballe campane; il potenziamento del porto di Gioia Tauro in Calabria; il superamento del dissesto idrogeologico in Sicilia (e molto altro ancora). Ribadisco, però, che non si tratta di nuove risorse. I 95 miliardi sono già nella disponibilità del Sud.

Inoltre, la dinamica ipotizzata per il loro impiego è singolare. Claudio Virno, esperto di spesa pubblica e programmi di sviluppo per lavoce.info, sostiene che i patti «si limitano a ripresentare liste di progetti predisposte senza criteri di razionalità economica» e, in pratica, rappresentano «la riedizione della fallimentare programmazione negoziata degli anni Novanta». Infatti il Masterplan renziano – denuncia Gianfranco Viesti, un'autorità in materia di Sud – «manca di grandi politiche ordinarie e di diritti di cittadinanza. Sanità, istruzione, assistenza sociale e lotta alla povertà sono temi decisivi per il Mezzogiorno. Le tendenze degli ultimi anni sono assai preoccupanti, sia per la quantità che per la qualità; le risorse sia nazionali sia di regioni ed enti locali per queste politiche si sono ridotte, molto più al sud che nella media nazionale. E i meri tagli di risorse non garantiscono certo che aumenti la qualità dell'istruzione, o della sanità».

Insomma, manca una politica complessiva per il meridione ed è grave, soprattutto guardando al modello principale di rilancio di un'area depressa. Secondo l'economista Andrea Del Monaco, editorialista della «Gazzetta del Mezzogiorno», «la Germania cresce perché, dopo l'unificazione nel 1989, ha integrato il suo Sud, l'ex Germania Est. Al contrario, negli ultimi 20 anni l'Italia ha dimenticato il suo Mezzogiorno e il divario Nord-Sud è aumentato». E, salvo miracoli, ancora aumenterà.

Infatti, la seconda cosa da sottolineare – questa sì drammatica – è che finora anche Renzi ha tolto denari al Meridione, e pure molti. Soltanto nel 2015 gli investimenti pubblici sono calati del 3%. Non solo.

Sostiene la Svimez (Associazione per lo sviluppo dell'industria nel Mezzogiorno) che la spending review del 2015 ha colpito soprattutto il Sud. La razionalizzazione della spesa pubblica incide per il 6,2% sul Pil del meridione e appena per il 2,9% sul Centro-Nord. L'analisi della Svimez è netta: «In questo modo la spending review non riduce gli effettivi sprechi ma determina un crollo generalizzato di investimenti pubblici e di incentivi alle imprese».

Intendiamoci: asciugare la spesa pubblica va sempre bene, anche nel Mezzogiorno. A patto però di reinvestire i tagli in sviluppo. Invece è persino capitato che i soldi del Sud sostenessero gli investimenti di tutto il paese. L'ha dimostrato l'istituto Demoskopika di Rende (Cosenza). Nell'ambito del Jobs Act, il governo Renzi ha finanziato il Bonus occupazione con quasi due miliardi di euro prima destinati esclusivamente al meridione. Ma, segnala Demoskopika, «è il Centro-Nord a utilizzare maggiormente quelle risorse: ben 794 mila assunzioni incentivate nel 2015, pari al 69%, a fronte dei 364 mila rapporti di lavoro registrati al Sud, pari al 31».

C'è poco da stupirsi se accadono certe cose. Renzi è in linea con i suoi predecessori. Nel triennio 2013-2015, il Mezzogiorno ha contato tagli doppi rispetto al Centro-Nord. Più in generale, negli anni dal 2008 al 2014 la spesa per investimenti al Sud ha segnato un meno 38,1%. Nel decennio dal 2001 al 2012 è addirittura crollata da sedici miliardi e mezzo a meno di sette; cioè è scesa del 58%. E, secondo l'osservatorio Cresme, nel 2015 il Centro-Nord ha incrementato i bandi di gara del 9,9%, mentre il Sud li ha ridotti del 7,7%.

Poi c'è la faccenda del credito negato al Mezzogiorno, che è storia relativamente nuova, cioè figlia del nuovo millennio. C'era una volta, infatti, il Banco di Napoli, il più importante istituto di credito del Sud. Nel 1996, per facilitarne la dismissione, venne creata una *bad bank* chiamata Sga, in cui far confluire i debiti del Banco, poi svenduto nel 1999 alla cordata Bnl-Ina e quindi ceduto nel 2002 al gruppo Sanpaolo-Imi, che decise di chiamarlo «Sanpaolo Banco di Napoli».

In quegli anni, quando si componeva lo 081 per chiamare una filiale di Posillipo o di Chiaia, rispondeva sempre una vocina femminile registrata, dal marcato accento piemontese: mancava solo che offrisse un gianduiotto al posto della pastiera. E i partenopei, assai campanilisti, presero a vendicarsi. Cominciarono a circolare freddure grottesche, tipo «Sangennaro Banco di Napoli», «Sanpaolo stadio di Napoli» e «Sanpaolo sbanco di Napoli». Ma tant'è.

Nel dicembre 2006 Sanpaolo si è fuso con Intesa, ed è nata Intesa Sanpaolo. Per qualche mese il Banco di Napoli è di fatto sparito anche nominalmente dalla scena economica italiana. Poi, nel giugno 2007, è resuscitato per ragioni di marketing, a patto però che presidiasse esclusivamente Campania, Calabria, Basilicata e Puglia. In altre aree del vecchio regno delle due Sicilie in cui ancora rimaneva forte – per esempio Abruzzo, Molise e Lazio –, il Banco ha dovuto lasciare campo libero ai padroni di Intesa Sanpaolo, che comunque dettano la linea politico-finanziaria ai manager insediatisi sotto il Vesuvio. Con un paradosso: il management (meridionale) di Sga, che per molti sarebbe rimasto un inutile carrozzone, si è messo a fare seriamente il suo lavoro di recupero crediti. Dopo tredici anni di bilanci in utile, alla fine del 2015 aveva in cassa circa cinquecento milioni di euro. Soldi pubblici (e non di Intesa Sanpaolo) utilizzati per aiutare – attraverso il fondo parastatale Atlante – le banche italiane in difficoltà. Le quali, va da sé, sono tutte centro-settentrionali.

E il Mezzogiorno? In seguito alla chiusura del Banco di Napoli sono nati diversi piccoli istituti di credito meridionali. Godono di discreta salute, ma la loro disponibilità economica è minima, mentre al Sud il credito costa di fatto il doppio che al Nord, un disastro per aziende private, enti pubblici e semplici cittadini.

«Gli ultimi dati Bankitalia sugli impieghi e le sofferenze bancarie nel nostro Paese confermano una situazione drammatica: l'atteggiamento degli istituti di credito è il paradigma di un'Italia che procede a due velocità, con un Nord in cui l'erogazione di finanziamenti è copiosa e un Sud in cui i rubinetti sono chiusi in maniera ermetica», denuncia il presidente di Ance Calabria, Francesco Berna. «La distanza che separa il Mezzogiorno dal resto del Paese è riassunta da un dato eloquente: il sistema bancario ha effettuato impieghi in Lombardia per 216 miliardi e in Calabria di appena 6 miliardi, meno dell'1% di tutti gli impieghi complessivi. Ovvero 3 mila euro pro capite per ogni calabrese contro i 21 mila e 600 di un cittadino lombardo».

La situazione è davvero grave perché coinvolge l'intero sistema creditizio del paese, che ha testa e cuore al Nord e usa il Sud quasi esclusivamente come salvadanaio. Infatti, spiega Berna, «gli impieghi nella sola Lombardia sono più del doppio di quelli che le banche hanno concesso a tutte le regioni meridionali e insulari messe assieme: in Sicilia, Sardegna, Calabria, Basilicata, Campania e Puglia cittadini e imprese hanno ottenuto poco più di 90 miliardi. Ovvero quanto la sola Toscana. [...] Tutto questo alimenta», prosegue Berna, «la crisi interminabile del Sud.

Se gli stanziamenti dello Stato diminuiscono e le banche non svolgono una delle loro funzioni fondamentali, quella di concedere finanziamenti, nessuna crescita economica sarà possibile nel Mezzogiorno d'Italia. Oggi un potenziale imprenditore del Sud ha scarsissime, se non inesistenti, possibilità di realizzare un progetto». Dinanzi a questa situazione, chiude Berna, «è retorico ogni riferimento ai giovani, alle startup, all'autoimprenditorialità». Come si dice in gergo: le chiacchiere stanno a zero.

LA LISTA DEL DISONORE

Tuttavia, il dato che più impressiona riguarda la cultura. Federico Pica e Alessandra Tancredi, autori di *Le spese per la cultura nel Mezzogiorno d'Italia*, calcolano che dal 2000 al 2013 la spesa in cultura nel Sud Italia abbia subito un crollo di oltre il 30%, passando da 126 a 88 euro pro capite; nel Nord (meno 25%) si è scesi da 177 euro pro capite a 132. Nel 2013, per capirci, ogni settentrionale ha ricevuto in media il 35% in più di un meridionale.

Quanto al capitolo sulle università, si potrebbe intitolare: *C'erano una volta gli studenti meridionali.* In un rapporto per la fondazione Res di Palermo, Gianfranco Viesti conferma e sentenzia: «Complessivamente oggi l'Italia destina all'istruzione universitaria meno di cento euro pro capite nel Mezzogiorno e 117 nel Centro-Nord». Gli effetti sono chiari: «Le tasse universitarie sono cresciute di oltre il 50% nel meridione», dove «nel giro di un decennio gli studenti sono scesi da 136 mila a meno di centomila».

In sette anni, dal 2008 al 2015, le università del Sud hanno perso il 18,1% dei fondi pubblici a fronte del 7,1% del Nord. La classifica degli atenei italiani più penalizzati è la seguente: Messina, Palermo, Catania, Cagliari, Lecce. Motivo della caduta dei finanziamenti al Mezzogiorno? I criteri di attuazione della spending review, che favoriscono le università più forti, che ovviamente stanno tutte al Nord.

Il risultato? L'emigrazione (anche) degli studenti universitari. La spiega bene Gianni Trovati, grecista nella vita privata e grande esperto di numeri per «Il Sole 24 Ore»: «Il 40% dei 18-20enni italiani è del Mezzogiorno, ma nelle regioni del Sud si incontra solo il 29,2% dei giovani che si immatricolano all'università. La Calabria perde il 36,6% dei propri studenti. Puglia e Abruzzo vedono partire il 35% degli immatricolati; la Sicilia il 26%. Al contrario, rimane nell'area geografica di appartenenza la totalità dei giovani del Centro-Nord, con tassi che oscillano fra il 99,1 e il 99,9 per cento». Il commento di Trovati è amaro: «La mobilità arricchisce il sistema quando si traduce in uno scambio, ma uno scambio non può ovviamente essere a senso unico. Dal 2011 al 2016 l'università italiana ha visto scendere gli immatricolati di circa sei punti percentuali, ma la flessione si è concentrata integralmente nel Mezzogiorno: 76 mila nuovi ingressi nel 2015/2016 contro i 90 mila del 2010/2011».

Ora prendiamo la sanità. Dal rapporto Istat 2015 emerge che «nelle regioni del Sud la quota pro capite di finanziamento non raggiunge i 1900 euro, con il minimo di 1755 in Campania, mentre in altre aree del Paese supera sempre i duemila euro». Tuttavia, la percentuale di cittadini in cattive condizioni di salute è del 20% al Sud e del 17,7 nel Centro-Nord.

Capitolo infrastrutture. Della Salerno-Reggio Calabria, il simbolo più incredibile dell'abbandono del Sud, ho già detto. Quanto ai treni, il contratto di programma del governo italiano con le Ferrovie dello Stato vale 73.600.000 di euro. Di questi, 13,8 sono destinati al Sud, appena il 19% del totale. Scrive sul «Mattino» Marco Esposito, che per primo ha pescato la notizia tra le carte governative e burocratiche: «Il Mezzogiorno rappresenta il 24% delle tasse pagate, il 34 della popolazione e il 40 della superficie». Come si possa con il 19% «recuperare il ritardo di decenni per le infrastrutture del Sud» (parole del ministro per le Infrastrutture Graziano Delrio) è la vera domanda per la quale «invero il Paese attende una risposta», chiude Esposito.

Sulle politiche industriali un'indagine condotta sempre dal «Mattino» su dati Svimez rileva che soltanto il 16% degli incentivi statali arriva al Sud. L'altra parte viene distribuita al Centro-Nord.

Il Fondo strategico italiano, per esempio, destina il 100% dei 4,4 miliardi disponibili esclusivamente alle grandi aziende del Nord. Si dirà: nel Mezzogiorno le grandi industrie mancano. Ma dal Fondo italiano investimenti per le piccole imprese (1,2 miliardi), appena il 3% finisce al Sud. Anche l'Ace (Aiuto di crescita economica) destina 4,2 miliardi per agevolazioni Ires e 890 milioni di sgravi fiscali Irpef: a stento l'11% dei soldi raggiunge le aziende meridionali. Poi, certo, per il Mezzogiorno ci sono il Piano Sud Ice e Smart&Start. Insieme sommano 125 milioni di euro, cioè briciole rispetto alla grande tavolata del Nord.

COMA (S)PROFONDO

L'elenco delle sopraffazioni potrebbe continuare a lungo, ma non ce n'è bisogno. Già questi dati bastano a fornire prove schiaccianti sul lento omicidio del Mezzogiorno. Manca soltanto il colpo di grazia. Leggere per credere:

- Il *Rapporto 2015 sulla qualità dello sviluppo in Italia* – realizzato da Tecnè e dalla fondazione Di Vittorio – definisce il divario tra Nord e Sud attraverso un indice con base 100. Secondo lo studio, la qualità della vita nel Nord-Est d'Italia tocca valori di 111 punti, 107 nel Nord-Ovest, 103 al Centro, mentre crolla a 87 punti al Sud e nelle isole.
- Per quanto riguarda i servizi sociali e il sistema sanitario, vince sempre il Nord-Est (120 punti), mentre Sud (79) e isole (87) arrancano.
- Secondo il Censis, dal 2001 al 2014 il Pil del Mezzogiorno è

crollato del 9,4%, mentre l'Unione europea cresceva in media del 17,9%.

- Per il *Rapporto Svimez 2015*, tra il 2000 e il 2013 il Sud d'Italia è cresciuto la metà della Grecia e la povertà assoluta colpisce il 10,6% dei meridionali.
- I posti di lavoro persi in cinque anni sono 576 mila.
- Gli occupati nel Mezzogiorno sono il 50,4%, nel Centro-Nord il 70,6%.
- Gli occupati giovani sono il 26,6% a Sud, il 47% nel Centro-Nord.
- Sicilia, Campania, Calabria e Puglia sono le ultime in Europa per tasso di occupazione.
- L'occupazione femminile staziona nel Mezzogiorno al 30,3% contro il 56,9% del Nord Italia. Quello del Meridione è il dato più basso dell'Occidente civile e civilizzato.
- Oltre 1.667.000 persone si sono trasferite dal Sud al Nord dal 2001 al 2014.
- Tra il 2012 e il 2014 gli emigrati meridionali sono stati 744 mila. I giovani da quindici a trentaquattro anni si contano in 526 mila, di cui laureati 205 mila.
- Ogni anno, quindi, circa centomila giovani lasciano il Sud. Perché? Nel 2016 il Mezzogiorno conta quasi due milioni di disoccupati tra i quindici e i ventiquattro anni d'età, più del 50% del totale dei ragazzi meridionali. Emigrano per cercare un lavoro.
- A questo ritmo, secondo l'Istat, nei prossimi cinquant'anni il Mezzogiorno perderà quattro milioni di residenti, un quinto della sua popolazione attuale.
- Dei quattro milioni di italiani che vivono in povertà assoluta, la metà sono al Sud.
- Nel Meridione una famiglia su quattro risulta *jobless*, è cioè priva di reddito e vive di espedienti.
- Il Pil pro capite medio italiano è sopra i 26 mila euro, nel Mezzogiorno non raggiunge i 17 mila.
- Fatta 100 la media del Pil pro capite europeo, l'Eurostat ha

calcolato che nel 2000 per un campano era pari al 73% della media europea, nel 2015 è caduto a 63%. Quanto agli altri residenti meridionali, gli abruzzesi passano dal 101% all'84%, i pugliesi dal 79% al 61%, i siciliani dal 75% al 61%, i molisani dal 91% all'80%, i lucani dall'82% al 70%, i calabresi dal 72% al 57%. Per capirci, nel 2015 il Pil pro capite della Grecia semifallita vale il 73% della media europea.

- Tra il 2008 e il 2015 il Sud ha bruciato 50 miliardi di Pil.
- Nel periodo 2008-2014 il Mezzogiorno ha perso il 15% delle industrie e registra un calo degli investimenti industriali del 59,3%; il triplo rispetto al Centro-Nord.
- L'export delle otto regioni meridionali vale appena il 10% del totale dell'export nazionale.
- Confassociazioni International ha osservato che nel 2014, su quasi 22 miliardi di euro investiti da stranieri in aziende italiane, soltanto il 2% è finito al Sud, 440 milioni scarsi.
- Paolo Di Caro, ricercatore presso la University of York, ha calcolato che il livello massimo di lavoro nero si registra in Calabria (27%), quello minimo in Lombardia (7,9%). Nel Centro-Nord le unità di lavoro irregolare sul totale sono pari al 10%, al Sud sono quasi il doppio (19,7%).
- Eurostat calcola per l'Italia una spesa in ricerca e sviluppo pro capite di 351,6 euro; tale spesa scende a 164,7 nel Mezzogiorno. E appena il 4,3% delle domande di brevetto depositate in Italia proviene dal Sud.
- L'Istat segnala che mentre a livello nazionale un terzo delle famiglie, il 33,4%, non può contare su un accesso al web da casa, la situazione peggiora al Sud e nelle isole, dove la percentuale si alza al 37,8%.
- I non utenti di internet nel Sud e nelle isole sono rispettivamente il 45,5% e il 43% del totale della popolazione, mentre nel Centro-Nord è circa un terzo.
- Sempre l'Istat certifica che il 20,6% dei meridionali non può permettersi svaghi e comprare abiti nuovi.

- In Calabria e in Campania solo tre bambini su cento frequentano un asilo nido, in Puglia quattro e in Sicilia cinque.
- Il 7% dei bambini meridionali non può invece permettersi di festeggiare il compleanno e il 16% non può partecipare alle gite scolastiche.

In conclusione, sottolinea Paolo Savona, «è incomprensibile come non venga percepito che il problema della spaccatura del Paese è ben più grave del ritardo nella crescita complessiva italiana, che pure tanto preoccupa il governo». Il presidente della fondazione La Malfa lamenta anche la lacunosità della strategia sul Mezzogiorno: «In Europa, come in Italia, si crede di poter praticare un'unica politica economica quando sarebbero necessarie politiche mirate a seconda delle diversità tra aree geografiche. Non saprei dire se è miopia o malafede delle aree ricche...».

Personalmente, propendo per la malafede. In fondo, tranne che ai popoli, il Sud in coma conviene a tutti coloro che approfittano della sua agonia. Ai mandanti – i decisori politici, mafiosi e nordisti – come agli esecutori materiali.

GLI ESECUTORI

Assassini della speranza: questo sono i killer materiali del Sud.

Infidi come i serpenti, hanno lavori interessanti, un ruolo sociale, qualche capacità professionale. Perciò è difficile riconoscerli per quello che sono, ovvero degli abili «promessori», professori delle promesse. Riescono a mascherarsi da eroi, salvo poi abbandonare al loro destino infame interi popoli e territori.

Sono certi imprenditori vecchi e nuovi che acchiappano soldi pubblici, ne spendono un po' e poi spariscono con il grosso del malloppo. O taluni sindacalisti che si spacciano quali difensori dei lavoratori, ma chiudono gli occhi davanti alle peggiori nefandezze e talvolta le praticano. E poi l'Europa peggiore, quella stupida e rigida, che vive di riflessi pavloviani, si agita per ogni allarme formale e chiude gli occhi davanti al Mezzogiorno reale.

Quanto alla burocrazia *(«potere dell'ufficio»), è meglio definirla* barocrazia *(«potere dell'inganno»): gli impiegati pubblici meridionali sono i più scalcagnati d'Europa. Diventano efficienti soltanto quando si tratta di pratiche corruttive.*

Ma i più nuovi e crudeli tra i sicari sono di sicuro loro: i falsi antimafiosi. I Wanna Marchi della legalità illudono il corpo morente del Sud e poi lo deludono, soffocando – soprattutto nelle nuove generazioni – gli ultimi aneliti di speranza per un avvenire libero dal cancro dei boss.

Che siano maledetti, davvero.

Gli imprenditori

> Il primo di giugno dell'anno scorso Fontamara rimase per la prima volta senza illuminazione elettrica. Il due di giugno, il tre di giugno, il quattro di giugno, Fontamara continuò a rimanere senza illuminazione elettrica. Così nei giorni seguenti e nei mesi seguenti, finché Fontamara si riabituò al regime del chiaro di luna.
>
> IGNAZIO SILONE, *Fontamara*

L'AMARO CONFETTO INDUSTRIALE

Esistono almeno due Sulmona. La prima città accoglie il viaggiatore con la sua potenza artistica, lo accarezza con la brezza dei monti e ne affascina lo spirito con i versi di Publio Ovidio Nasone: «Piango i miei mali / nel pianto v'è una certa voluttà / e il dolore che si scioglie in lagrime trova un sollievo». L'altra Sulmona, invece, è il distretto industriale della valle Peligna. Induce al pianto descritto dal poeta e compare a tre chilometri dalla piazza Maggiore, lungo viale della Repubblica.

Appare sciatto e decadente, il distretto, devastato com'è dalla ruggine e dalle macerie. Eppure richiama ancora un tempo glorioso di speranza e progresso. Un tempo evidentemente passato, anzi addirittura trapassato: questo luogo è un cimitero di fabbriche.

Le tombe della valle Peligna ospitano spoglie illustri: Siemens, Italfinish e persino la Coca-Cola. Ma si tratta di una morte apparente, le presunte vittime hanno lasciato qui soltanto i loro cadaveri industriali. I fatturati, invece, spostati altrove, sono vivi e vegeti, e così pure manager e cialtroni tra i più disparati. Tutti insieme, in proporzione alla capacità e rapacità individuale, sono planati come avvoltoi sul denaro a disposizione, salvo poi andarne a cercare altro in nuovi luoghi da depredare. Insomma, hanno parafrasato la più famosa massima di Ovidio («Il fine giustifica i mezzi») in un più brutale: «I soldi giustificano tutto».

«Negli anni sessanta il governo decise di insediare le fabbriche anche nel Sud Italia. E, consapevole di non poter fare altrimenti, riempì le tasche degli imprenditori pur di invogliarli ad aprire gli stabilimenti»: a parlare è Franco Iezzi, memoria storica del distretto di Sulmona. Lo dice il suo curriculum: per quarantadue anni ha diretto il Consorzio per lo sviluppo industriale («Ho iniziato a ventotto anni, sono andato via a oltre settanta»). Insomma, le ha viste tutte. E dice: «Tra contributi a fondo perduto, finanziamenti a tasso agevolato e premi speciali in cambio di assunzioni, lo Stato coprì almeno l'80% dell'investimento di impresa nel Mezzogiorno».

Tuttavia, quella che fu una buona intenzione è stata trasformata in sciacallaggio sistemico. Per la gran parte dei manager calati nel Mezzogiorno – di quelli stirati e profumati, sempre pronti a insegnare all'uomo medio come si sta al mondo – le politiche industriali sono generalmente state di due tipi, entrambe predatorie. La prima, più rara, è piratesca: le multinazionali arrivano al Sud, acquisiscono marchi, brevetti e know-how e poi vanno a sfruttarli da un'altra parte. La seconda, assai diffusa, è furbesca: imprenditori vecchi e nuovi acchiappano soldi pubblici, ne spendono un po' e poi spariscono con il grosso del malloppo.

È un film, il secondo, replicato centinaia di volte, persino nei luoghi che avevano le potenzialità migliori per diventare un modello di impresa per l'intero Mezzogiorno. Al netto di qualche variabile, ha generalmente significato (in ordine di apparizione): l'annuncio posticcio di un atto di generosità verso i meridionali; l'incasso della prima tranche di finanziamenti; l'apertura di una fabbrica; l'incasso di una seconda rata di soldi pubblici; la dichiarazione periodica di uno stato di crisi per incassare la terza (o quarta o quinta) fetta di denari statali, anche in presenza di utili aziendali; la fuga dal Sud, immediata e senza vergogna alcuna, una volta chiuso il rubinetto pubblico. Sono fatti così: dove passano, non cresce più l'erba, resta solo il deserto. Industriale. Ecco perché vanno chiamati prenditori (di soldi pubblici) e non imprenditori.

Dalla Cassa del Mezzogiorno alla Seconda Repubblica fino all'Unione europea, dei prenditori sono cambiate soltanto le facce, e non sempre. L'effetto disarmante sono le decine di distretti potenzialmente produttivi e semiabbandonati. Si tratta di un deserto industriale impressionante da almeno tre punti di vista: urbanistico (milioni di metri cubi di cemento lasciati al genius loci), ambientale (chiusi gli stabilimenti, nessuno ha avviato le bonifiche) e culturale: pochi si sono curati di stimolare una mentalità imprenditoriale nei meridionali e pochissimi tra i meridionali l'hanno recepita. Anche a Sulmona, dove negli anni settanta e ottanta il suo polmone industriale di 448 mila metri quadrati occupava appena tremila persone in circa cento aziende consociate nel Consorzio. Fuori dai grandi gruppi però si è costruito poco o nulla.

«Tranne casi rarissimi, tipo le società di pulizie, l'indotto è stato modesto perché il sistema economico locale non era pronto», spiega Iezzi. «Le racconto un episodio emblematico degli anni ottanta. Mi chiamano un giorno dalla Fiat perché occorrono cinque tonnellate di chiodi. Mi creda, contatto quattro aziende locali ma non ce n'è una in grado di fornirmeli. Peggio: nessuna di loro ha l'intraprendenza di procurarseli altrove; me li sono dovuti cercare direttamente io nel Lazio. Ecco, la mancanza di indotto era legata a una mentalità che nulla aveva a che fare con l'industria. Da noi la cultura imprenditoriale non esisteva e forse non esiste ancora. Amaramente, devo constatare che la politica avrebbe dovuto inseguire un obiettivo più ambizioso: determinare un'emulazione della cultura imprenditoriale, sviluppandola».

Insomma, bisognava togliere un po' di soldi alle multinazionali per spostarli sulla formazione dei piccoli e medi imprenditori locali. «Nel Nord-Est del paese», spiega Iezzi, «nel passaggio dall'agricoltura all'industria si è creata una nuova classe imprenditoriale. Lì il contadino strappato ai campi ha osservato e riprodotto il modello, anche in via rudimentale ma con un approccio industriale, trasformandosi prima in artigiano e poi in imprenditore».

Al Sud, invece, chi con la sua professione stava in qualche modo sul mercato (contadini, artigiani, muratori), ha scoperto i vantaggi di una vita meno faticosa e precaria abituandosi al posto in fabbrica, che ha considerato fisso (e invece si è dimostrato fesso), trovandosi poi impossibilitato a tornare al vecchio mestiere per l'avanzamento dell'età, la mutata contingenza economica, le diminuite competenze professionali. È accaduto in tutto il Mezzogiorno, dopo la grande deruralizzazione degli anni cinquanta. A Sulmona, però, il fallimento della conversione verso l'industria risulta ancora più sconcertante. Anzitutto perché questo è quasi il Nord del Sud. «L'Abruzzo», dice Iezzi, «viene da sempre considerata l'ultima regione del Nord ma è la prima del Sud». Più a settentrione, tra i Comuni importanti e considerati geograficamente meridionali c'è soltanto L'Aquila, che certo ora non se la passa alla grande. Tuttavia Sulmona non ha avuto un terremoto a tagliarle le gambe «e sicuramente non presenta criticità come quelle di altre aree del meridione». Nella valle Peligna, infatti, la criminalità organizzata è inesistente; la corruzione rimane ben sotto il livello fisiologico; l'autostrada è a un passo; la ferrovia, seppur lentissima per i pendolari, regge benissimo il traffico merci. E poi i sulmontini hanno fatto le cose per bene: tutti i lotti dell'area industriale, anche i più piccoli, sono serviti da buone strade, un eccellente impianto di depurazione e ottime reti idriche, fognarie, elettriche, telefoniche e di gas metano. «Inoltre, l'abruzzese è un uomo solido, tranquillo e lavoratore», aggiunge il presidente del parco della Majella.

«Dunque, gli investimenti potevano essere proficui. Tutto ciò che veniva investito poteva rendere al 101%. Su queste basi iniziammo un'intensa azione di promozione per attrarre le grandi aziende. Il primo grande risultato fu l'insediamento della Fiat, che rappresentò una garanzia e uno stimolo per altri. Quando ci presentavamo a un imprenditore, avevamo il biglietto da visita degli Agnelli».

IL CLUB DEI SOPRAVVISSUTI

Doveva essere un viaggio straordinario, e all'inizio così è stato: trent'anni di crescita continua. Poi, però, è arrivato un altro inizio, quello della fine. Nel 1996 l'Abruzzo è la prima Regione del Sud a uscire dal cosiddetto «Obiettivo 1», i fondi strutturali europei per la programmazione 2000-2006 rivolti alle aree in ritardo di sviluppo. «I contributi sono diminuiti e in qualche caso completamente cessati e, contestualmente, si è imposta la globalizzazione», ricorda Iezzi. I prenditori di professione ne hanno subito approfittato: spolpati i fondi pubblici, se ne sono andati via, nonostante a Sulmona ci fossero le migliori condizioni per fare impresa. Poi, nel 2007 è arrivata anche la crisi dei derivati a dare l'ultima mazzata all'intera regione: 54 mila posti di lavoro bruciati in cinque anni, disoccupazione giovanile stabilmente oltre il 40%, vertenze aperte in 40 aziende soltanto nel 2015. Ciononostante, ancora oggi l'Abruzzo sarebbe potenzialmente un buon posto per investire. Soprattutto nella valle Peligna.

Qui, nel 2014 il Consorzio industriale è stato assorbito dall'Arap, l'ente pubblico che governa sei distretti della regione Abruzzo (Teramo, L'Aquila, Avezzano, Casoli, Vasto e, appunto, Sulmona). L'Arap, per non lasciare nulla di intentato, sta pure realizzando reti informatiche e telematiche per la banda larga. Ma i predoni, sia chiaro, restano o tornano se e quando arrivano soldi pubblici. «Intanto imprese su imprese continuano a delocalizzare» spiega Iezzi. «Sa, le fabbriche nascono e crescono, ma poi muoiono se non c'è un humus culturale a reggere il sistema. Purtroppo qui migliorava soltanto l'economia, mentre le classi dirigenti, politica e sindacale rimanevano e rimangono uguali. Io oggi non saprei cosa vendere, se non la tranquillità e un buon tessuto sociale. Non abbiamo avuto la stessa capacità di cooperazione, come per esempio ha fatto l'Emilia Romagna».

Nel 2016 a Sulmona sono sopravvissute appena una quarantina di fabbriche. Le più grosse, tipo la Magneti Marelli (gruppo Fiat), continuano a districarsi tra cassa integrazione, contratti di solidarietà e annunci di esuberi. La gran parte sono però piccolissime imprese che potrebbero perlomeno diventare medie. Per esempio: Sulmona è la patria del confetto, però, delle quattordici aziende presenti sul territorio fino alla fine del secolo scorso, ne sono rimaste appena cinque. Colpa soprattutto del tempo perso a esercitare la rissa invece di unirsi nella lotta qualitativa alla concorrenza low cost. I confetti prodotti nella valle Peligna si pagano infatti dai 18 ai 40 euro al chilo, altrove dai 10 ai 25. Ma a Sulmona le ditte più famose, Pelino e Di Carlo, risalgono all'Ottocento e forniscono un prodotto straordinario. Purtroppo, dopo attacchi reciproci, sono finite in tribunale per stabilire chi, tra loro, rappresentasse «il confetto più antico». Ovviamente, i giudici hanno mandato a quel paese entrambi, e la primogenitura ora non appartiene a nessuno, quando avrebbe potuto essere intestata a entrambe. Lo ha ammesso persino William Di Carlo con Antonio Galdo, su Panorama: «Unendo le forze potremmo moltiplicare di dieci volte il nostro giro d'affari, mentre in queste condizioni diventeremo sempre più marginali».

Frantumatasi l'area industriale, è andato in scena il solito spettacolo di proposte, opzioni, alternative per recuperare al territorio l'area industriale. L'idea più bizzarra è venuta a un ex ministro della Repubblica, Michela Vittoria Brambilla, che nel 2010 progettava un casinò in valle Peligna grazie (anche) ai dollari di Fausto Presutti, il sulmontino che ha fatto fortuna a Las

Vegas e in Canada con una catena di ristoranti. All'epoca, però, le leggi non lo permettevano ancora e poi il governo di Mario Monti ha archiviato la pratica. Intanto in Italia i casinò sono stati ammazzati dal gioco on-line, trascinando nel dimenticatoio il progetto brambilliano.

È stato meglio così. Altrimenti oggi, oltre al cimitero delle fabbriche, piangeremmo pure sul casinò appena nato e già fallito. Anche qui vale una massima di Ovidio, che, con tutto il rispetto per Presutti, rimane il più celebre dei sulmontini: «Ripara in principio / troppo tardi si appresta la medicina quando i lunghi indugi hanno dato vigore al male».

I sindacalisti

> Vale la pena vivere un po' a Matera [...] un miracolo del tempo, di una felice armonia fra la storia e la contemporaneità.
>
> LUCIO DALLA, intervista alla «Gazzetta del Mezzogiorno»

LA GUERRA DEI DIVANI

Il sole splende sempre sul tavoliere d'oro di Matera.

A ogni viaggio, questa città di pietra e di memoria scopre davanti agli occhi la sua immagine divina e luminosa.

Il Sasso Barisano e quello Caveoso si guardano e sembrano scambiarsi i ricordi delle avventure del tempo andato; gli uomini ascoltano pazienti e prendono appunti nell'anima. Nel 2019, quando Matera sarà capitale europea della cultura, dovranno riuscire nell'impresa di raccontarle loro, quelle stesse storie.

Tuttavia su Matera persiste un equivoco. La città va molto oltre i suoi Sassi. È grande 388 chilometri quadrati, un'enormità, si allarga lontana dal centro storico e nasconde dentro il suo corpaccione la Martella, che non è soltanto una zona industriale. È uno straordinario intervento urbanistico neorealista, realizzato negli anni cinquanta coinvolgendo artisti, urbanisti e imprenditori come Adriano Olivetti.

E poi alla Martella c'è Ecopolis, 312 unità abitative che nella seconda metà degli anni novanta hanno rivitalizzato l'intero quartiere. Sicché, nella Matera dei Sassi pure l'urbanistica industriale non è respingente come in gran parte del Sud. A fare orrore è ben altro.

L'avevo scoperto già nel maggio 2013, quando da cronista riportai – foto e filmati compresi – quanto c'era e avveniva dentro i capannoni con le finestre tappate dai giornali: l'umido antico, i fili elettrici scoperti, i banchi da lavoro scalcagnati, gli avanzi di stoffe e pellami, lo sporco, il cesso ricavato in uno sgabuzzino di un metro quadro, le esalazioni disgustose della colla industriale. E i divani, tanti divani di apparente buona qualità, a prezzi inconcepibili per un mobiliere in regola con il fisco e l'ispettorato del lavoro.

Ecco, ancora nel 2016 alla Martella una sultana di tre sedute in vera pelle viene venduta all'ingrosso a 410 euro trattabili. C'è anche la scritta «Made in Italy». Cosa vera da un punto di vista geografico. Peccato però che la filiera di produzione, a partire dalle materie prime, sia interamente asiatica.

Secondo i dati ufficiali della questura, nei dintorni dei Sassi vivono circa 1200 cinesi. Forse sono di più, ma come sempre il numero preciso è indefinibile. Non si vedono e non si sentono, vivono ai margini delle botteghe, in dormitori o (i più fortunati) in appartamenti di risulta, ricavati dalle fabbriche in disuso nelle zone artigianali di Matera: le fantomatiche Paip 1 e Paip 2, dove per Paip s'intende «Piano di insediamento attività produttive». Le strade portano nomi evocativi: via delle Arti, dei Mestieri, della Tecnica, fino a un surreale «viale Primo maggio». Eh già, perché qui lo statuto dei lavoratori pare un accidente della storia.

I cinesi arrivano tutti da Prato. Hanno cominciato a partire dal 2003, dopo che la crisi del tessile aveva colpito anche gli asiatici toscani, la comunità più numerosa d'Italia. Dinamici, hanno preso a spostarsi a macchia di leopardo sullo stivale, a seconda delle necessità produttive. Allora la Murgia era un gran posto sul quale investire.

La lucana Matera, insieme alle baresi Altamura e Santeramo in Colle, compongono infatti il distretto industriale del mobile imbottito murgiano. Nel 2003 il distretto occupava circa quattordicimila persone. Ma ancora oggi, nonostante la crisi, mantiene una forza lavoro di circa ottomila addetti ufficiali, vale intorno al miliardo e ottocento milioni di fatturato all'anno, mette insieme un centinaio di aziende, vanta il 16% della produzione mondiale di salotti in pelle ed esporta in Europa, Nord America, Australia e Medio Oriente oltre l'80% del fatturato.

Proprio alla Martella c'è uno degli stabilimenti Natuzzi chiuso per crisi. Il fondatore della holding è Pasquale, un tempo definito «L'Adriano Olivetti del Sud» per avere di fatto inventato – tra gli anni cinquanta e sessanta – il polo del salotto della Murgia. Non pago, da ex operaio autodidatta, Pasquale ha pure sindacalizzato i suoi dipendenti. Per capirci, prima Cgil, Cisl e Uil nemmeno avevano una federazione interna dedicata al mobile imbottito: negli anni settanta fu sempre Pasquale a invitare le tre confederazioni a sbarcare a Santeramo in Colle, suo paese natale e quartier generale della Divani&Divani.

Alle prime avvisaglie di difficoltà finanziarie, quegli stessi sindacati hanno preso subito ad attaccarlo. Quando poi la crisi mondiale dei derivati è esplosa nella sua interezza, coinvolgendo anche Natuzzi, e le procedure di mobilità e solidarietà hanno colpito parte dei suoi lavoratori, tutti sono saltati addosso a Pasquale; a Ginosa di Puglia, una volta, hanno riempito di odio e di persone un intero palasport.

Eppure già il 12 maggio 2013 la denuncia di Pasquale era chiara: «Io produco internamente all'azienda, non così i miei concorrenti: Chateau d'Ax, Nicoletti, Calia Italia, poltron*e*sofà. Io spendo 92 centesimi per ogni minuto di lavoro, loro 25 perché si affidano ai terzisti». A quelli, cioè, che lavorano a cottimo, «soprattutto cinesi. A queste condizioni, la mia azienda non può reggere, devo privarmi a malincuore di molti lavoratori».

Il giorno dopo ero davanti a Tito Di Maggio, senatore della Repubblica, allora presidente del Distretto del mobile imbottito e gran capo di Chateau d'Ax nella Murgia attraverso una controllata che si chiama Sofaland. Alla richiesta di spiegazioni rispondeva così: «In passato Pasquale ha fatto grandi cose, ma il nostro modello di business è più innovativo. Ed è legale e garantito. Noi, per esempio, non abbiamo mai chiesto un euro pubblico, a differenza di Natuzzi, per il quale lo Stato da più di dieci anni paga la cassa integrazione per migliaia di persone. Valuti lei se i vincenti siamo noi o lui». E i cinesi? «Quelli con attività legali sono legali come gli italiani. Quelli illegali sono illegali come gli italiani. Noi ci rivolgiamo soltanto a quelli che si muovono nella legalità».

Per capirci meglio. Ancora oggi il modello Chateau d'Ax si fonda sul marketing. Conta pochissimi dipendenti (soprattutto amministrativi e magazzinieri), spende molto in pubblicità con volti noti e notissimi, affida la produzione a società controllate (come, appunto, la Sofaland) che si limitano ad acquistare le materie prime da girare ai terzisti, spesso cinesi.

Il modello Natuzzi è più o meno all'opposto: poca pubblicità, tanti dipendenti, produzione fatta prevalentemente in casa. Ne deriva un disprezzo «naturale» verso le aziende concorrenti, che Pasquale considera illegali, oltre che protette dal silenzio di istituzioni, sindacalisti e amministratori locali.

È vero, infatti, che l'organizzazione dei cinesi (e anche di molti italiani, sia chiaro) risulta complessa da abbattere. Si tratta di aziende che cambiano ragione sociale e amministratori mediamente ogni anno, presentano lavoratori tutti assunti con contratti a tempo determinato e spesso part-time anche se lavorano anche 18 ore al giorno. Però anche i controlli latitano. Ogni tanto qualche singolo blitz si fa pure, ma è una goccia nel mare del lavoro illegale e comunque segue il vento dei media. La più importante «retata» a Matera risale all'estate 2013 e forse (dico forse) fu una conseguenza della mia inchiesta su «Panorama», di sicuro non delle denunce di qualche sindacalista, che agli atti non risultano affatto.

Ma tant'è. Il 10 luglio 2013 la Direzione territoriale del lavoro impose un maxipagamento da 5,2 milioni alla Consofa, un consorzio legato appunto alla produzione di salotti. Per gli investigatori erano coinvolte 17 aziende e 763 lavoratori cinesi. Il verbale redatto dagli ispettori è durissimo: «È stato accertato che la Consofa, in concreto, si occupa fra l'altro della produzione di mobili imbottiti senza però avere un vero e proprio reparto produttivo e senza avere alle proprie dipendenze maestranze con qualifiche tipiche della produzione. Infatti, risultano in forza impiegati, operai con qualifiche di magazziniere, addetti al controllo della qualità e alcuni tagliatori di fibre tessili».

Quanto all'appalto di subfornitura, «si è concretizzato in una mera fornitura di manodopera», da cui deriva «la mancanza di organizzazione imprenditoriale e assenza del rischio d'impresa delle ditte affidatarie». Infatti, il corrispettivo «riconosciuto dalla committente Consofa per la realizzazione del mobile imbottito è commisurato a minuto di lavorazione. Esso varia tra gli importi di 0,2 e 0,26 euro. Per ogni modello commissionato i tempi di realizzazione sono predeterminati unilateralmente dal committente».

Posto che, secondo la legge, soltanto le agenzie per il lavoro «possono gestire l'intermediazione della manodopera», gli ispettori rilevarono anche un presunto «comportamento fraudolento» manifestatosi «remunerando la realizzazione del prodotto finito con un corrispettivo insufficiente ovvero incongruo rispetto anche al solo costo del lavoro; addossando alle singole ditte affidatarie [...] l'onere della contribuzione previdenziale e assistenziale, destinata ab origine nella maggior parte dei casi a rimanere inadempiuta, come di fatto, in seguito all'alternanza tra ditte cinesi ovvero alla cessazione di quelle connotate da un significativo debito previdenziale; utilizzando la manodopera dei lavoratori somministrati per un numero di ore di lavoro notevolmente superiore a quelle registrate come tali nella documentazione delle ditte formalmente titolari dei rapporti lavorativi». La Consofa ha ovviamente presentato ricorso e attende il verdetto.

Resta il fatto che a Natuzzi i divani costavano 1,06 euro a minuto a fronte degli 0,26 dei cinesi, il cui modello sta imponendosi in tutta la Murgia, sempre più anche tra gli italiani. Il 14 febbraio 2015, in seguito all'ispezione in una fabbrica di Modugno, sempre nel Barese, è emerso che, su 55 lavoratori, 29 operavano in nero. Erano tutti pugliesi.

Nel frattempo Natuzzi ha ristrutturato il suo gruppo. Su circa seimila dipendenti, un terzo lavora in regime di solidarietà, con riduzione dell'orario del 40%. Altre 360 unità in esubero sono invece in cassa integrazione e in attesa di ricollocamento attraverso il progetto Assist, trattato dal patron di Divani&Divani con Cgil, Cisl e Uil.

Per gli esuberi il progetto prevede l'offerta di un nuovo lavoro, un corso di formazione specifica, cinquemila euro di benefit versati da Natuzzi. Per le aziende che assumono, invece, sono programmati: l'utilizzo degli stabilimenti inutilizzati da Pasquale, incentivi statali e regionali, altri dodicimila euro versati sempre da Divani&Divani per ogni assunzione a tempo indeterminato.

«Con la nuova logica industriale», racconta Antonio Cavallera, direttore Risorse umane e relazioni industriali della holding, «siamo passati a un costo di produzione pari a 0,52 centesimi», il doppio dei cinesi ma comunque efficace per far tornare l'azienda a produrre utili, che, se confermati, abbatteranno la solidarietà.

Tutti contenti, quindi? Non proprio. La Triplice Cgil-Cisl-Uil torna periodicamente a ruggire contro Natuzzi dimenticandosi sempre e comunque dei cinesi. Ma c'è anche chi fa peggio. L'Unione sindacale di base ha più volte bloccato l'accesso allo stabilimento di Santeramo in Colle, ritardando le operazione di consegna dei prodotti. I camion che trasportano i divani cinesi, invece, non li ferma mai nessuno.

È storia antica: la gran parte dei sindacalisti meridionali fanno i tignosi sul lavoro regolare e i «nullasapenti» (nulla vidi, nulla sentii...) davanti a quello irregolare.

A volte risultano addirittura grotteschi, come quando hanno accusato – con tanto di lettera formale al ministero dei Beni culturali – il direttore della Reggia di Caserta, Mauro Felicori, di «lavorare troppo» e di intrattenersi «fino a tarda ora in ufficio».

Altre volte certi presunti difensori dei lavoratori si palesano quali ricattatori matricolati. Sì, è vero, tali cialtroni sono rari, però altamente nocivi; ostentano durezza e purezza per dissimulare la loro natura criminale. Nel triennio 2013-2015 si segnala una buona serie di sindacalisti arrestati, da Caserta a Campobasso, da Salerno a Carbonia, fino all'intera provincia di Napoli. In genere, l'accusa è estorsione: per evitare loro grane sindacali, impongono alle aziende assunzioni o versamenti di denaro. E se gli imprenditori si rifiutano, scattano scioperi e picchetti. O, fortunatamente, le manette.

Generalmente, però, i sindacalisti sono brave persone. Peccato siano superflui. Ripetono incessanti sempre lo stesso ritornello («La-vo-ro, la-vo-ro, lavoro!») perché piace a tutti, persino a me. Ma si fermano lì, al coro, quando servirebbe pure scrivergli un testo intorno, più contemporaneo, utile a combattere le degenerazioni.

A questo, cioè alla legalità, pensano pochi e onorabili sindacalisti. Sono uomini solitari e costruttivi; perciò vengono irrimediabilmente emarginati. È capitato, per esempio, a Raffaele Lieto, segretario della Filcams-Cgil Campania. Nell'ottobre 2013 denunciò pubblicamente le cooperative rosse, peraltro vicinissime al suo sindacato, finite con l'abbracciare «la cattiva politica, varie famiglie di ogni tipo presenti sul territorio e un certo tipo di sindacato. Mi riferisco [...] ai clan della camorra, ai terreni su cui sono stati costruiti gli Ipercoop, a chi ha costruito, ai parcheggi, ai servizi». Ancora: «Ci sono sindacati che fanno affari. Sono state soddisfatte richieste clientelari di tanta politica, assunzioni» al punto da spingere le cooperative ad aprire «ipermercati in luoghi improbabili, in molti casi rispondenti a richieste clientelari più che a criteri economici e a rigorosi studi di mercato. Non hanno portato il meglio del sistema cooperativo, della tradizione toscana. Hanno fatte proprie le peggiori peculiarità campane». Ecco, quando le cooperative hanno protestato, Lieto si è trovato isolato anche dai suoi presunti sodali, della Cgil in particolare. Perché così vuole essere la vita dei sindacati nel Mezzogiorno: imperturbabile.

L'Europa

> E questa rabbia che ci tiene insieme ci lega più di un fascio di catene.
>
> IVAN GRAZIANI, *Palla di gomma*

VOLARE BASSO

Si apre davanti all'alba e sembra ancora viva. Forse perché la luce fresca del mattino penetra i ruderi, li illumina e sembra riflettere le anime degli uomini che un tempo li popolavano.

Sono pensieri immaginari, ovviamente, perché quei bagliori manifestano un semplice riverbero. Autentici sono, invece, i belati delle pecore, un centinaio, che si muovono comandate da tre cani sardi e un pastore slavo venuto a cercare fortuna in Italia, per sé e la sua famiglia. Assoluto, infine, è l'incanto primordiale di questo posto. Qui, d'inverno, all'Argentiera, su questo capo in cima alla Sardegna, nascosto dai rumori della lontana costa Smeralda, il silenzio delle persone e il suono della natura inducono a comprendere perfettamente cosa dovesse essere questa regione alla metà del secolo scorso. Una regione di minatori e di pastori.

L'Argentiera si chiama così perché le sue montagne sono di pietra argentata. Ne cavavano piombo, zinco e ferro, scavando fin dentro al mare. Poi nel 1962 la miniera venne chiusa e la cittadina abbandonata. È rimasta qui ad ammaliare i viaggiatori. I segni del tempo le donano un fascino impenetrabile, a cominciare dalle case diroccate, argentate pure loro perché costruite con la pietra locale. Forse è per questo che i pastori non hanno mai smesso di frequentarla, anche adesso che sono rimasti in pochi. Nel 1951 un sardo su due lavorava nell'allevamento, nel 2015 siamo intorno al 7% della popolazione attiva. Insomma, il numero di pastori e di ovili cala continuamente e repentinamente. Dal 1982 al 2016 hanno infatti chiuso bottega circa settemila aziende, il 40% del totale: ora sono appena dodicimila, in pratica una per ogni pastore in attività.

Ogni tanto e periodicamente qualcuno tira fuori la favola dei giovani che tornano a fare i pastori, come si dice, «nel solco della tradizione». Ma c'è poco da discutere: la fuga dagli allevamenti è un fenomeno conclamato. E anche chi sceglie di continuare ad abbracciare il mestiere lo fa in forme nuove, ben diverse dal passato. In Sardegna la gran parte dei pecorai ha abbandonato il rito sterile e faticoso della transumanza per stabilirsi nelle pianure, cioè in luoghi più agevoli. Inoltre, i lavori duri e faticosi li hanno delegati ai tanto vituperati immigrati, compreso lo slavo dell'Argentiera (il quale spera così «di regalare un futuro migliore anche ai miei figli, come ha fatto il mio capo»). Infine, e soprattutto, gli allevatori si sono professionalizzati, investendo nella tecnologia e in un minimo di industrializzazione del processo produttivo. Altro che tradizione rurale: hanno migliorato le aziende, dato un lavoro agli immigrati, aumentato la qualità della loro vita, dei prodotti e pure le condizioni ambientali degli animali. Seppure tra mille difficoltà, ora fanno gli imprenditori della pastorizia, seguendo un adagio sardo: «Meglio morti che camerieri».

L'aspetto più sorprendente è che questo «sviluppo compatibile» è stato di fatto autoindotto, tutt'altro che spinto dalle istituzioni. Anzi, già tra gli anni sessanta e settanta l'era della pastorizia sembrava definitivamente chiudersi. Il «Piano di Rinascita» puntava a industrializzare la Sardegna in maniera definitiva.

Programmato male e realizzato peggio, ha devastato l'ambiente, da Fiume Santo al Sulcis, e ora sta andando a farsi benedire. Le «crisi complesse» – come chiamano tecnicamente la depressione industriale al ministero dello Sviluppo – investono l'intero territorio regionale, da Porto Torres al Nuorese, dall'Ogliastra al Cagliaritano.

Il fatto è che investire in Sardegna è antieconomico. Uno studio di Dario Musolino per la Svimez certifica che l'isola è al penultimo posto in Italia per attrattività degli investimenti (all'ultimo c'è la Calabria, sulla quale pesa in più la presenza della 'ndrangheta). Ai potenziali imprenditori, infatti, mancano persino il metano, tariffe energetiche adeguate e una qualsiasi autostrada, mentre la ferrovia è ancorata alle velocità di percorrenza del dopoguerra.

Anche qui, quindi, le fabbriche private sono arrivate semplicemente perché le ha finanziate lo Stato. Questo ha aperto la strada ai soliti (im)prenditori «acchiappa e scappa», arrivati carichi di promesse quando si trattava di drenare risorse pubbliche, fuggiti non appena le prebende si sono esaurite. In fondo, le storie sarde di Alcoa, Carbosulcis, Vinyls corrono parallele a quelle di Sulmona e di tanti altri luoghi.

«Il turismo ci salverà», dicono i sardi. Pure l'Argentiera potrebbe conoscere un futuro importante, per la gioia del Veliero, l'unico ristoro sempre aperto. È in corso, infatti, un grande progetto per recuperare la città fantasma in senso museale. «Procede a rilento, ma procede», dicono in coro le ragazze, due, del Veliero. Una, però, aggiunge: «Il problema sarà arrivarci, all'Argentiera».

Anzitutto, perché il trasporto in nave costa troppo. Sui traghetti diretti dal continente all'isola il numero dei passeggeri è crollato del 40% dal 2011 al 2015; il totale è di circa due milioni e mezzo di biglietti in meno: succede se per viaggiare da Civitavecchia o Genova con macchina e famiglia si può arrivare a spendere anche 1300 euro. Peraltro, le rotte verso l'isola sono coperte soltanto da due compagnie – la Moby e la Grimaldi – che si fanno una concorrenza feroce sul costo del personale di bordo ma non sulle tariffe di navigazione.

La gente si è organizzata di conseguenza: meglio l'aereo, magari low cost e prenotato con largo anticipo, e poi l'affitto di una macchina in loco. A parità di stagioni, così si spende meno della metà. Anzi, si spendeva. Perché nel 2016 anche le compagnie aeree sono scappate, in particolare Ryanair, che dal 1° aprile ha cancellato i due terzi dei voli su Alghero e la metà dei voli su Cagliari. Risultato: il primo scalo ha perso il 50% dei passeggeri, il secondo il 25% e seicento posti di lavoro sono andati in fumo. Più in generale, il danno economico calcolato sul comparto turistico sardo è di circa cinquecento milioni di euro. Una tragedia.

La causa della fuga di Ryanair? Furbescamente, il suo direttore commerciale, David O'Brien, si limita a individuarla nell'aumento di 2,5 euro a passeggero delle tasse aeroportuali, una novità introdotta dal governo Renzi dal 1° gennaio 2016. In verità, la compagnia se ne va dalla Sardegna (e da Crotone e Pescara) perché per un intervento dell'Unione europea ha smesso di ricevere gli incentivi aeroportuali. E, tra i due colpevoli, a O'Brien conviene tenersi buona Bruxelles, per questo attacca Roma.

Cos'è avvenuto? Fino al 2013 la Regione Sardegna finanziava gli aeroporti, che a loro volta chiudevano trattative private con le compagnie low cost per incentivarle a programmare i voli sull'isola. La riduzione, improvvisa, ammonta a tredici milioni di euro all'anno, destinata in quota diversa a tre aeroporti (Cagliari, Olbia e Alghero). Una scelta dettata dalle norme rigidissime dell'Unione europea, che vieta qualsiasi sovvenzione contraria al libero mercato. La legge regionale 10 del 2010 che le elargiva è infatti finita sotto la lente dell'Ue che ha condannato la Sardegna per aver dato indirettamente, dal 2010 al 2013, diciassette milioni di euro all'anno alle low cost. Per Bruxelles la procedura è scorretta. E il governatore Francesco Pigliaru ha deciso di archiviarla.

In verità, la Regione è stata incapace di aggirare l'ostacolo, come sono invece riusciti a fare altri aeroporti italiani con una semplice operazione di comarketing, un accordo di investimento tra due soci. Funziona così: l'aeroporto dà i soldi alla compagnia aerea e la compagnia li spende per pubblicizzare l'aeroporto. Finora ha generalmente funzionato, solo che Bruxelles sta per mettere becco anche su questo. Quindi prepariamoci al peggio.

Intanto che concretizza la lenta distruzione del turismo nel Mezzogiorno, la Ue sta già devastando il «Made in Sud» agricolo. Olio tunisino, arance egiziane, pomodori marocchini: spalancando le porte ai prodotti provenienti dal Nord Africa – senza dazio alcuno e a prezzi di vendita stracciati – Bruxelles rischia di mettere in ginocchio l'agricoltura meridionale.

David Granieri, presidente di Unaprol, l'associazione che riunisce oltre duecentomila produttori olivicoli italiani, spiega: «L'Europa dimostra in questo modo più sensibilità per le esigenze dei paesi frontalieri del Mediterraneo che per il suo mercato interno, peraltro a danno di uno dei settori strategici».

Quanto alle arance, vale quanto detto nel dicembre 2015 a *Virus*, su Rai 2, da Maurizio Gardini, presidente di Conserve Italia. Tra i suoi marchi Gardini ha Cirio, Valfrutta e Yoga; fattura oltre un miliardo di euro ed esporta in tutto il mondo. Il 92% dei prodotti è di coltivazione italiana ma, spiega, «il succo d'arancia non è italiano, l'industria si è dirottata verso altre direzioni». Cioè verso il mercato mediorientale.

Infine i pomodori. Soltanto nella prima settimana del 2016, con l'arrivo di quelli marocchini, le quotazioni degli italiani sono crollate del 43,7%. Il danno colpisce soprattutto la Campania, dove sono presenti settanta dei centoventi stabilimenti italiani del settore: esportano l'oro rosso per un miliardo di euro, che vale il 64% di tutto il comparto nazionale. Non solo.

Nel febbraio 2016 il commissario europeo all'Agricoltura, Phil Hogan, ha candidamente sostenuto che «la varietà di pomodoro San Marzano può essere coltivata al di fuori dell'area geografica delimitata e non è appannaggio dei produttori italiani». Eppure, nota il critico enogastronomico del «Mattino» Luciano Pignataro, «l'Europa sembra smentire se stessa perché la denominazione di origine protetta "Pomodoro San Marzano dell'Agro Sarnese-Nocerino" è registrata nell'Ue dal luglio 1996, e da allora – secondo il regolamento Ue – viene tutelata contro tutte le imitazioni, usurpazioni, evocazioni e tutte le altre pratiche che possono indurre in errore il consumatore rispetto al vero prodotto d'origine». Anche perché il prezzo cambia decisamente: «Otto centesimi al chilo per il pomodoro, 40 centesimi per il San Marzano».

LA STUPIDITÀ AL POTERE

Nel caso dei trasporti in Sardegna, la Commissione europea è stata ancora più superficiale, quasi non avesse letto le carte. Per esempio, il rapporto della prestigiosa Kpmg, società di revisione contabile e consulenza manageriale, per la quale «ogni euro speso in incentivi per le compagnie low cost si trasforma in 60 euro di entrate sul territorio». In Sardegna, con la fine dei voli a basso costo si rischia il disastro, proprio ora che tedeschi, olandesi, norvegesi, svedesi stavano scoprendo l'isola, a volte addirittura comprandoci casa. Nel frattempo, però, Bruxelles ha assegnato 12.800.000 euro per il restyling dell'aeroporto di Alghero. Che serve tutto il Nord della Sardegna, compresa l'Argentiera, «e rischia di chiudere per carenza di voli e passeggeri», teme Francesco Patitucci, che nello scalo gestisce un autonoleggio. Complimenti a Bruxelles per la coerenza.

L'accoppiata micidiale Regione-Europa, insomma, ha trovato il modo di avvelenare un business che funzionava, eccome: ha prodotto un più 10% di arrivi e presenze soltanto nel 2015. E infatti, nonostante la crisi industriale, effettiva e permanente, rispetto al Sud Italia la Sardegna ha registrato nell'anno la migliore performance assoluta: ora la disoccupazione, in calo, ruota attorno al 18%. E quale comparto ha trainato l'economia? Il turismo, va da sé. Anche perché gli occupati sardi in agricoltura (allevatori compresi) si fermano a quota 44 mila unità e quelli nell'industria a 88 mila. Nei servizi lavorano invece 424 mila persone, delle quali 322 mila dipendenti e 103 mila imprenditori. Numeri che parlano chiaro e sono uno schiaffo alla Regione, che a chiacchiere riconosce nel turismo una delle principali fonti economiche dell'isola, ma nei fatti gli destina soltanto lo 0,4% di investimenti: 92,4 milioni su un bilancio di 7,4 miliardi nel 2015.

I sardi però sono indomiti. Pur di trovare una soluzione, imprenditori e privati cittadini si sono messi a raccogliere fondi con l'obiettivo di raggiungere un milione di euro per salvare almeno alcune tratte aeree. L'iniziativa, ovviamente provocatoria, punta ad avviare una trattativa commerciale con Ryanair e altre compagnie. A spingere la raccolta fondi – sostenuta anche dallo stilista Antonio Marras e dal jazzista Paolo Fresu – è Paolo Manca, presidente della Federalberghi Sardegna: «Abbiamo messo in mora la politica degli ultimi venti anni», tuona. «Non è soltanto un problema di voli o di vettori: il turismo paga la mancanza di un piano strutturato che assicuri continuità territoriale e gestione della destinazione. Ogni visitatore dovrebbe poter arrivare in Sardegna con la stessa cifra che pagherebbe se prendesse un'autostrada. E non solo nella stagione turistica ma per dodici mesi all'anno».

«Ma la compagnia non tornerà mai indietro, ormai la frittata è fatta», sentenziano sconsolati i gestori del ristorante Teatro. Ad Alghero, infatti, si parla soltanto di questo. All'edicola di piazza Sulis, come al bar Ciau Ciau e all'hotel Villa Mosca, l'unico argomento di conversazione è deprimente: «Hanno deciso di ucciderci economicamente, è chiaro».

D'altronde, come biasimarli. La faccenda degli aerei è altra benzina sul fuoco. I sardi sono ancora alle prese con la fumosa questione dei presunti «aiuti di Stato» dati nel 2001 a ventidue strutture alberghiere per interventi di ristrutturazione. Secondo la Commissione europea, dovevano essere esclusi dall'assegnazione coloro che avevano avviato i lavori prima di presentare la domanda per il contributo. Peccato che una legge regionale avesse autorizzato le pratiche. La Regione avrebbe dovuto però trasmettere la sua legge all'Europa, informandola; invece l'ha dimenticata in un cassetto. La Commissione Ue, nel 2008, ha comunque stabilito che quei contributi vanno recuperati. Risultato: le ventidue imprese turistiche, alcune delle quali già sull'orlo del fallimento, dovrebbero restituire i finanziamenti con gli interessi. «Tra somme ricevute e interessi parliamo del 160% dei contributi ricevuti», spiega Manca. «E secondo i giudici italiani noi albergatori avremmo dovuto mettere in dubbio la legge regionale per evitare la sanzione». Oltre al danno, la beffa e pure doppia.

La Sardegna è dunque paradigmatica per svelare la natura peggiore dell'Europa, quella stupida e rigida. Davanti a certe sciocchezze combinate dalla Ue, reprimere l'ovvio sentimento di ripulsa è impresa faticosa per chiunque, anche per le persone più ragionevoli. Persino un popolo solitamente posato, com'è quello d'oltremanica, si è emotivamente ribellato agli euroburocrati, spingendosi a votare *Sì* al referendum (nefasto) sulla Brexit.

D'altronde il formalismo rappresenta il più grande nemico della realtà. E Bruxelles è la regina dei formalismi, mentre i popoli d'Europa abbisognano anzitutto di realtà, a partire da quello che abita il Sud Italia. Per capirci, Raffaele Cantone denuncia che «c'è un rapporto difficile» persino sul tema della lotta alla mafia: «Si fa fatica a far passare le misure di confisca deliberate nel nostro paese». E se questo vale per i criminali, figurarsi sul resto, cioè sull'Europa che impone la misura delle vongole, la giusta curvatura a frutta e ortaggi ed emana direttive sul cioccolato senza cacao, il vino senza uva, i formaggi senza latte fresco.

La stessa Europa che prima accusa il governo italiano perché manca di ridurre le emissioni inquinanti dell'Ilva e poi blocca il risanamento ambientale di Taranto perché lo considera un aiuto di Stato.

L'Europa, infine, che devasta il turismo della regione meridionale più sana in termini economici. Come se la Sardegna fosse ancora quella dell'Argentiera mineraria e dei pastori omerici. L'isola degli anni cinquanta. L'isola che c'era.

I burocrati

Da grande farò il postofisso.

CHECCO ZALONE, *Quo vado?*

IL TARIFFARIO DELLE PRATICHE

L'agro-nocerino-sarnese è compreso tra il Vesuvio, il monte Faito e le cime dei monti Picentini. Sarà perché rimane tra Salerno e Napoli, ma – come i capoluoghi da sempre in competizione tra loro – pure questa subregione della Campania sovrappone due facce opposte. L'una esibisce la fertilità dei campi agricoli che invadono la valle del fiume Sarno, l'altra ostenta abusi edilizi che offendono il concetto di bellezza e anche il buon gusto.

Tuttavia, l'edificio dell'Inps di Nocera Inferiore è il più ordinato dell'area. C'è pure il «parcheggio utenti» e da lì agli uffici la passeggiata è assai gradevole, il sentiero di mattoncini è ricavato tra piante e fiori che donano colore. Inoltre, il palazzo presenta una tinta armonica con le margherite, il giallo, che riverbera il sole meridionale. Le sale, infine, hanno le finestre ampie, il pavimento nuovo, i climatizzatori efficienti, sono pulite e profumate: un lusso per gli uffici pubblici del Sud. Di sporco, qui dentro, c'era soltanto un gruppo organizzato di dipendenti infedeli. Perciò, per ripulire l'istituto, la procura ha organizzato l'«operazione Mastrolindo».

L'inchiesta parte alla fine del 2011, quando il reparto territoriale dei carabinieri guidato dal maggiore Enrico Calandro, in collaborazione con il Ris di Roma, accerta alcuni movimenti societari sospetti. Un insieme di persone, compresi funzionari e ispettori Inps, si sarebbero inventati un sistema di imprese fittizie, buone soltanto a ottenere sussidi per maternità, malattie e disoccupazione. È persino banale sottolinearlo: sono tutti soldi che si sarebbero potuti ridistribuire alle vere puerpere, agli infermi e ai disperati in cerca di lavoro. Più si ruba – allo Stato in generale e all'Inps in particolare – meno risorse arrivano ai bisognosi.

Inizialmente l'operazione Mastrolindo coinvolge in prevalenza ditte di pulizie, poi investe anche le aziende agricole, che nell'agro-nocerino-sarnese sono in maggioranza relativa.

In entrambi i casi, pulizie e agricoltura, la procura di Nocera scopre una filiera di truffatori. Semplificando: c'è la mente, in genere un professionista (sia esso avvocato, commercialista o medico); poi, a seguire, servono un disoccupato accondiscendente, un imprenditore consenziente, un dipendente Inps compiacente. L'imprenditore certifica una falsa assunzione, il disoccupato la accetta, il dipendente Inps finge di verificare e poi provvede a inserire nei database dati fasulli su ispezioni e infrazioni.

I vantaggi? Vari ed eventuali. L'assunto viene licenziato o si mette in malattia e così incassa i sussidi; l'imprenditore ottiene sgravi fiscali; il professionista riscuote una percentuale dall'uno e dall'altro. E il funzionario dell'Inps? Predispone l'accertamento fasullo perché per ogni ispezione gli viene forse riconosciuta una mazzetta, sicuramente un benefit aziendale in denaro.

L'insieme dei benefit suoi e degli altri funzionari vanno poi ad alimentare i «premi di produzione» del dirigente più alto in grado, che incassa fino a un massimo di sessantamila euro all'anno extrastipendio. Un sistema che Roberto Lenza – il sostituto procuratore che ha svelato la frode – invita «a non circoscrivere all'ambito locale». E non è certo rassicurante.

A Nocera sono coinvolti faccendieri, consulenti del lavoro, patronati sindacali, commercialisti, procacciatori d'affari e, appunto, ispettori, funzionari e dirigenti dell'istituto di previdenza, talvolta legati alla politica locale. «Ci sono evidenti collusioni all'interno dell'Inps provinciale e regionale di tipo doloso o semplicemente dovute a negligenza o lassismo», spiega Lenza, che poi aggiunge un'amara considerazione: «Alcuni operavano nella consapevolezza di poter costruire senza sforzi grandi carriere sui soldi pubblici». Un funzionario dell'Inps di Nocera avrebbe addirittura stabilito un tariffario: cinquecento euro per ogni pratica di maternità e centocinquanta per i singoli fascicoli di richiesta di disoccupazione.

Fatto sta che Mastrolindo è la più grande operazione per «ripulire» la burocrazia e i suoi accoliti, professionisti e imprenditori bravissimi nell'esercitare l'arte della truffa. Ciononostante, i giornali nazionali ne hanno reso conto in breve e appena per un giorno, il 24 ottobre 2015, all'indomani degli arresti e degli avvisi di garanzia per 44 persone capaci di costituire 18 (non una, 18) aziende false o fittizie.

I capi d'accusa vanno dalla truffa all'associazione per delinquere, dalla corruzione alla rivelazione di segreti d'ufficio fino al falso in atto pubblico. Inoltre, Lenza ha individuato circa 6800 rapporti di lavoro fasulli, calcolato un danno erariale di 137 milioni di euro e sequestrato beni per oltre 100 milioni. «Dopo anni di indagine», commenta, «mi sono chiesto se fosse così semplice frodare l'Inps e se l'attività preventiva di controllo funzionasse. Di fatto non funziona».

Naturalmente l'Inps garantisce la massima collaborazione, mentre indagati e arrestati, compreso il funzionario stipendiato, si professano innocenti fino a prova contraria e vorrebbero tornare al lavoro. Ma lo scandalo c'è tutto. E iscrive la figura dei burocrati alla lista dei killer del Sud.

Poi, certo, l'Italia intera è una Repubblica fondata sulla burocrazia. Non c'è un aspetto, uno solo, dello scibile italico che possa scansare il buco nero di segretari, impiegati, funzionari, dirigenti, quadri, sottoquadri e ultraquadri, tutti – va da sé – impegnati a spostare carte invece che a lavorarle.

Il Mezzogiorno, però, è ulteriormente zavorrato: gli uffici pubblici – è certificato dalla Cgia di Mestre – funzionano in media il 60% in meno rispetto a quelli centronordisti.

Anche un sindacato sostiene che nel Meridione bisognerebbe ripartire da una riforma strutturale della pubblica amministrazione: è il Movimento cristiano lavoratori di Carlo Costalli e lo ha messo nero su bianco in un documento ufficiale, *Mcl per il Mezzogiorno*. Persino loro, i sindacalisti che di mestiere difendono i dipendenti, hanno coraggiosamente denunciato la burocrazia fattasi barocrazia.

La trasformazione si intuisce davanti a qualsiasi ufficio pubblico meridionale, dove stazionano, a tutti i livelli, pletore di speculatori travestiti da professionisti, faccendieri camuffati da mediatori, affaristi mascherati da facilitatori. Trovano sempre la porta giusta da aprire e l'impiegato modello da utilizzare, capaci come sono di recitare Eugène Ionesco nel teatro dell'assurdo burocratico.

Al Sud ci affidiamo a loro come i cattolici allo Spirito Santo. Il quale, però, non pretende denaro in cambio di un favore, che peraltro un cittadino che paga le tasse manco dovrebbe chiedere. Ma funziona così, da noi, e da molti decenni.

Poi, talvolta, questa microillegalità diffusa tracima e percorre strade più ampie. È allora che dipendenti pubblici, affaristi e utenti si uniscono come un sol uomo con il meschino intento di impadronirsi di quanto spetta ai più bisognosi tra noi. Come hanno fatto a Nocera Inferiore. Un fatto grave, che ha indignato anche Raffaele Cantone: «La Pubblica amministrazione non può nascondersi dietro il principio di dover aspettare l'esito dei processi penali. Ed è forse questo il meccanismo per prevenire: dimostrare che chi sbaglia paga davvero perdendo il posto». Purtroppo, non avviene quasi mai.

L'indagine di Lenza è andata avanti. Nella seconda fase il sostituto procuratore ha rilevato incongruenze nell'erogazione di incentivi a dirigenti e funzionari Inps nel biennio 2012-2013. Il risultato è che adesso l'inchiesta riguarda centinaia tra ispettori, funzionari e dirigenti centrali e locali dell'Inps, sui quali pende l'accusa di falso ideologico e truffa aggravata. Dalle perquisizioni e dai controlli dei file elettronici, è infatti emerso che nel database dell'istituto sarebbero stati inseriti ulteriori dati falsi; per esempio, 17.997 rapporti di lavoro non verificati o inesistenti. Inoltre, circa il 50% delle pratiche di disoccupazione approvate mancherebbe della documentazione essenziale per ottenere il sussidio.

Sulla base di tali falsificazioni, sarebbero poi stati erogati i bonus di produttività a dirigenti e funzionari dell'Inps. Ammontano a circa 361 milioni di euro, una cifra enorme, assegnati soprattutto a chi avrebbe omesso di controllare.

Sul caso, tuttavia, regna il silenzio. Figurarsi alla sede dell'Inps di Nocera Inferiore, dove risulta inutile chiedere qualsiasi delucidazione ai colleghi dei tre impiegati arrestati e degli altri tre indagati: dagli sportelli nessuno parla, è un susseguirsi di cortesi rifiuti opposti con tono tra l'indignato e l'allarmato.

Va appena meglio al Caffè Petruccelli, che è esattamente di fronte all'istituto, sempre in via D'Alessandro. «Che dire? Abbiamo perso un po' di clienti, speriamo tornino, è tutta brava gente». I magistrati dicono il contrario. «Mah, forse stanno un poco esagerando, hanno sempre dato una mano a gente in difficoltà. Chi non lo farebbe?». Con i soldi dei poveri, forse nemmeno il diavolo.

Gli antimafiosi di maniera

> La lotta alla mafia, il primo problema da risolvere nella nostra terra bellissima e disgraziata, non doveva essere soltanto una distaccata opera di repressione, ma un movimento culturale e morale che coinvolgesse tutti e specialmente le giovani generazioni, le più adatte a sentire subito la bellezza del fresco profumo di libertà che fa rifiutare il puzzo del compromesso morale, dell'indifferenza, della contiguità e quindi della complicità.
>
> PAOLO BORSELLINO

LO SCHEMA DEL GIROTONDO

Nel quartiere Libertà, del Novecento liberty – l'epoca in cui qui si imponevano, eleganti, i giardini e le dimore degli aristocratici palermitani – si è smarrita persino la memoria. Come unica appendice di quella fase storica rimane il castello Utveggio, che fu albergo e poi casinò, ed è comunque distante: ammicca alla valle dal promontorio di monte Pellegrino.

Nel quartiere Libertà le ville nobiliari sono state rase al suolo e tutto è diventato città a partire dalla seconda metà degli anni cinquanta. Il padrone di Palermo era il sindaco mafioso Vito Ciancimino e con lui capitava pure che il Comune rilasciasse duemila e cinquecento licenze edilizie in una notte e che, su quattromila concessioni, tremila e trecento fossero intestate a un ambulante, un guardiano e due muratori.

Per questo oggi, nel quartiere Libertà, i palazzi si elevano da sette a quattordici piani e si affacciano su stradoni larghi e affollati di vita e di auto. In zona, gli edifici meno alti risultano il mercato ortofrutticolo e il carcere dell'Ucciardone. Di un intero rione, il Firriatu, allora di proprietà del principe di Villafranca, si sono perse le tracce. Eppure nel 1891 fu sede dell'ambitissima Esposizione nazionale, l'expo tricolore con la quale i Savoia tentarono di sviluppare le arti, i mestieri e un sentimento unitario. Peccato che quella di Palermo sia rimasta l'unica Esposizione mai svoltasi al Sud.

Nel quartiere Libertà pure i nomi delle strade sono stati aggiornati negli anni. L'ultima volta il 16 maggio 2011, quando via dell'Autonomia siciliana è diventata via Giuseppe Alessi in onore del celebre penalista democristiano, padre dello statuto autonomista, primo presidente della Regione siciliana nel 1947 e poi pluriparlamentare. Alessi è morto nel 2009 a centotré anni, mentre era ancora presidente della Democrazia cristiana.

Nel quartiere Libertà, proprio su via Alessi, al civico 117, c'è il supermercato Sgroi. Non è affatto un emporio di lusso. Conta sei vetrine su strada e, a vista, misurerà trecento metri quadrati. I prezzi sono popolari, come la zona. I principali clienti, infatti, sono i residenti, né ricchi, né poveri, la classica piccola borghesia meridionale. Per dire, il parmigiano reggiano ventiquattro mesi viene venduto a 1,29 euro all'etto, i finocchi a 1,19, le mele golden a 0,99. Affiliato al circuito Sisa, il negozio ha una particolarità: è stato confiscato agli eredi dell'imprenditore Paolo Sgroi, il «re dei supermercati» morto il 4 ottobre del 2008. Dalle indagini della procura antimafia era emerso che Sgroi dipendeva dai capiclan Salvatore e Sandro Lo Piccolo; un pizzino che lo riguardava venne rinvenuto addirittura nel covo del superboss Bernardo Provenzano. Perciò, nel 2011, il tribunale di Palermo gli ha portato via aziende, quote di partecipazione di società di capitali, venticinque immobili, un'imbarcazione e ventisei posizioni bancarie; valore: circa duecento milioni di euro. La pratica l'ha sbrigata la sezione Misure di prevenzione del tribunale. Nel 2015 la suddetta sezione era ancora presieduta dal magistrato Silvana Saguto.

Pur non abitando nel quartiere Libertà, Saguto risultava cliente abituale del supermercato Sgroi. Tuttavia, i dipendenti sembrano tutti cascare dal pero: «Mai vista»; «Forse faceva gli ordini al telefono»; «Avrà mandato qualcuno a ritirare la spesa». Ma, tra i documenti sequestrati dalla Guardia di finanza nell'autunno 2015, è saltato fuori il conto non pagato dal magistrato: 18.451 euro in tre anni, saldato in parte (un bonifico da diecimila euro) dal marito, Lorenzo Caramma, ma soltanto quando lo scandalo era maturato. Quale scandalo? Va da sé: quello della gestione dei beni confiscati alla mafia.

IL SISTEMA SAGUTO

Gli indagati sono quattordici, compresi quattro magistrati. In fondo, però, tutto ruota intorno a lei, Silvana, giudice dai modi spicci, che, intercettata il 19 luglio 2015, esprimeva la seguente opinione su Lucia Borsellino, orfana di Paolo: «È una cretina precisa». E Manfredi, l'altro figlio: «È uno squilibrato... Si commuove, ma perché minchia ti commuovi a quarantatré anni per un padre che ti è morto ventitré anni fa? Che figura fai?... Le palle ci vogliono, parlava di sua sorella e si commuoveva, ma vaffanculo». Per la cronaca, era il giorno della commemorazione della strage di via D'Amelio e dell'abbraccio tra Manfredi e il capo dello Stato, Sergio Mattarella.

Se per queste frasi il giudice Saguto deve rendere conto anzitutto alla sua coscienza, è per altro che la procura di Caltanissetta la accusa di corruzione, induzione e abuso d'ufficio: i pm le imputano di aver amministrato il patrimonio sottratto ai mafiosi in maniera perlomeno discutibile.

A Palermo, otto aziende sequestrate alla mafia su dieci sono fallite: può anche capitare perché i boss godono di «facilitazioni» (chiamiamole così) decisive per mantenerle in utile e, quando a un'impresa mafiosa viene meno il puntello dei boss, succede spesso che non regga il peso del libero mercato.

Ma certe miserie – come il parmigiano, i finocchi e le mele non pagate – restano. E soprattutto, sul caso Saguto pesano l'assegnazione di patrimoni, aziende, immobili sempre alle stesse persone, con compensi incredibili e senza una selezione pubblica. Ma soltanto per volontà sua, di Silvana Saguto.

La Sicilia vale da sola il 43% dei trenta miliardi di euro confiscati alle mafie in Italia, un tesoro immenso da maneggiare con cura. Dalla sezione F del palazzo di Giustizia di Palermo, il giudice Saguto conferiva invece in maniera disinvolta gli incarichi di amministratore giudiziario, in particolare a una cerchia ristrettissima di legali e commercialisti che circolavano intorno all'avvocato Gaetano Cappellano Seminara.

La prima sottolineatura è per il marito del magistrato, l'ingegnere Lorenzo Caramma, che ha saldato parte del conto del supermercato Sgroi. La procura di Caltanissetta quantifica in oltre 750 mila euro le consulenze ricevute da Caramma tramite Cappellano Seminara. Non solo. Figlia e moglie dell'avvocato hanno pure accolto Elio Caramma, il figlio dei Saguto, come chef all'hotel di loro proprietà, il Brunaccini.

La vicenda segnala la leggerezza con la quale Cappellano Seminara ottiene ed esercita potere. D'altronde, l'uomo è noto in città per l'ostentazione del suo ego. Per dirne una: sempre elegantissimo, pettinatissimo e ingioiellatissimo girava per la provincia di Palermo su una Porsche Cayenne; peccato non fosse sua, ma sequestrata all'ex «re delle cliniche» Michele Aiello.

Eppure l'avvocato amministratore può permettersi qualsiasi automobile e anche di più: tra quelli cessati e quelli ricoperti, ha cumulato 121 incarichi. Dopo di lui, nella speciale classifica degli amministratori antimafiosi, ci sono Andrea Dara (95), Luigi Turchio (46), Nicola Ribolla (43), Salvatore Benanti (29), Aulo Gigante (19). Per i quali parliamo di parcelle smisurate.

Solo per l'immobiliare Strasburgo, sequestrata al costruttore

Vincenzo Piazza, l'avvocato Cappellano Seminara ha chiesto sette milioni di euro di onorario, con l'aggiunta dei 150 mila euro all'anno che guadagnava da membro del consiglio d'amministrazione. Da controllore e controllato, nel Cda dell'immobiliare Strasburgo Cappellano Seminara ha anche nominato Andrea Dara: il quale, a sua volta – da amministratore di Villa Santa Teresa – ha nominato consigliere Cappellano Seminara.

Lo «schema del girotondo» si è ripetuto più volte, anche con altri protagonisti, su immobiliare Suvignano, gruppo Jenna, San Giuseppe srl e Villa Santa Teresa.

Tra gli indagati c'è anche un magistrato, ex membro del Consiglio superiore della magistratura, Tommaso Virga. Secondo l'accusa, ai tempi del Csm Tommaso avrebbe silenziato un provvedimento disciplinare nei confronti della collega Saguto. La ricompensa? La nomina di suo figlio Walter come amministratore dei beni sequestrati all'imprenditore Vincenzo Rappa. Valore stimato: ottocento milioni di euro. Investigando su Walter Virga e il suo staff, la procura di Caltanissetta ha scoperto che l'amministratore giudiziario ha scelto la moglie di Virga, avvocato Giuliana Pipi, come membro dei Cda di alcune aziende del gruppo Rappa. Anche Alessio Cordova, collega di studio di Walter Virga, è stato nominato consigliere. E così la moglie di Cordova, l'avvocato Marianne Sommatino. Insomma, un gruppo di amici e parenti.

A proposito di familismi, Nicola Ribolla ha amministrato i ventinove supermercati di Giuseppe Grigoli, sospettato di essere un prestanome di Matteo Messina Denaro. Capace, per ragioni di bilancio, di mettere in mobilità circa cinquecento dipendenti, Grigoli ha assunto sua moglie al centro commerciale Belicittà. Mentre il solito Cappellano Seminara, all'hotel Ponte, ha nominato come sua vice l'ex cognata.

Di fronte a tutto questo, il presidente delle Misure di prevenzione, Silvana Saguto, non ha mosso un dito. Anzi, davanti all'avvocatura dello Stato ha difeso Cappellano Seminara e pure i suoi compensi. È successo quando il legale ha aperto un contenzioso finito davanti al Tar e poi al Consiglio di Stato per farsi liquidare una parcella di 5,2 milioni per l'amministrazione di diciassette società sequestrate ai tre fratelli Sansone (imprenditori accusati di aver coperto la latitanza di Totò Riina e di Bernardo Provenzano). In quell'occasione, il collegio presieduto da Saguto ha definito il lavoro di Cappellano Seminara «produttivo e brillante» e aggiunto che a farsene carico doveva essere l'erario. Nessuno ha potuto contestare la parcella: non si poteva impugnare un compenso stabilito da un collegio giurisdizionale. Il collegio di Silvana Saguto.

LA SIGNORA DEI REGALI

Bagheria è circondata da ulivi di bellezza secolare. In queste campagne veniva a ritemprarsi anche Bernardo Provenzano, che soltanto qui usava il coltello non per uccidere ma per pelare i fichi d'india. Poi li offriva a ospiti e amici.

Nel regno un tempo incontrastato di «Zu Binnu» c'è Villa Santa Teresa, un'eccellenza della sanità siciliana che accoglie persino una succursale dell'istituto Rizzoli di Bologna. La clinica apparteneva all'ingegnere Michele Aiello, ma solo formalmente: i magistrati hanno individuato l'ingegnere quale prestanome di Provenzano. E allora gli hanno tolto tutto, compresa la Porsche Cayenne utilizzata da Cappellano Seminara. La clinica, però, funziona ancora a pieno regime, per i siciliani normali e per quelli che si ritengono speciali.

È agli atti. L'8 luglio 2015 Silvana Saguto ha un dolore alla spalla sinistra. Da Palermo parte alla volta di Bagheria. Sono ventidue chilometri, solitamente trafficatissimi: a volte ci vuole anche un'ora e mezzo per percorrerli. Saguto ha la scorta, sirene e lampeggianti compresi, quindi impiega pochissimo tempo per arrivare. Non ha nemmeno prenotato, ma fa nulla: salta la lista di attesa e le fanno una radiografia alla spalla. Chiede delucidazioni, ringrazia e se ne va senza pagare. Chissà, forse anche qui, per saldare, sarebbe dovuto passare il marito. Che però impegnerebbe almeno un paio di settimane se volesse davvero rimborsare tutti i benefit ricevuti dalla moglie.

Carmelo Caruso, il più brillante tra i cronisti italiani under trenta, si è divertito a stilare la lista dei doni ottenuti dal giudice e svelati dalle intercettazioni. Ecco la successione, riveduta e aggiornata.

Pesce Sei chili di tonno. È la quantità che occorre al giudice per organizzare la cena da offrire al prefetto di Palermo, Francesca Cannizzo. «Mi serve il pesce fresco per la cena con il prefetto»: così dice il giudice a Mario Caniglia, amministratore giudiziario del resort Torre Artale, il 27 agosto 2015. Caniglia provvede subito a spedire il pesce a casa Saguto e si mette a disposizione per ulteriori richieste: «Chiami direttamente quando ha bisogno, le faccio avere quello che vuole», fa sapere prima di chiedere nuovi incarichi. Il giorno seguente Saguto ringrazia: «Il prefetto era impazzita letteralmente, una cosa così non l'ha mai mangiata». Tra i piatti preferiti di Silvana ci sono i ricci di mare. Perciò invia le sue guardie del corpo in un noto ristorante palermitano: «La scorta ritarda perché ha preso il sughetto di ricci da Gigi Mangia».

Frutta e dessert Lamponi, anguria, dolci. È quanto Carmelo Provenzano, professore di Economia applicata all'università Kore di Enna, fa recapitare a casa Saguto e al prefetto di Palermo. Dopo aver ricevuto la promessa da parte di Saguto di un incarico al Cara di Mineo, Provenzano ringrazia e cerca di ricambiare il favore: «Ti voglio far arrivare delle cosine... sono arrivati anche i dolcini, sono molto buoni». Per compiacere il prefetto amico di Silvana, Provenzano fa l'elenco della spesa e chiede ai suoi collaboratori di procedere all'acquisto: «Mi aveva chiamato il prefetto per un'anguria...». In occasione del compleanno del giudice Saguto – il 20 luglio 2015 – Provenzano provvede alle richieste di Elio Caramma, figlio del giudice, che alla madre chiede: «Devi dire a Carmelo che servono i lamponi per lunedì: due cassette». Saguto, preoccupata, risponde: «Speriamo che le possa trovare, ci potevi pensare prima...».

Feste Per festeggiare la laurea conseguita dal figlio di Saguto, il giudice sollecita Provenzano a organizzare un aperitivo. Costo: quindici euro a persona. Il menù comprende un primo, prosecco e spritz. Ovviamente, paga Provenzano.

Profumeria Dischetti struccanti, dentifricio, filo interdentale, smalto per le unghie. A effettuare gli acquisti sono sempre gli uomini della scorta. «Potete venire, però dovete passare in profumeria a prendere i dischetti leva trucco, quelli grandi. Prendete lo spazzolino, il filo interdentale...». Quando il giudice è sprovvista di smalto per le unghie, chiama sempre gli agenti: «Viene Carmine a prenderlo». Al telefono con un'amica successivamente si lamenta dei suoi uomini: «Quelli non fanno un cazzo...».

Abiti Per compiacere il prefetto Cannizzo, il giudice Saguto ordina alla scorta di ritirare un indumento in lavanderia. «In tintoria è pronta una casacca del prefetto, la potete andare a prendere e lasciare a villa Pajno al corpo di guardia».

Scarpe Così Saguto alla sua scorta: «Se venite, mandiamo le scarpe a risuolare».

Tesi di laurea Sempre il docente universitario Carmelo Provenzano provvede alla tesi di Emanuele Caramma, figlio del giudice. Il 14 luglio, al telefono mamma Silvana ammette: «Eh, non è giusto, perché gli altri sgobbano per prenderla e lui invece non ha faticato». Caramma non ricorda neppure il titolo della tesi e si rivolge così a Provenzano: «Il titolo l'ho copiato dal foglio che tu hai consegnato».

Corsie preferenziali Per aggirare il traffico della città e recarsi al mare con la nuora, Mariangela Pantò, il giudice Saguto spedisce la scorta come servizio taxi sfruttando le corsie preferenziali: «Ti faccio venire a prendere dalla scorta quando vengono a prendere me».

Licenziamenti Sempre la nuora del giudice viene collocata presso lo studio dell'avvocato Walter Virga a cui Saguto ha appena assegnato l'amministrazione giudiziaria del patrimonio da ottocento milioni che fu di Vincenzo Rappa. Virga al telefono si sfoga: «Noi abbiamo avuto, ora ci vuole, a *nutricarci* la nuora qua. Abbiamo pagato il pizzo che dovevamo pagare e abbiamo avuto quell'incarico». Quando l'avvocato, preoccupato per l'incalzare delle indagini, licenzia la nuora, Saguto reagisce così: «No, non gliela posso passare, non si buttano a mare le persone, si rischia insieme». Il 15 giugno, il giudice annuncia a Virga la fine della collaborazione: «Non penso ci sarà un seguito». Commentando con un ufficiale della Dia il licenziamento della nuora, Saguto dice di Virga: «È un ragazzino da niente, ha avuto quello che ha avuto e questo è il ringraziamento».

Stadio Abbonamenti gratis. Il 27 luglio, Saguto chiede a Marco Ferruzzi, direttore generale della Conca d'Oro (centro commerciale costruito da Maurizio Zamparini, presidente del Palermo Calcio) quattro abbonamenti per la sua famiglia: «Che facciamo? Quei quattro li possiamo fare?».

Consulenze Quando la situazione a Palermo precipita, il giudice si rivolge a Guglielmo Muntoni, presidente della sezione Misure di prevenzione, a Roma per favorire l'assegnazione di un incarico al marito ingegnere presso il Cara di Mineo. In un'intercettazione, Caramma si lamenta con la moglie della distanza chilometrica: «La situazione non sembra particolarmente critica… io più di due volte alla settimana non ci posso andare, Silvana… sono ancora per strada, sono morto… io è dalle sei di mattina che sono in giro… penso di andarci un pomeriggio e una giornata se per loro va bene». A quel punto Saguto lo tranquillizza: «E se no due giornate, però vediamo, piano piano, vedendo facendo». Caramma replica: «Io non ce li ho due giorni liberi».

Denaro «Documenti»: così, secondo la Guardia di finanza, viene definito il denaro dal giudice Saguto e dall'avvocato Cappellano Seminara. La Guardia di finanza indaga su un presunto scambio di denaro tra il giudice e il legale. Tra il 22 e il 27, Saguto viene intercettata al telefono con Seminara: «I documenti li hai fatti, li hai preparati? Già siamo in ritardo, se no, non ci arrivo più». Saguto in quei giorni, riferiscono gli inquirenti, ha bisogno di denaro per far fronte alle innumerevoli spese, come lamenta con i familiari: «Voi non potete farmi spendere dodici, tredici, quattordicimila euro al mese, noi non li abbiamo questi introiti».

Figli Il 6 luglio Saguto si sfoga al telefono con un'amica: «Sono incazzata con Elio. Mi spende troppi soldi. Ogni giorno c'è una spesa di settanta, ottanta, cento, solo per lui diventano tremila. Oggi ha comprato il tagliaerbe e l'aspirafoglie». Lorenzo Caramma è preoccupato perché la moglie starebbe mancando d'attenzione nei confronti dell'altro figlio: «Dice che tu te ne stai fregando di lui perché la macchina non gliela vuoi comprare».

Ferie Il giudice Saguto era fisicamente a Milano ma dichiarava di essere in servizio a Palermo. Alla domanda del magistrato Fabio Licata: «Oggi sei in servizio o in ferie?», il giudice risponde: «Non sono in ferie. Sono *sfuggitiva*, ma non in ferie». A quel punto Licata conclude: «Va bene, quindi ci posso mettere il depositato oggi». Intende la data di deposito di alcuni atti.

LA MAFIA NELL'ANTIMAFIA

Dall'inchiesta di Caltanissetta «emergono fatti relativi a una complessa e anomala gestione del settore "Misure di prevenzione"»; sicché, per aver «compromesso credibilità e prestigio della magistratura», il Csm ha disposto il 14 ottobre 2015 la sospensione dalle funzioni e dallo stipendio di Silvana Saguto. Per il suo vice, Fabio Licata, indagato per concorso in corruzione, ha stabilito il trasferimento a Messina; Lorenzo Chiaramonte, un altro magistrato della Sezione, accusato di abuso d'ufficio, è invece finito a Marsala.

Tutto risolto, quindi? Evidentemente no, e non soltanto a Palermo. Il caso Saguto è soltanto la faglia più rumorosa del terremoto che sta devastando il movimento antimafia e uccidendo l'ultimo embrione di fiducia in un Sud libero dalla criminalità organizzata.

La lista di inchieste e polemiche intorno agli antimafiosi è impressionante. Basterà ricordarne alcune.

– A Locri, in Calabria, nel gennaio 2016 la fondatrice del Movimento donne di San Luca, Rosy Canale, è stata condannata a quattro anni per essersi comprata gioielli, auto e abiti con i fondi pubblici destinati alla sua associazione antimafia. Alla madre che le sconsigliava quello stile di vita, Rosy rispondeva con tanti: «Me ne fotto, mica sono soldi miei». E pensare che le avevano pure dato il premio Borsellino, poi revocato.
– A Reggio Calabria c'è l'ormai ex presidente del museo della 'Ndrangheta, Claudio La Camera, indagato per appropriazione indebita; secondo la Guardia di finanza avrebbe utilizzato parte dei finanziamenti pubblici destinati al museo per viaggi e spese personali, compreso «un pollo di gomma per far giocare un cane».
– In Campania, Silvana Fucito – eroina dell'antiracket, nominata cavaliere del lavoro e poi celebrata da una fiction su Rai 1 – ad aprile 2014 è stata indagata per un presunto giro di fatture false concordate, secondo i pm, con il marito Gennaro Petrucci. Al quale, invece, le Fiamme gialle hanno addirittura messo le manette per le accuse di associazione per delinquere, emissione di fatture per operazioni inesistenti e simulazione di reato. Alla coppia le Fiamme gialle hanno anche sequestrato beni per più di tre milioni di euro.
– Il 2015 in Sicilia è cominciato con l'arresto in flagranza di reato di uno degli eroi dell'antiracket siciliano, il presidente della Camera di commercio di Palermo Roberto Helg, poi condannato in primo grado a quattro anni e otto mesi. L'accusa? Tangenti.

- Nell'ottobre 2015, per presunte mazzette, è stato arrestato Dario Lo Bosco, presidente di Rete ferroviaria italiana e dell'Ast, l'Azienda siciliana trasporti, ovvero l'ente regionale più grande, con i suoi mille dipendenti. Anche Lo Bosco era un paladino dell'onestà.
- Il 22 gennaio 2016 un avviso di garanzia è invece arrivato ad Antonello Montante, vicepresidente nazionale di Confindustria con delega alla legalità, sospettato di avere un «rapporto continuativo» con la mafia da circa venticinque anni.
- Il 23 febbraio 2016 il tribunale di Catania ha sequestrato per infiltrazioni mafiose la Tecnis, la più grande impresa edile del Mezzogiorno. I suoi titolari, Francesco Domenico Costanzo e Concetto Bosco Lo Giudice, accreditatisi come i più incorruttibili tra gli imprenditori, risultano coinvolti nel giro delle mazzette Anas. Al mensile «I Love Sicilia» Costanzo spiegava che «la legalità per un imprenditore è responsabilità sociale e dovere morale».
- Il 22 aprile 2016 Pino Maniàci è stato accusato di estorsione ai danni di due amministratori comunali. Il patron di Telejato, una tv distintasi per la lotta alla mafia, avrebbe chiesto soldi in cambio di silenzio mediatico. «Ormai tutti, e dico tutti, tremano se li sputtano in televisione», si vantava al telefono con l'amante. Nel dicembre 2014 gli avevano impiccato due cani. A ucciderli era stato il marito della sua donna, Maniàci lo sapeva, ma si era rivenduto la favola dei boss assassini di cuccioli. Intercettato subito dopo, rideva di quanti si erano mostrati solidali. Questo è un campionario delle sue parole: «Tutti in fibrillazione sono, pensa che mi ha telefonato quello str... di Renzi»; «Ora la scorta mi danno»; «Faccio il sindaco o l'onorevole, con 22 mila euro al mese: auto blu, la scorta, l'autista»; «Mi hanno invitato dall'altra parte del mondo per andare a prendere il premio internazionale del cazzo di eroe dei nostri tempi». Deprimente.

Ecco, chissà se sta materializzandosi il vecchio progetto di

Bernardo Provenzano di infiltrare la mafia nell'antimafia. Di sicuro – denuncia Catello Maresca, il pm anticamorra che fra le altre cose ha scovato il superlatitante Michele Zagaria – «oggi è necessario smascherare gli "estremisti dell'antimafia", i monopolisti di valori, le false cooperative con il bollino, le multinazionali del bene sequestrato». E comunque dovremmo almeno «tutti riconoscere», segnala lo storico Paolo Mieli, «che il pericolo era stato ben intravisto trent'anni fa da Leonardo Sciascia per quanto è ormai evidente che il malaffare siciliano ha adottato il codice di camuffarsi dietro le insegne dell'antimafia». Infine, scrive Lirio Abbate sull'«Espresso», «negli ultimi anni gran parte dell'antimafia sociale sembra non essere ben definita. Al proprio interno si stanno scoprendo spesso "infiltrati", uomini della mafia che si travestono di antimafia o politici e imprenditori che si avvolgono nel mantello antimafioso per camuffarsi».

Le cose stanno esattamente così. Come ci siamo arrivati? Semplice.

Sentenziava Bertolt Brecht nella *Vita di Galileo*: «Sventurato quel popolo che ha bisogno di eroi». Per noi meridionali, popolo più che sventurato, gli eroi vengono costruiti a tavolino dalle classi dirigenti. E fa nulla che spesso siano evidentemente fasulli. Persino un taroccatore seriale come Massimo Ciancimino – figlio di Vito, l'ex sindaco mafioso di Palermo – ci è stato venduto come credibile dalla «meglio stampa» nazionale e definito «quasi un'icona antimafia» da Antonio Ingroia, l'ex pm passato (male) alla politica.

E ora? Cosa possiamo fare contro gli impostori del legalismo? Certamente, solo per iniziare, una cosa assai facile: «Smetterla di dare i soldi alle associazioni antimafia o ai convegni», propone il procuratore Nicola Gratteri. Anche perché nella cosiddetta società (in)civile si registrano molte ambiguità, spesso mosse proprio dai finanziamenti pubblici. A quanto ammontano? Quantificarli è impossibile, sia per l'eterogeneità dei soggetti erogatori (Unione europea, ministeri, Regioni, Province, Comuni, fondazioni bancarie, imprese, privati), sia per il numero infinito di associazioni ricettrici, che si calcola siano intorno a diecimila. Di sicuro, e rimanendo molto bassi nella stima, il giro d'affari supera i trenta milioni di euro all'anno.

I soldi degli enti pubblici non sono gli unici a girare nel mondo dell'antimafia. Un altro scandaletto è rappresentato dalle costituzioni di parte civile nei processi contro mafie e mafiosi, che talvolta portano a incassi ulteriori. «Non c'è gruppo o gruppetto che non provi a costituirsi come soggetto danneggiato in un grande processo», ha spiegato Attilio Bolzoni su «Repubblica», «aprendo sedi improvvisate nella città dove si celebra il dibattimento. È un baraccone itinerante, un circo. A volte, anche un trampolino per la politica».

Fin qui i vizi dei falsi combattenti per la legalità. Ma resta ancora da raccontare la rissa politico-culturale tra chi ritiene di essere più giusto tra i giusti; una ferita ulteriore al corpo malato del Sud.

Al centro della disputa c'è don Luigi Ciotti, che ha notoriamente un caratteraccio e quindi non aiuta di certo a rasserenare gli animi. Tra il 2015 e il 2016 gli sono piovute addosso molte critiche. A muoverle alcuni antimafiosi duri e puri quanto lui. Ha cominciato Franco La Torre, figlio di Pio, il segretario regionale del Pci ucciso su ordine diretto della cupola di Totò Riina e Bernardo Provenzano il 30 aprile 1982.

Franco è stato cacciato da Libera quando ha toccato i nervi scoperti dell'associazione – come ha spiegato nelle lettere in cui comunica il suo allontanamento – «a cominciare dal processo di formazione della classe dirigente, non adeguata alla crescita dell'organizzazione. È come se avessimo rinunciato a incidere nel dibattito politico. La nostra voce si sente meno e, attorno, il silenzio è assordante, crescente è l'eco dell'antimafia di convenienza e dell'antimafia schermo d'interessi indicibili».

La Torre ha pure indicato nel caso Saguto una delle vicende in cui Libera non ha saputo scansare quegli «interessi indicibili».

Il giudice, infatti, si è difesa dicendo che «i nomi degli amministratori giudiziari li abbiamo chiesti a Libera e altre associazioni». Nessuno ha replicato e La Torre lamenta che, se non c'è stata complicità, di sicuro si è rivelato un omesso controllo.

Le distrazioni capitano quando si diventa troppo grandi. Libera conta 1600 cooperative associate, gestisce 1400 ettari di terreni confiscati alle mafie e fattura sei milioni di euro all'anno. Numeri importanti, da holding dell'antimafia e sui quali bisognerebbe riflettere in maniera civile.

Ha provato a farlo anche Catello Maresca. «Libera è stata un'importante associazione antimafia», ha spiegato a «Panorama», «ma oggi mi sembra un partito che si è autoattribuito un ruolo diverso. Gestisce i beni sequestrati alle mafie in regime di monopolio e in maniera anticoncorrenziale. Personalmente sono contrario alla sua gestione e la ritengo pericolosa perché ci si possono inserire persone senza scrupoli che approfittano del suo nome per fare i propri interessi». La replica «costruttiva» di don Ciotti? Una querela a Maresca.

E così ora i ciottiani esultano, i mareschiani s'indignano e i boss ridono.

I COMPLICI

E poi ci siamo noi, i meridionali.
Noi.
Vittime sacrificali di cerimonie politiche ed economiche.
Ostaggi delle mafie e delle sue crudeltà.
Schifati da italiani come noi.
Noi.
Prigionieri del sentimento.
Assopiti davanti al fallimento del presente.
Fermi nell'attesa del buio dell'avvenire.
Noi, spesso colpevoli di noi. E per questo complici.

L'atavico fatalismo meridionale – la nostra rassegnazione all'immutabilità delle cose, che pure aveva un suo coté *aulico – è divenuto assuefazione al brutto.*

Sarà per stanchezza, impotenza o dolore, però nel Mezzogiorno abbiamo completamente smarrito l'idea di bellezza. Che riguarda il buon gusto, sì, ma principalmente la qualità della vita.

L'avrò sentito centinaia di volte, anche da quei pochi amici colti e raffinati che ho. Sottolineano che «il Sud non è la Svizzera» e giustificano qualsiasi nefandezza dietro la maschera felice di una presunta diversità antropologica.

Ma la nostra diversità non è affatto felice; se fosse così, perché rivendicare più diritti per il Mezzogiorno?

Soprattutto, assorbendo nel nostro costume tale diversità, ci siamo così abituati al brutto da farlo diventare normalità.

Questa assuefazione culturale è una complicità evidente con mandanti ed esecutori dell'omicidio del Sud. Ed è una complicità così diffusa da potersi dimostrare in un dizionario della dis-qualità della vita comunemente accettato da noi meridionali. Senza reazione alcuna.

Noi meridionali
(Dizionario delle complicità)

> L'espressione malinconica dei tuoi occhi, la tua aria tra rassegnata e distratta, i tuoi gesti molli... ecco un buon punto di partenza. Che cosa c'è dentro di te in questo inizio avanzato di millennio?
>
> DOMENICO REA, *La dismissione*

ABUSIVISMI

Al Sud ci sono abusivi di tutti i tipi: inquilini, venditori, ristoratori, tassisti, guide turistiche: al Sud ci sono abusivi di tutti i tipi. Noi meridionali, però, non ci facciamo troppo caso. Almeno per quieto vivere, tendiamo a voltarci dall'altra parte. E anche quando non lo facciamo troviamo sempre la stessa giustificazione: «In fondo, meglio questo che rubare».

E invece rubano eccome: ai meridionali per bene che pagano le tasse per svolgere le loro professioni, ai disastrati bilanci dei Comuni, ai nostri figli che cercano un lavoro legale e trovano la concorrenza sleale. Rubano a tutti, gli abusivi; agli individui e alla società.

I peggiori sono i parcheggiatori che occupano impunemente le strade del meridione e ora cominciano a invadere anche il Centro Italia, a partire da Roma.

I più odiosi stazionano davanti agli ospedali. Chi si muove in macchina per recarsi al Cardarelli di Napoli, il più grande nosocomio del Mezzogiorno, è due volte sventurato: la prima per l'ansia verso il parente ricoverato, la seconda per la sosta;

anche sistemando l'automobile nelle strisce blu e munendosi di regolare ticket, deve obbligatoriamente versare un obolo al parcheggiatore e al suo clan di riferimento.

Lo sappiamo tutti: le zone di sosta vengono assegnate dai boss ai parenti degli affiliati, a Napoli come altrove. Eppure continuiamo a dare loro soldi, come se nulla fosse, perché «in fondo, meglio questo che rubare». Una cretineria pensata e detta soltanto per lavarci la coscienza.

BORSEGGI

I borseggiatori sono i peggiori ambasciatori del Mezzogiorno nel resto d'Italia e d'Europa. Per indicarli abbiamo coniato un neologismo, «trasfertisti», perché per ripulire le prede si trasferiscono temporaneamente lontano da casa.

Al Sud, sedotti dal loro ingegno, spesso ne ridiamo. Ma c'è poco da divertirsi: i trasfertisti alimentano molti preconcetti sulla generale furfanteria meridionale, dannosi anzitutto sul piano culturale. D'altronde, le notizie ormai corrono veloci, e gli archivi sono colmi di racconti su questi filibustieri.

Abitualmente, operano da lupi solitari nelle zone dei porti e nelle città d'arte. È in questi luoghi che sottraggono portafogli e cellulari a crocieristi e turisti. Come? Una modalità raffinata è l'utilizzo delle pinze da chirurgo. Venezia è la più colpita perché ospita entrambe le potenziali categorie di vittime; tra le grandi città italiane, è quella dove nel 2015 si registra il maggior numero di scippi e furti: circa settecento colpi ogni centomila abitanti.

A volte, però, i lupi si muovono in branco. A Bologna, in quattro (due siciliani e due campani) per settimane hanno svuotato le borse di ignari viaggiatori sugli autobus cittadini. A Perugia, Milano, Torino, persino a Cannes, hanno invece usato i classici trucchi automobilistici che a Sud difficilmente funzionano ancora. Per gli orologi, in particolare, vige quello dello specchietto retrovisore: un complice rompe lo specchietto e quando il conducente allunga la mano per sistemarlo, l'altro gli sfila il Rolex (o lo Jaeger-LeCoultre o l'Audemars Piguet e via elencando).

Fondamentalmente, però, vale sempre l'urto accidentale e il relativo furto con destrezza; una banda di trasfertisti è stata individuata allo stadio San Siro, con addosso le maglie nerazzurre: urtavano i veri tifosi fingendo di essere ubriachi di gioia per la vittoria dell'Inter.

Per il furto completo è invece rinomata la «scusa del neonato»: il malcapitato che viaggia su una via secondaria e isolata trova sulla strada una madre con in grembo un bambino piangente; quando l'automobilista si ferma per vedere cosa accade, i parenti della donna gli portano via ogni cosa. La trasferta, in questi casi, è di famiglia. Quasi una gita.

CONTRABBANDO

Chi sono i contrabbandieri di sigarette? Elementare, Watson: «Padri di famiglia che soltanto così possono sfamare i loro figli». Questo luogo comune inventato da noi meridionali spiega esattamente quanto a Sud sia diventato labile il confine tra il bene e il male; quanto fra noi, insomma, avanzi un'interpretazione relativa del concetto di legalità.

Ai padri di famiglia, nel Mezzogiorno, viene spesso perdonato di tutto. Anche al contrabbandiere «di base», che non è affatto un brav'uomo mosso dalla disperazione: è un manutengolo imposto dai clan e ai quali i boss concedono una percentuale sulle vendite.

E così, seguendo un percorso di tolleranza, a Napoli – dove lo spaccio di sigarette fuori legge è tornato normalmente a manifestarsi per strada – più della metà del mercato di tabacco è tornato a essere illegale; mentre in Italia una bionda su dieci arriva dal contrabbando, sotto il Vesuvio conta per il 50,6% dei traffici. Ed è sempre per Napoli che transita l'80% delle stecche clandestine distribuite nell'intero stivale.

Ovviamente, succede perché ci sono i clienti, e pure molti, che pensano di fare i furbi fregando lo Stato. Forse non sanno che stanno fregando la loro salute: la gran parte delle sigarette di contrabbando sono false. La Philip Morris denuncia costantemente che l'80% dei pacchetti venduti con il suo marchio risulta contraffatto. Il report più completo lo ha tuttavia pubblicato un'altra multinazionale, Bat, British American Tobacco, dopo l'analisi nei laboratori dell'Anti Illicit Trade Intelligence Unit di Southampton. Nelle bionde taroccate ha trovato di tutto e di più, cose da nausea repentina. Ecco la lista, sconsigliata ai deboli di stomaco: uova di insetti, zanzare, filamenti di metallo, pesticidi, veleni per ratti, arsenico, segatura, coleotteri, escrementi, plastica, capelli e piombo. Fino ai peli di topo.

Sono porcherie che fanno bene soltanto alle casse dei boss italiani, soci (di minoranza, però) della cupola mondiale che governa il mercato del contrabbando e che, secondo l'istituto Transcrime, fa guadagnare alle organizzazioni criminali tra gli otto e gli undici miliardi di euro all'anno.

L'azionista principale è la mafia cinese, che produce le false bionde. Poi ci sono i distributori. Secondo Bat, un percorso vede i carichi arrivare a Dubai, poi in Ucraina e infine entrare in Europa dalla Polonia. Un altro percorso è invece marittimo: dalla Cina all'Africa, poi al Montenegro o alla Grecia e infine ai porti italiani: Gioia Tauro, Brindisi, Napoli e anche Genova. Approdi garantiti, a seconda dei casi, da 'ndrangheta calabrese, Sacra corona unita pugliese, camorra napoletana e Cosa nostra siciliana. Perché la regola dei produttori cinesi è chiara: in tutto il mondo il contrabbando non si fa senza l'accordo con le mafie locali.

Fatto sta che in Italia il traffico illecito di bionde sottrae all'erario almeno un miliardo e ottocento milioni di euro all'anno. Senza considerare che nel 2000, soltanto in Campania, la coltivazione del tabacco occupava settantottomila lavoratori. Nel 2015 gli occupati erano meno di cinquantamila in tutta Italia. Insomma: se ci sono decine di migliaia di disoccupati in più, è anche grazie al contrabbando, ai fumatori e ai contrabbandieri padri di famiglia. Uniti come un solo uomo per affamare le famiglie dei lavoratori onesti.

DISTRIBUTORI

La bibbia degli automobilisti è il mensile «Quattroruote». Nel luglio 2015, la rivista ha prodotto con Emanuele Barbaresi ed Emilio Deleidi un'eccellente inchiesta sui 118 distributori di benzina, merci e servizi presenti sulle autostrade adriatiche e tirreniche. Sarebbero i cosiddetti «autogrill», che ufficialmente non si possono chiamare così: la società Autogrill, infatti, gestisce soltanto una parte delle aree di servizio e tiene a non confondersi con i concorrenti.

Ma tant'è. Il viaggio adriatico di «Quattroruote» ha coperto il tratto da Trieste a Taranto, laddove finisce l'A14, perché Lecce – con i suoi 95 mila abitanti – viene considerata troppo piccola per meritare l'autostrada (poi forse, però, qualcuno ci spiegherà perché per servire Belluno, che di residenti ne conta appena 35 mila, è stata costruita l'A27). Attenti come pochi, i colleghi giornalisti segnalano un dettaglio per nulla trascurabile: «Più diffuse di un tempo le baby room, anche se la loro presenza non è ancora capillare; fatto curioso, sul versante adriatico, man mano che si procede verso Sud, vengono tendenzialmente sostituite da semplici fasciatoi, spesso presenti soltanto nei bagni delle donne e neppure segnalati».

Il fatto è curioso, ma in generale – al netto di qualche macchia presente pure nei distributori del Centro e del Nord –, dai giudizi espressi dai recensori emerge chiaramente che più si scende verso Sud e più diminuisce la qualità delle strutture.

È così anche sul percorso tirrenico. Qui, però, Barbaresi e

Deleidi sono partiti da Ventimiglia, al confine della Francia, e si sono fermati a Napoli, come se la Napoli-Salerno e la Salerno-Reggio Calabria fossero state cancellate dalle cartine autostradali.

Ho cercato una motivazione compulsando l'articolo di «Quattroruote», ma non l'ho trovata. Nelle stesse pagine c'è persino un box sul tratto Rosignano-Civitavecchia, che attende da decenni un'autostrada sostitutiva della vecchia statale Aurelia. Ma dei 494 chilometri dell'A3 non v'è traccia.

Poiché Barbaresi e Deleidi non sembrano tipi da risparmiarsi (hanno percorso quattromila chilometri, cinquecento in più sarebbero stati ben poca cosa); considerato che va subito scartata l'ipotesi «razziale» (se non altro perché «Quattroruote» vende benino pure al Sud); stabilito che sulla Napoli-Reggio Calabria ci sono quattordici distributori (ventidue, considerando quelli a specchio, cioè piazzati uno di fronte all'altro); detto tutto questo, l'unica spiegazione ipotizzabile è che i due colleghi considerino l'A3 una non-autostrada, almeno per quanto riguarda le aree di servizio.

Fosse così, non sbaglierebbero. Qualora proseguissero il viaggio verso Reggio Calabria, troverebbero condizioni ben peggiori di quelle segnalate nella loro inchiesta. In grandissima parte, sull'A3 le aree sono ferme al 1972, quando la prima versione dell'autostrada venne completata in tutta fretta.

Sono generalmente squallidi, i distributori del Sud. E se è vero che la civiltà di un luogo si misura dai suoi servizi igienici, allora nel Mezzogiorno siamo proprio messi male. Provate a usare, per esempio, la toilette dell'area di Rosarno (o Contursi o Salerno, fate voi). Tra puzze nauseabonde, water intasati, rubinetti arrugginiti, muri scrostati, piastrelle cadenti e insetti vari, ne uscirete con la voglia di disinfestarvi. Sappiatelo: non è responsabilità di chi pulisce. Gli impianti non reggono più il peso degli anni, i gestori dovrebbero raderli al suolo e ricostruirli.

Che colpa ne abbiamo noi meridionali viaggiatori? Nessuna, se non la solita accondiscendenza fatalistica. Subiamo senza reagire, e questo non è un bene, per noi stessi e per il Sud.

È noto: sono i comportamenti individuali a muovere il mondo. Potremmo – anzi dovremmo – boicottare i distributori dello scandalo. E i loro padroni, per i quali le aree di servizio sono soltanto una parte di holding ben più ampie.

Producono tante cose, questi padroni, e le vendono anche nel Mezzogiorno. Basterebbe scegliere i loro concorrenti e il gioco sarebbe fatto.

EDITORIA

I «meridionali flambé» – gli integralisti del pensiero –, seppur minoranza, sono focosi: si infiammano davanti alla minima critica rivolta al Sud.

Luigi de Magistris, per esempio, è arrivato a querelare il conduttore Massimo Giletti per aver detto all'*Arena* di Rai1 – il 1° novembre 2015 – che Napoli «è indecorosa e in certi punti abbandonata». L'Agcom, l'Autorità per le garanzie nelle comunicazioni, ha assolto Giletti già il 30 gennaio 2016, stabilendo che in quelle parole non si registrano «attendibili profili di violazione alla normativa in materia di obblighi di programmazione e di tutela dei minori».

La sentenza era scontata in partenza. Non c'è stato neanche bisogno di entrare nel merito della questione, perché Giletti ha semplicemente manifestato la sua libertà di pensiero, una libertà innegabile. Soltanto nei regimi totalitari, infatti, la politica stabilisce cosa può dire o non dire un giornalista.

I meridionali flambé ritengono invece che il Sud debba essere intoccabile. Nella loro visione, al limite può parlare di Mezzogiorno soltanto chi c'è nato o ci vive; in caso contrario, riducono qualsiasi critica a «invenzione», «complotto» e «razzismo». E non si capisce perché.

Quando la grande stampa ha puntato gli scandali settentrionali – dagli esordi dell'Expo di Milano al Mose di Venezia fino alle varie corruzioni della sanità lombarda –, la reazione del corpo sociale nordista è stata di indignazione contro i delinquenti, mica contro il sistema dell'informazione; se i giornalisti, anche meridionali, raccontano il degrado dello stabile occupato da drogati e clandestini in via Fava, a Milano, nessuno urla alla cospirazione sudista contro il Nord; e allorché una brava cronista dell'«Espresso», Floriana Bulfon, ha svelato il mercato dei pedofili nei sotterranei della stazione di Roma Termini, è stata ringraziata da decine di associazioni capitoline, non insultata.

Per fortuna, però, la parte più consistente dell'opinione pubblica meridionale resta lontana dal fuoco della passione autolesionista. Pretenderebbe soltanto che l'informazione affrontasse il tema Sud in modo più equilibrato.

È una richiesta legittima ma inattuabile. Le tv sono tutte centro-nordiste e nel Mezzogiorno mancano persino i grandi gruppi editoriali di carta. L'unica testata con qualche incidenza nazionale è «Il Mattino» di Napoli, che peraltro ha un patron romano, Francesco Gaetano Caltagirone. Ciononostante, bisogna riconoscere che il quotidiano partenopeo lotta in maniera intelligente in favore del Sud, ma può pochissimo poiché incide quasi esclusivamente sulla Campania.

Il problema è esattamente questo: purtroppo nessun imprenditore ha mai investito su un potenziale polo informativo meridionale, capace di rappresentare l'intero Mezzogiorno. Gli editori sudisti scommettono poco e generalmente su operazioni di piccolo cabotaggio, magari legate a un politico locale, che ha come unico interesse la copertura mediatica della sua area elettorale.

Eppure, per farsi valere, il Sud avrebbe un bisogno straordinario di giornali, tv e radio di cultura e spinta meridionale. Servirebbe alla politica, all'economia e persino al calcio. Anche i giornali sportivi, infatti, sono tutti centro-nordisti. E lo scudetto, quando conti poco nel sistema dell'informazione, difficilmente lo vinci. In tutti i campi.

Il Sud è il regno dei falsi.

Sono i fatti a stabilirlo, inchieste e arresti invadono copiose le cronache nazionali. E dimostrano, senza tema di smentita, che noi meridionali riusciamo a taroccare qualsiasi cosa e a qualsiasi livello.

Solo per rinfrescarci tutti la memoria, ecco un sintetico campionario di oggetti, documenti e lavori falsificati nel Mezzogiorno d'Italia:

- shampoo, bagnoschiuma e detersivi;
- le spugnette per lavare i piatti;
- i decoder delle pay-tv;
- gli esami per l'abilitazione alla professione di avvocato;
- le testimonianze ai processi;
- le associazioni di volontariato;
- le residenze a migliaia di cinesi;
- le pratiche di disoccupazione per le badanti;
- gli esami per le patenti nautiche e automobilistiche;
- i cibi per uomini e per cani;
- pentole, piatti e posate;
- i contratti per i loculi al cimitero (i parenti hanno impugnato lo sfratto dei morti: tutto vero);
- i concorsi pubblici;
- le assunzioni private;
- i clown e i domatori di leoni nei circhi (erano clandestini senza permesso di soggiorno, se lo sono comprato così);
- le pubblicazioni prodotte dai docenti universitari;
- i dentisti;
- i certificati medici;
- le gare d'appalto;
- gli incidenti stradali (ci sono prove di false vittime disposte a farsi sfregiare pur di truffare le assicurazioni);
- le richieste per i fondi europei (soltanto nel 2015 sono stati sottratti illegalmente all'Europa 142 milioni);

– e, persino, le presenze nei consigli comunali.

In questo senso, la Sicilia è maestra: il 12 novembre 2015, a Messina, dodici consiglieri comunali sono finiti nei guai perché avrebbero intascato i gettoni di presenza senza partecipare ai lavori nelle commissioni consiliari; costo per la collettività: un milione di euro. Ad Agrigento sono stati più accorti. Formalmente, le commissioni si riunivano pure, ma in maniera spropositata, festività comprese: 1133 volte nel solo 2014 per un costo di 290 mila euro all'anno. A Priolo, in provincia di Siracusa, i consiglieri si sarebbero invece aumentati l'indennità del 417%, superando la cifra record di 650 mila euro in assegni ai politici.

La categoria più sottovalutata dell'economia del falso sono comunque gli stampatori di soldi e documenti. Quelli tra Caserta e Napoli sono i migliori. Per questo vengono ingaggiati da clienti di ogni parte del mondo, dai piccoli truffatori alle intelligence planetarie, fino – addirittura – ai terroristi islamici.

Euro di carta e di moneta, passaporti, ticket restaurant, carte di credito, libretti di risparmio bancari, permessi di soggiorno, contrassegni per la sosta dei disabili, libretti di circolazione, tessere sanitarie, patenti; in talune tabaccherie, la polizia postale ha finanche rintracciato francobolli taroccati normalmente in vendita.

Il «quadrilatero del falso» è compreso tra Scampia, Aversa, Qualiano e Afragola. Grazie a matrici, carte filigranate, macchine a caldo, è nel suddetto quadrilatero che viene prodotto circa il 60% del denaro falso che circola in Europa e in Africa, soprattutto banconote da venti e cinquanta euro. Al centro c'è Giugliano, dove la contraffazione è un'arte tramandata da padri a figli, ora più abili ad armeggiare pure con le nuove tecnologie. Computer e stampanti ad alta definizione, associati ai timbri con gli stemmi della Repubblica italiana (e non solo italiana) hanno industrializzato la produzione.

Fin qui i professionisti. Ogni tanto, però, si manifestano anche dei volgari imitatori. È capitato, per esempio, che i dipendenti dell'ufficio anagrafe della municipalità di Secondigliano, a Napoli, distribuissero marche da bollo contraffatte. Con un lavaggio chimico e una successiva ritinteggiatura a mano trasformavano il valore del bollato da ventisei centesimi a sedici euro.

A proposito di imitazioni: intorno al mio paese d'origine, Sant'Antimo, c'è l'ormai ex «Varese del Sud». Comprende Arzano, Casoria e Grumo Nevano, e negli anni settanta divenne uno straordinario polo manifatturiero, produceva grandi pezzi per grandi marchi. Nel decennio successivo le griffe dei paninari, le firme della Milano da bere, erano prodotte da noi, nell'hinterland napoletano. Calzature, tessile e anche altro: c'erano quasi trecento unità produttive con almeno dieci dipendenti (95 ad Arzano, 79 a Casoria, 55 a Grumo Nevano, 37 a Casavatore, 21 a Frattamaggiore). Il declino è arrivato con l'incapacità di investire sull'innovazione, persino di costituire un consorzio.

Non furono limiti indotti dai boss. Perché, sia chiaro, non tutto quanto accade al Sud dipende dalla criminalità organizzata. Anzi, le mafie sono spesso servite da alibi per coprire le carenze dello Stato e dei privati.

Nella Varese del sud la decadenza è arrivata prima del boom economico dei paesi emergenti (i cosiddetti Brics). Il successo del distretto comportò una crisi di crescita che nessuno ha saputo gestire, la globalizzazione ha soltanto staccato la spina di un corpo artigianale e industriale in coma. Il placebo lo ha fornito, a un certo punto, la camorra, proprio con l'industria del falso. È finita con i maestri artigiani prima ridotti a produrre localmente falsi d'autore e poi emigrati a insegnare la loro arte nel mondo. E la gran parte delle volte, pure chi ha una fabbrica legale la gestisce evadendo tasse e contributi e sfruttando il lavoro nero. Il 90% delle aziende periodicamente controllate dall'Inps risulta irregolare. Nove su dieci.

Hanno vinto soltanto quelli che hanno ragionato in grande. Quando in Europa si beve una Coca-Cola alla spina, con tutta probabilità il bicchiere di cartone in cui viene servita arriva dalla Seda di Antonio D'Amato, il cui packaging copre il mercato di mezzo mondo. Quando manager, banchieri e magnati planetari comprano un abito Kiton, difficilmente immaginano che il marchio è di Arzano invece che londinese. E pochi chilometri più in là, a Caivano, c'è la Harmont & Blaine fondata da Domenico Menniti nel 1986. Invece di produrre per altri lo ha fatto per sé. Passo dopo passo si è imposto nel villaggio globale e ora ha come unico, vero competitor un marchio storico come Ralph Lauren.

Ma sono esempi rari. Hanno opportunamente puntato su innovazione e qualità invece di rincorrere il mito della quantità. Ma per il resto ci sono italiani che si ostinano a produrre Hogan, Gucci e Louis Vuitton, scarpe, giubbotti e borse false.

A Sant'Antimo hanno scoperto una di queste fabbriche il 23 gennaio 2016. Per clonare i prodotti, i titolari usavano materia prima cinese ma erano «oltre» i cinesi di Matera: avevano costruito una fonderia a cielo aperto, dove tra fumi e vapori tossici lavoravano decine di manovali «in nero», mentre i solventi industriali venivano scaricati nelle fogne senza nessun procedimento di bonifica.

Gli operai prendono – a Sant'Antimo come altrove – appena duecento euro al mese, cinquanta a settimana. È una legge di mercato. La gran parte di Hogan, Gucci e Louis Vuitton fasulli – e anche profumi, detersivi, champagne, cd, film, videogiochi, giocattoli – li producono indiani e cinesi in patria senza l'assillo dei controlli dell'ispettorato del lavoro italiano. A costi, insomma, che nemmeno il nero italiano di un tempo poteva più sopportare.

Il Censis calcola che i falsi delle nazioni emergenti (ma lo sono davvero quelle che schiavizzano le persone, bambini compresi?) fanno perdere all'Italia centodiecimila posti di lavoro legali e generano nel nostro paese un giro d'affari di 6,9 miliardi di euro. Di questi, quasi tre miliardi riguardano la Campania. Il 42,3% del totale.

Si tratta di milioni di pezzi: abbigliamento (due milioni), giocattoli (trecentomila), detersivi (trecentomila). A Napoli e Gioia Tauro molti prodotti già finiti (e cancerogeni) arrivano al porto su bastimenti anonimi dove vengono consegnati ai clan che giostrano la distribuzione. Tranne la salute, ci guadagnano tutti: indo-cinesi, camorristi e consumatori. Indo-cinesi e camorristi aumentano il fatturato illegale, i consumatori spendono meno.

È la deflazione dell'illegalità, nascosta dentro taluni negozi dei quartieri bene italiani, assai visibile d'estate, in spiaggia, quando ci precipitiamo a comprare i prodotti taroccati dai venditori abusivi riforniti dalle mafie.

A furia, poi, di taroccare i prodotti, noi meridionali abbiamo smarrito la verità. Alcuni hanno addirittura perso ogni senso del pudore, tanto da segnalarsi come i più spregevoli tra gli individui. Mi riferisco ai falsi invalidi e lo faccio in maniera quasi sommessa per quanto me ne vergogno profondamente.

Il rapporto Inps del 2016 è impietoso, Sergio Rizzo del «Corriere della Sera» lo analizza così: «In Italia si pagano 2 milioni 980.799 "prestazioni" agli invalidi civili. Dove per "prestazioni" si intendono pensioni e indennità di accompagnamento oltre agli assegni per ciechi e sordomuti. Ebbene, un milione 335.093 di questi trattamenti di invalidità, pari al 44,8 per cento del totale, riguardano il Sud, dove risiede il 34,4 per cento della popolazione. Nelle Regioni meridionali il rapporto è dunque di un assegno ogni 15,6 abitanti, contro uno ogni 23,5 nel resto del Paese. Mentre se le pensioni di invalidità fossero in proporzione identica rispetto al Centro Nord, il loro numero non dovrebbe superare 890 mila. Quindi ce ne sarebbero 445 mila di troppo: un terzo». C'è un abisso, insomma, tra le invalidità in Veneto, Lombardia ed Emilia-Romagna (45 ogni mille abitanti) e quelle di Campania (84), Puglia (85), Sicilia (91), Sardegna (92) e Calabria (addirittura 97).

È chiaro che i conti non tornano e infatti, nella sola Campania, «18.846 controlli hanno fatto scoprire 5.543 irregolarità, con la revoca di altrettante pensioni: quasi il 30 per cento». Ma è nell'intero Sud che i magistrati arrestano regolarmente qualcuno tra sordi che ascoltano musica, paraplegici che guidano la motocicletta e zoppi che si danno alla maratona. «Se potessimo ricostruire l'iter della procedura per l'assegnazione della pensione di invalidità», sottolinea un gruppo di economisti de lavoce.info, «vi vedremmo coinvolti "micro-imprenditori del consenso", medici di famiglia, medici specialisti, medici delle istituzioni, funzionari, magistrati, consulenti, patronati, organizzazioni mafiose locali».

Più o meno questa filiera è stata ricostruita a Catanzaro quando hanno beccato l'istruttore di bodybuilding cieco, a Bari la paralizzata che faceva la spesa, a Sassari un pensionato che secondo i medici «soffriva di svariate patologie ed era affetto da decadimento cognitivo dovuto allo stato di alcolista», incapace «di compiere gli atti quotidiani», anzi «in grave pericolo di vita», quindi «invalido con totale e permanente inabilità lavorativa al 100%, con necessità di assistenza continua e dell'indennità di accompagnamento». In realtà – scrive la procura di Sassari – «si muoveva del tutto autonomamente, andando persino a caccia». Con regolare licenza, sia chiaro.

Spicca poi l'incredibile storia di Salvatore Alajo, detto «il fuoriclasse». Approfittando della sua condizione di consigliere di municipalità a Napoli, si era messo a capo di un'associazione specializzata in raggiri a danno dello Stato. A partire dal 2010 è già stato in carcere cinque anni, ha pendente una condannna a quattro anni e attende altri processi, sempre con la stessa accusa: truffa. Era riuscito a piazzare duecentocinquanta falsi invalidi napoletani e altri ottocento stava per sistemarli. Nell'aprile 2016 è emerso l'ennesimo dettaglio avvilente: anche lui gode di un vitalizio di invalidità. Sostiene che gli spetta. Io dico soltanto che è nato nel 1974 e sembra stare assai bene di salute.

GRANDI EVENTI

Milano si è rigenerata con l'Expo, Torino grazie alle Olimpiadi invernali, su Roma si investe periodicamente su giubilei cattolici, manifestazioni sportive planetarie e superflue rassegne pagane (tipo il festival internazionale del Cinema quando l'Italia ha già Venezia). E il Mezzogiorno? Nulla, non pervenuto. A meno che non si consideri un grande evento l'assegnazione – ufficializzata il 5 marzo 2016 – delle universiadi del 2019 a Napoli.

La politica ha festeggiato come se fossero il più grande evento nella storia dell'umanità. Il governatore Vincenzo De Luca ha spiegato che «sarà un'occasione di rilancio mondiale», per il sindaco Luigi de Magistris «la città è ritornata in testa per credibilità e capacità attrattiva». E Matteo Renzi è sicuro del «contributo che tale manifestazione potrà arrecare alla promozione e allo sviluppo di Napoli e dell'intera regione». Wow. E infatti sui social network è immediatamente esplosa la gioia dei miei conterranei partenopei.

Per chi non lo sapesse, le universiadi sono le olimpiadi degli studenti universitari. Si svolgono ogni due anni a partire dal 1959 e l'Italia detiene un record: ne ha organizzate già dieci. Non mi pare abbiano lasciato un gran segno e comunque ci sarà un motivo se, alla vigilia, Napoli era l'unica città al mondo candidata per l'edizione del 2019. Ma forse sbaglio io a diffidare.

Un dato, però, è senza tema di smentita: per l'Expo di Milano l'investimento è stato di circa due miliardi e quattrocento milioni, la gran parte stanziati dallo Stato italiano; per le universiadi la spesa prevista è di 269 milioni, tutti impegnati dalla Regione attraverso l'utilizzo di fondi già nel portafoglio della Campania. Non serve aggiungere altro.

HANDICAP

Quando si dice «guardare lontano»: il 26 gennaio 2016 la giuria di selezione del ministero dei Beni culturali, presieduta dal giurista Marco Cammelli, ha designato Pistoia capitale italiana della cultura del 2017. I motivi principali per la promozione della città toscana? «Relazioni con il territorio circostante» e «gestione del sistema bibliotecario». Per il secondo anno consecutivo è stata invece scartata la candidatura di Ercolano per l'assenza di tali e altri requisiti. A queste condizioni, però, è impossibile che una qualsiasi realtà socialmente complessa possa ottenere il riconoscimento. Così la giuria esclude quasi l'intero Sud, dove gli handicap di partenza sono tanti e troppi rispetto alle varie Pistoia centro-settentrionali. Tanto vale battezzare ogni anno la capitale centro-nordista della cultura, e non ne parliamo più.

Peccato, però, perché il giovane e coraggioso sindaco anticamorra di Ercolano, il renziano Ciro Bonajuto, aveva coinvolto scuole e ragazzi nel sogno di un riscatto culturale contro la criminalità organizzata. La città era letteralmente entusiasta. E invece nulla, i parrucconi ministeriali hanno deciso diversamente e la delusione ha investito centinaia di ragazzi in una zona a forte incidenza criminale.

Evidentemente Bonajuto indicava la luna e la giuria scrutava il dito, come spesso capita ai tecnici, concentrati sui cavilli più che sulla visione ideale e d'insieme della società che la politica, con tutti i suoi straordinari limiti, riesce ancora minimamente a produrre.

Il dato più drammatico è che questa bocciatura sciagurata sembra già passata allegramente in cavalleria. E invece quel dito andava spostato dalla luna alla faccia del presidente Cammelli. Ma nessuno lo ha fatto, nemmeno il sindaco. Anzi, fossi stato al suo posto, avrei ribaltato (verbalmente, per carità) le scrivanie di Renzi e del ministro Franceschini. Almeno avrei sfogato la rabbia. A Ercolano non è rimasta nemmeno quella.

INDIFFERENZA

Noi meridionali siamo dei sentimentali, ci emozioniamo con facilità, e questa è forse la nostra qualità migliore. All'opposto, però, conserviamo anche il difetto peggiore, ovvero l'indifferenza.

Il sentimento lo circoscriviamo al nostro ambito più ristretto: la famiglia, gli amici, qualche luogo dell'anima.

L'indifferenza, invece, riguarda tutto quanto rimane fuori da questa cerchia ristrettissima di affetti.

È evidente: mentre intorno a noi i mascalzoni (non pochi ma nemmeno tantissimi) impongono il brutto, rimaniamo colpevolmente disinteressati.

Penso anzitutto ai nostri territori, devastati da milioni di metri cubi di cemento, dalla valle dei Templi di Agrigento alle periferie di Napoli fino alle coste calabresi e pugliesi. I più noti e diffusi ecomostri appartengono alle viscere del Mezzogiorno e rappresentano degli esempi particolari di un dato generale: il 76% degli abusi edilizi registrati in Italia riguarda il Sud.

E non è finita. Secondo il Cresme, Centro di ricerche di mercato, ogni anno si producono almeno ventimila case senza le dovute autorizzazioni. Con un'aggravante che va oltre l'estetica: i costruttori abusivi pagano «in nero» materiali e manodopera, chiedono protezione alle mafie, corrompono corpi dello Stato. Ogni costruzione abusiva, quindi, fomenta ulteriori illegalità. Che alcuni tra noi, a volte, addirittura difendono.

Quando (raramente, per la verità) la forza pubblica interviene per abbattere qualche manufatto abusivo, i proprietari si armano della retorica della disperazione e trovano sempre qualche sponda tra parenti e amici, che solo in quel caso escono dal torpore dell'indifferenza. Sapete perché? Lo Stato, cioè il bene comune, per noi sudisti rimane sempre il nemico numero uno. Anche se fa il suo dovere.

LETTURA

I meridionali sono un popolo di scrittori, anche di successo. Da Andrea Camilleri in giù, la gran parte dei fenomeni editoriali italiani sono di estrazione sudista. Nel Mezzogiorno ne siamo tutti molto fieri, rivendichiamo questa comune origine con un orgoglio quanto mai opportuno, anche come minima forma di riscatto sociale verso i settentrionali.

Meno male, però, che esistono i lettori del Nord. Lo certifica l'Istat: nel 2015 il 18,5% degli italiani ha evitato qualsiasi attività culturale. Ma se nel Nord-Est gli «inattivi culturali» sono appena il 12,1%, nel Mezzogiorno contano per il 28,2% del totale.

Più di un quarto della popolazione meridionale, quindi, non ha letto un libro o un giornale, non ha visitato un museo, una mostra, un sito archeologico, non è andato a teatro, al cinema, a un concerto.

E ammettiamo pure la giustificazione economica, fingiamo cioè che proprio non se lo potessero permettere. Un dato risulta comunque impressionante: nel Sud meno di una persona su tre (il 28,8%) ha letto un libro in tutto il 2015, meno degli immigrati stranieri residenti in Italia; di questi, il 37,8% almeno un volume lo ha aperto e finito.

Sono percentuali angoscianti, che meglio di tanti altri indicatori spiegano la dis-qualità della vita meridionale. Tanto più che una ricerca Censis del 2015 rivela che «dove si legge di più, il reddito pro capite è maggiore». La lettura, inoltre, «ha un'influenza più in generale sulla convivenza civile e in particolare la lettura di libri, quale stimolo alla riflessione profonda, alla diffusione di valori per esercitare la creatività». E infatti, nei paesi europei dove si legge di più la popolazione indica quale «valore che ritiene più importante il rispetto delle persone». E di se stessi.

MAGIE

Gli stregoni meridionali sono capaci di grandi illusioni: trasformano le balle in presunte formule magiche.

La più riuscita riguarda l'industria del turismo. La frasetta tipica è: Potremmo vivere soltanto con le nostre bellezze naturali. Se non lo si fa, ovviamente, è colpa dello Stato, non di noi meridionali che sprechiamo quelle bellezze tacendo sugli abusi edilizi, grandi illusioni: servizi inadeguati, perpetuando la carenza di professionalità.

Lo certifica anche Confturismo: «Nel Mezzogiorno», spiega l'associazione di categoria, «il problema è solo parzialmente legato alla scarsa dotazione infrastrutturale, mentre è fortemente connesso a dotazione e qualità media dei servizi». Perché, guarda caso, anche nel Sud privo di strade e ferrovie, laddove l'accoglienza la sappiamo fare o abbiamo imparato a farla – nonostante lo Stato nemico – i risultati positivi si vedono eccome. E non parlo dei soliti esempi, Capri, Porto Rotondo o le Eolie. Ma del nuovo che avanza: Tropea, Matera, il Salento, luoghi che hanno spontaneamente lanciato la sfida della contemporaneità, riqualificando i propri territori e investendo in strutture, formazione e competenza. Luoghi dove hanno lavorato sodo, insomma.

Il mio preferito è Pertosa, nel Cilento, dove hanno rilanciato (ma sarebbe meglio dire lanciato dal nulla) le mirabolanti grotte che si estendono per circa tremila metri nel massiccio dei monti Alburni, unico sito speleologico europeo nel quale si può navigare un fiume sotterraneo tra stalattiti e stalagmiti. Un posto formidabile e sconosciuto ai più fino a una quindicina di anni fa. Non paga, la fondazione MidA (Musei integrati dell'ambiente) di Francescantonio D'Orilia, nel 2016 si è pure inventata il «Museo del Suolo»: millecinquecento metri quadrati di laboratori, filmati, installazioni multimediali, immediatamente diventati la gioia di migliaia di ragazzini sotto i quindici anni.

Nulla di prodigioso, il museo è un lavoro ben fatto che ha seguito il suo percorso naturale: ideazione, progettazione, richiesta dei fondi europei, realizzazione. Purtroppo, nella gran parte del Sud, siamo molto lontani dalla naturalezza: si attendono miracoli. Ma pure i santi, ormai, si sono stufati di certe sconcezze.

La mia è la stessa rabbia che Stefania Petyx, insieme al bassotto Carolina, mostra nei suoi servizi per *Striscia la notizia*. Stefania è una siciliana che adora la sua regione. Tuttavia non ne può più «di siti chiusi, guide che non parlano l'inglese e parchi archeologici tenuti malissimo. Nella Neapolis di Siracusa, splendida, mancano persino le targhette che ti spiegano cosa stai guardando. Io però continuerò a denunciare, sono una testarda, spero che prima o poi le cose cambino». E invece non cambia mai niente. Proprio a Siracusa, e soltanto per sciatteria, a fine 2015 si sono persi nove milioni di finanziamenti europei destinati alla riqualificazione di beni culturali.

E comunque non è soltanto questo. La formula del turismo come panacea di tutti i mali del Sud è un'illusione: non esiste sul pianeta Terra una nazione o un'area grande come il Mezzogiorno d'Italia che regga la sua economia con l'industria del viaggio.

Poi, certo, noi meridionali potremmo essere i primi a sviluppare un'economia siffatta e a imporla come modello al resto del mondo. Però, ironizzerebbe il generale Charles De Gaulle, ci attende un «programma vasto», e anche di più.

La prova? Un'analisi minuziosa del «Sole 24 Ore» rivela che in Italia appena 76 milioni di presenze turistiche (il 20%) finisce nel Mezzogiorno. Il totale è di 380 milioni e 160 sono straniere.

Pochi lo ricordano, infatti, ma l'Italia è già tra le nazioni più visitate del pianeta. I dati dell'Organizzazione mondiale del turismo, la Unwto, svelano che il nostro paese è al secondo posto in Europa e al quinto nel mondo per gli arrivi internazionali.

Purtroppo, anche questa gran massa di viaggiatori esteri viene al Sud in minima parte: il 60% circa sceglie il Nord, il 29% il Centro e appena l'11% il Mezzogiorno. Insomma, sui 160 milioni di stranieri che scelgono l'Italia, poco più di 16 si recano nel Meridione. In termini di fatturato, si traducono in 4 miliardi di euro su 32. Il confronto è impietoso: il Lazio e la Lombardia ne fatturano 5,3 ognuna e il Veneto 5. D'altronde, da solo (solo!) il lago di Garda pareggia l'intero numero di turisti stranieri che sceglie il Mezzogiorno. Clamoroso e avvilente.

E dunque, nel Sud che secondo i maghi dovrebbe vivere esclusivamente di turismo, la Campania fattura 1,4 miliardi, la

Sicilia poco più di uno, la Puglia 580 milioni e la Calabria 145. Nel Mezzogiorno, rileva sempre «Il Sole 24 Ore», persino il turismo balneare rappresenta «appena il 24,7% del totale italiano, mentre il Nord-Ovest pesa per il 43,6%». Un vero spreco, se si considera che il Meridione può contare su un clima più favorevole e, soprattutto, sui tre quarti delle coste del paese.

Quanto alle città, «Napoli, con una popolazione quattro volte superiore, accoglie meno turisti che la piccola Firenze (9 milioni contro 10) ed è surclassata da Venezia (33,5 milioni), distanziata da Roma (25,8 milioni), superata da Milano (11,2). Palermo conteggia poco più di 2,8 milioni di presenze e Catania meno di 1,7; Bari supera di un soffio la soglia del milione e mezzo; Matera si attesta su 1,3 doppiando Potenza; Cosenza – di gran lunga la città più ricettiva della Calabria – supera i 3 milioni destando addirittura sorpresa».

Ecco, quindi, che «i numeri s'incaricano di fornire la giusta dimensione di un fenomeno da sempre richiamato come potenzialmente salvifico per il Mezzogiorno e mai affrontato con piglio scientifico». In compenso, vale il piglio dei maghi.

NOSTALGIE

A Sud in molti giustificano i ritardi del Mezzogiorno con l'Unità d'Italia, che avrebbe devastato l'Eden del regno delle Due Sicilie in favore del settentrione sciacallo.

Al contrario, decine di studiosi ai più alti livelli, la stragrande maggioranza, sostengono che quello dei Borbone fu un regno miserabile, nel senso che la miseria del popolo rappresentava la normalità.

In questo senso, un meridionale contemporaneo, Angelo Mellone, ha scritto un pamphlet esemplare. S'intitola *Addio al Sud* e spiega perfettamente questo «pensiero meridiano» dei cosiddetti «passatisti», innamorati dell'idea di un Mezzogiorno lento e arretrato per colpa dei feroci nordisti (retorica sul brigantaggio compresa).

Tuttavia, pur volendo prendere per buona la storia dei nostalgici, nulla cambia.

L'Unità risale al 1861, da allora sono trascorsi centocinquanta e passa anni. Che vogliamo fare: rivendicare all'infinito risarcimenti per il remotissimo tempo che fu? Oppure puntare sull'avvenire?

Forse sarebbe il caso che il Sud cominciasse a combattere per il presente e investire sul futuro, invece di piangere su un passato che probabilmente neanche c'era.

Ogni tanto qualcuno lo fa, per esempio mecenati come Francis Ford Coppola.

Nella terra d'origine della sua famiglia – Bernalda, a cinquanta chilometri da Matera – ha aperto Villa Margherita, un resort di lusso ricavato da un palazzo nobiliare. Ma non è tanto questo il suo apporto al Mezzogiorno.

L'apporto rivoluzionario di Coppola sono i suoi endorsement in giro per il mondo, capaci di promuovere la Basilicata come nessuno mai è riuscito a fare prima nella storia lucana.

Per intendere la portata di quest'attività, il regista del *Padrino* bisogna ascoltarlo o perlomeno leggerlo. Per esempio: il 26 ottobre 2015, al teatro dal Verme di Milano, Coppola ha svolto una vera *lectio magistralis* sul Sud. Per cominciare, ha parlato dei suoi genitori: «Per mia madre era una fortuna abitare in America, diceva che è il paese migliore del mondo. E mio padre aggiungeva: "Però noi arriviamo dall'Italia, che è bellissimo e creativo e, soprattutto, ha dato al mondo i più grandi geni della storia: artisti, architetti, pittori, scienziati"».

Poi il regista ha introdotto la sua terra d'origine: «Quando sono arrivato a Bernalda Bella, come la chiamava mio padre, era il 1962. Non parlavo l'italiano e c'era il matrimonio di un parente. Che accoglienza!».

Quindi Coppola ha suggerito la sua idea di etica della vita:

«Fate sempre tante domande, anche imbarazzanti. Al massimo non vi risponderanno o diranno semplicemente: "Questa è una domanda inappropriata". Ma mentire mai. È brutto dire le bugie».

Infine, ha sentenziato su come dovremmo essere noi meridionali, ieri, ora e sempre: «Uno dei problemi del Sud Italia è sempre questo: lamentarsi. Io dico: invece di chiedere i soldi per qualcosa, lavora e lotta per avere quello che meriti».

OPPORTUNISMI

Esiste una categoria di persone che riesce sempre a ricavare il massimo con il minimo sforzo. L'esempio più calzante sono i «polimprentocrati», animali a tre teste – l'una politica, l'altra imprenditoriale, la terza burocratica – che spesso guerreggiano tra loro ma a volte si alleano per ragioni di opportunità. Anzi, di opportunismo.

I polimprentocrati abitano l'Italia intera ma sono particolarmente diffusi al Sud, isole comprese. Generalmente si accordano su basi corruttive. E se in Sicilia li incontriamo spesso, almeno sulle pagine dei giornali, la Sardegna resta ancora relativamente misteriosa. Ma solo perché, per ragioni indecifrabili, entra pochissimo nel dibattito nazionale.

Tuttavia, pure l'insospettabile Sardegna ha le sue cupole politico-imprenditorial-burocratiche. Una l'ha scoperta la procura di Oristano. Al vertice c'era Tore Pinna, un ingegnere che da Desulo, 2400 anime in provincia di Nuoro, aveva costruito una holding criminale da dieci milioni di euro (accertati) con diramazioni sorprendenti nella politica.

Il 28 aprile 2015, cinque sindaci – dal centrodestra al centrosinistra, anche di Comuni lontani tra loro – sono stati arrestati. Si tratta dei primi cittadini di Belvì (Rinaldo Arangino), Tonara (Pierpaolo Sanu), San Giovanni Suergiu (Federico Palmas), Villasalto (Leonardo Usai), Ortueri (Salvatore Casula). Con loro, in cella o agli arresti domiciliari anche tecnici, vicesindaci, consiglieri comunali, professionisti, per un totale di ventuno persone. Le accuse? Variano da associazione per delinquere finalizzata a pilotare gli appalti a turbativa d'asta e corruzione.

In undici hanno chiesto il patteggiamento, ammettendo i reati. Non solo: dal febbraio 2016 indaga anche la procura di Roma. L'ipotesi è che la sindacopoli di Tore Pinna sia stata replicata anche in altre Regioni. Stroncata una cupola, ce n'è sempre un'altra da cercare.

Capita però che i polimprentocrati siano anche onesti, almeno nel senso giudiziario del termine. Allora si accordano su basi non corruttive, ma comunque interessate. E qui bisogna parlare dei fondi europei. Domenico Arcuri, per molti anni amministratore delegato di Invitalia, la mette così: «I fondi mal si attagliano con il federalismo, si amplificano le istanze locali, dalle fiere alla fontana pubblica».

Più duro ancora è Giuseppe De Rita, presidente del Censis, che parla «della droga dei piani europei» per il Mezzogiorno, usati per scopi clientelari ed elettorali e dispersi in migliaia di mininterventi senza alcun nesso logico. «Idee piccole, affidate a piccoli imprenditori per fare rotonde, marciapiedi, lungomari. Soltanto opere di poco conto, pura decadenza».

È una decadenza che serve soltanto ai polimprentocrati: con le fontane e le rotonde, i politici acchiappano i voti; gli imprenditori un bel po' di soldi; i burocrati i bonus legati alla produttività. E vissero tutti opportunisti e contenti.

PARTI

Il giardino della casa di cura Villa Cinzia di via Epomeo, a Napoli, è invaso da ponteggi, lamiere e betoniere. Alla fine dei lavori spariranno, almeno si spera, la cancellata arrugginita, le piante appassite e la polvere che si alza a ogni minima folata di vento.

Nel novembre 2015, a vederla così malmessa, la mia prima impressione è che sia chiusa. Invece no. Sorprendentemente, in questa clinica da 74 posti letto si continua a operare e, soprattutto, a nascere.

Lo conferma pure la signora della reception, davvero molto cortese, che alla domanda sui lavori in corso replica con un accomodante: «Sì, ma la sala operatoria è a posto». Così a posto che questo luogo detiene il record europeo, e forse mondiale, di parti cesarei. Qui, nel 2015, su 511 partorienti, il 95% si è vista praticare il cesareo.

Ma Villa Cinzia è soltanto la punta di un iceberg. Secondo l'Organizzazione mondiale della sanità, la percentuale dei cesarei dovrebbe essere compresa tra il 10% e il 15% del totale. In Italia è del 35,5%, ma, mentre il Centro e il Nord Italia sono sotto il 20%, le regioni del Sud arrivano al 40% e la Campania al 59,5%, dove si registra anche una stretta relazione fra il numero dei tagli e le cliniche private. Negli ospedali pubblici la percentuale dei cesarei è del 37%, nel privato si arriva al 65%.

In Campania c'è anche il meritevole ospedale San Leonardo di Castellammare di Stabia. Qui i medici fanno del parto naturale una questione d'onore e i cesarei sono meno del 20%. Un dato che stride apertamente con il resto.

Secondo il Piano nazionale esiti (Pne) – elaborato dall'Agenzia nazionale per i servizi sanitari (Agensa) per conto del ministero della Salute –, in Italia sono tutti campani i dieci centri nascita con più cesarei (dopo Villa Cinzia, ci sono Sanatrix, Villa Bianca, Internazionale, Villa dei Fiori, Villa del Sole, Villa Fiorita, l'ospedale di Battipaglia, Hippocratica e Santa Patrizia). Perché?

La risposta è nei soldi. «In base alle medie nazionali, per un parto naturale il Servizio sanitario nazionale rimborsa 1318,64 euro; per il cesareo la cifra sale a 2457,72 euro». Insomma, la differenza è di 1139,08 euro in più: un bell'incasso se si considerano le 54 mila nascite in Campania soltanto nel 2015. Tutto questo mentre il parto cesareo comporta maggiori rischi per la donna e per il bambino. Domanda: perché le partorienti sono così accondiscendenti? Risposta: si sono assuefatte al sistema per quieto vivere. Più complici di così...

QUALUNQUISMI

Nel Mezzogiorno sono più numerose le microimprese. Rappresentano il 95% del totale e generalmente operano nei servizi in Campania, Puglia, Calabria, Sicilia e Sardegna e nell'industria in Abruzzo, Molise e Basilicata.

L'economista Salvatore Perri, che ha studiato il fenomeno, spiega che «le imprese meridionali, oltre a essere piccole, raramente si costituiscono in gruppi», per esempio consorziandosi, quando pure «l'Istat certifica che più le imprese sono isolate e piccole, meno sono produttive». E il presidente del Censis, Giuseppe De Rita, rimarca: «Quando ci si riduce ai progettini della ditta locale è la fine. L'abitudine al piccolo uccide l'economia».

Altro che piccolo, altro che bello, dunque. Lo sostiene persino il presidente (meridionalissimo) della Confindustria Vincenzo Boccia: «L'industria del futuro richiede dimensioni adeguate, crescere deve diventare la nostra ossessione».

Malgrado ciò, i qualunquisti sudisti, peraltro seguitissimi da frotte di adepti, continuano a ragionare in termini microaziendali, a spiegarci cioè la morte dell'industria, a esaltare le imprese succe a conduzione familiare, ad ammantare di sentimentalismo un modello aziendale che esclude il Sud dalla globalizzazione.

Certo, nel Mezzogiorno troppo spesso le politiche industriali sono state casuali, accentuando la nostra debolezza: le multinazionali hanno scelto il Nord; i pochi imprenditori eroi meridionali devono combattere il doppio per ottenere la metà.

Sono pochi, questi eroi, perché per il resto gli imprenditori sudisti sono stati complici di una deindustrializzazione crescente e silenziosa, nascosta dietro il paravento dell'unicità meridionale. Che poi, in sintesi, significherebbe: non siamo adatti alla grande industria, da noi funziona soltanto – appunto – «il piccolo è bello». Che bello non è. Almeno economicamente.

Prendiamo il più comune degli alimenti, la pizza. È nata a Napoli e la premessa è che anch'io, come molti partenopei, mangio generalmente soltanto quella napoletana: alta, soffice, con ingredienti a Denominazione di origine protetta. Insieme a centinaia di migliaia di persone, ho diligentemente firmato il documento promosso da Alfonso Pecoraro Scanio che chiede all'Unesco di renderla «patrimonio dell'umanità». Per quanto mi riguarda, infatti, la pizza napoletana è un prodotto talmente unico da indurmi a evitare qualsiasi imitazione.

Ovviamente, però, il mio gusto personale e della gran parte dei meridionali non è quello di tutti. Anzi, è in minoranza nel mondo.

Guardiamo agli Stati Uniti. Lì mangiano la «New York Style», una pizza assai diversa dalla nostra: morbida (non soffice), ultracondita, impastata con burro, strutto e persino zucchero.

Ecco: a parte l'immensità del mercato statunitense, composto da centinaia di milioni di consumatori, l'italiana Coldiretti segnala che con una media di 13 chili per persona, gli Usa registrano il record mondiale del consumo di pizza con una quantità che è quasi il doppio di quella degli italiani, fermi al secondo posto con una media di 7,6 chili a testa. E «se in Italia si stima che la pizza generi un fatturato di 10 miliardi di euro con oltre 250 mila addetti e 50 mila pizzerie, il business negli Stati Uniti è attorno ai 40 miliardi di dollari con il 93% degli americani che la consuma almeno una volta al mese.

«Purtroppo di questo mercato», aggiungono i coltivatori diretti, «quasi niente arriva all'economia italiana, anche perché si usano quasi sempre ingredienti realizzati negli Stati Uniti, dalla mozzarella prodotta soprattutto nel Winsconsin, alla conserva di pomodoro ottenuta in California, dove si stanno diffondendo anche le coltivazioni di ulivi, senza dimenticare il diffuso utilizzo di ingredienti molto lontani dal Made in Italy, come l'ananas».

La Coldiretti ne fa un questione – sacrosanta – di italianità a rischio. L'agropirateria internazionale vale infatti 60 miliardi e all'estero risultano falsi due prodotti di tipo italiano su tre, «alimenti taroccati che richiamano nel nome e nell'immagine all'italianità senza avere alcun legame con la realtà produttiva nazionale, dal parmesan al provolone, dal salame Milano alla soppressata calabrese, dall'extravergine pompeiano al pomodoro San Marzano».

All'analisi della Coldiretti va però aggiunta una postilla. Gli americani hanno industrializzato e internazionalizzato la produzione della pizza, le hanno costruito intorno una rete di franchising straordinaria. Noi purtroppo no.

Basterà un solo confronto per spiegare come stanno le cose: dei 10 miliardi di fatturato conteggiati dalle pizzerie italiane in Italia, circa tre e mezzo sono riferibili al Sud. E dei 250 mila addetti, circa 75 mila sono meridionali.

Per capire le proporzioni, l'americana Pizza Hut, da sola, conta 12 mila pizzerie nel mondo, occupa 160 mila persone e fattura circa 6 miliardi di dollari all'anno, ossia 5 miliardi e 400 milioni di euro. Ma ci sono anche le catene avversarie, tipo Domino's (oltre 11 mila locali in più di 80 paesi, 1,8 miliardi di dollari ricavati) e Papa John's (4.700 locali in circa 7 paesi, 1,4 miliardi di dollari di incassi).

Cosa hanno fatto Pizza Hut, Domino's e Papa John's per costruire il loro successo? Hanno sintetizzato i gusti mondiali. Per cui un cinese, un americano, un africano e – perché no – un italiano possono tutti tranquillamente sedersi intorno alla stessa tavola, con la certezza di trovare una pizza che fa per loro. Noi meridionali, invece, non riusciamo a sintetizzare nemmeno il disciplinare. «I tradizionalisti non vogliono cedere sull'uso esclusivo del forno a legna», scrive Luciano Pignataro del «Mattino».

Ma senza i forni a gas o elettricità «è impossibile portare il gusto napoletano nelle grandi capitali europee», dove la legna è spesso vietata per ragioni ambientali. Per inciso, a Pizza Hut e compagnia la questione dell'alimentazione del forno non è passata neanche per la mente.

Quanto alla retorica del «piccolo è bello», la pizza l'abbiamo inventata noi. Ma anche quando il mondo andava verso una direzione globale, siamo rimasti fermi alle minuscole pizzerie di famiglia, in perenne competizione tra loro ma incapaci di intercettare, anche marginalmente, il mercato mondiale. «È sempre stato facile rapinare il Sud», conferma Pignataro, «perché tutti sono talmente attenti a non far entrare il proprio vicino dall'uscio di casa da dimenticare il portone aperto agli estranei». Perciò ora, nel mondo, «la pizza è americana, anche se ha le proprie radici nella New York Style creata da terroni napoletani, calabresi e siciliani all'inizio del Novecento».

In questo modo il meridione ha perso un'immensa chance per creare benessere e sviluppo diffuso. È successo anche con la pasta e il caffè, fermo restando che qualcosa si potrebbe ancora fare.

Un modello poteva essere Illy (azienda di Trieste, non del Sud Italia). Sbarcata massicciamente sul mercato mondiale in competizione qualitativa con Starbucks, si sta prendendo molte soddisfazioni: è ormai presente in 140 paesi, copre più di 100 mila bar, fattura stabilmente circa 400 milioni di euro all'anno e l'export vale il 60% del fatturato.

Ancora una volta, esattamente il contrario di «piccolo è bello»: Illy è la dimostrazione che il buono può andare a braccetto anche con il grande. Ma non per noi meridionali.

Quando nel 1999, con un atto di generosità e di grande credito verso il Sud, l'azienda giuliana aprì a Napoli la capofila delle università del caffè, venne accolta con scetticismo; citando Pignataro, i produttori locali stavano «attenti a non far entrare il proprio vicino nell'uscio di casa». Nel 2002 l'università si è trasferita a Trieste. Adesso conta venticinque sedi in tutto il mondo, dal Giappone al Regno Unito, dall'Indonesia al Cile. E il Sud Italia? Nulla, ha già avuto la sua occasione e se l'è persa. Nel 2016 a Napoli è arrivata Apple con una sua scuola di formazione. Speriamo che la lezione sia servita a qualcosa.

RICETTATORI

Non dai pugliesi, ma Bari vecchia è uno dei posti più sottovalutati d'Italia. Il contesto, splendido, manifesta l'armonia perfetta tra lo spazio e le persone. Qui ci si diverte sempre, c'è allegria e la movida vale per tutte le età.

Purtroppo capitano anche cose sgradevoli. Il 3 marzo 2016, per esempio, i carabinieri del Nas sono andati a controllare che nella nuova enoteca di piazza Ferrarese fosse tutto in ordine. In effetti, un problema c'era: il titolare era privo della Dia (Denuncia d'inizio attività) sanitaria. Visto che c'erano, poi, i militari si sono fatti pure un giro in cantina. Hanno scoperto almeno 344 bottiglie di vino rubate e altre 250 sospette.

L'ultima frontiera dei ricettatori meridionali è proprio il vino. C'è poco da stupirsi, gli intermediari dei furti seguono a modo loro le regole del mercato nero. E se il mercato chiede vino, loro invitano i ladri a trovarlo. Una notte, alle cantine Cantele di Guagnano, in provincia di Lecce, sono arrivati con un tir e hanno portato via 26 mila bottiglie in un colpo solo.

Naturalmente, il mercato principale rimane l'elettronica. Alcuni ricettatori sono stati capaci di mettere in piedi vere e proprie aziende alternative. Anzitutto governano un'ampia rete di fornitori. Poi ingaggiano bravi «traccatori», uomini capaci di individuare il codice d'accesso di uno smartphone, abbatterne le protezioni (a cominciare dal Gps), cancellarne la memoria. Infine, dispongono – a seconda del livello di rilevanza criminale – di una rete di venditori che può operare all'ingrosso (per le grandi quantità, da esportare anche all'estero) o al dettaglio, per le piccole partite.

Generalmente, i ricettatori sono «professionisti» indipendenti dai clan ma sanno gestire i rapporti con i boss. Sono anche adeguatamente inseriti nei circuiti «bene» delle grandi città, dove incrociano soprattutto gli appassionati degli orologi di lusso, che pure ricettati valgono dai mille euro in su. Mercanzia che la povera gente proprio non può permettersi. Ad acquistarla sono i benestanti, alcuni dei quali poi si lamentano della scarsa sicurezza delle nostre città. È banale sottolinearlo, ma se nessuno ricomprasse la merce rubata, non ci sarebbero ladri.

Alzi la mano, però, chi non ha mai simpatizzato con un «pacchista», quelli che tirano il pacco all'acquirente sprovveduto. Gli offrono a prezzo stracciato una videocamera, un cellulare, un computer; il compratore lo paga e quando apre la confezione trova il regalo: una mattonella.

SFATICATI

Nel Mezzogiorno ciondolano circa 900 mila giovani tra i quindici e i ventinove anni che rinunciano a studiare, lavorare e formarsi. Sono i cosiddetti «Neet» – Not (engaged) in Education, Employment or Training raccontati da Alessandro Rosina nel libro omonimo (*Neet*). Un libro che ha un solo difetto: indugia troppo nel perdonismo. D'altronde, le centinaia di analisi scritte e lette sui Neet – 2.400.000 ragazzi in tutto il paese – partono solitamente dalla loro difesa. Io invece credo che questi ragazzi siano fin troppo sfaticati.

Prendiamo il Mezzogiorno: il lavoro scarseggia, studiare a volte risulta inutile, la formazione è così così. Fare di queste osservazioni una ragione di (non) vita è però francamente inaccettabile. I Neet pesano sull'economia meridionale direttamente (sulle famiglie) e indirettamente (sono una zavorra di nessuna utilità per la crescita sociale della comunità).

È evidente che sono dei viziati. Come ha scritto Filippo Facci di «Libero», la «generazione è perduta ma a perdersela sono stati i genitori. Non sono gli unici responsabili, ma sono gravemente responsabili [...] se ci sono frotte di giovani e meno giovani italiani che possono permettersi certi comportamenti – sovvenzionati e protetti dai genitori – è perché c'è una cultura che glielo ha permesso, altrimenti il raffronto con altri Paesi – con eguale disoccupazione, o messi anche peggio – non si spiega».

Facci cita anche Antonio Polito, autore di *Contro i papà* in cui «documenta che i genitori di oggi si atteggiano a fratelli e a complici, indubbiamente favorendo la sazietà e il conformismo di un'intera generazione. Dal diritto al lavoro si è passati al diritto a un lavoro: l'illusione di un diritto al benessere senza doveri, e se non arriva, ecco, è colpa dei politici». I quali, soprattutto al Sud, sono un disastro, ma non costituiscono l'intero problema.

Prendiamo la Blackshape Aircraft di Monopoli, in Puglia. L'azienda produce aerei ultraleggeri interamente in fibra di carbonio. Conta fatturati milionari grazie a commesse mondiali. I Blackshape volano in Qatar, Bulgaria, Canada, Africa, Sud America; tuttavia, fino al 2009 non ne esisteva nemmeno uno.

In quegli anni due ragazzi – Luciano Belviso e Angelo Petrosillo, entrambi sotto i trent'anni – hanno combattuto e vinto, presentando un progetto come si deve, indovinando i giusti bandi regionali ed europei, convincendo un socio finanziatore (Vito Pertosa) ad anticipare la prima tranche di finanziamenti pubblici.

Il risultato è una case history planetaria: i dipendenti della Blackshape sono passati, in sei anni, da dodici a un centinaio, escludendo l'indotto. «Negli Stati Uniti hanno il sogno americano, noi siamo i figli del sogno meridionale», dice Petrosillo, «la fatica è doppia, però è doppia pure la gratificazione». Quanto agli operai, «li abbiamo scelti sulla base dell'entusiasmo personale. Molti hanno avuto bisogno di formarsi, però mostravano grande ricettività e voglia di imparare».

Questo è un punto fondamentale. Nel Sud i salari sono in

media più bassi del resto d'Italia, ma il costo del lavoro è solo leggermente inferiore perché incide la tassazione locale, più alta della media nazionale.

Quindi, a parità del costo del lavoro, per investire nel Mezzogiorno un imprenditore dovrebbe almeno trovare in loco una straordinaria produttività dei lavoratori. Ma secondo il gruppo Tortuga di lavoce.info, un lavoratore assunto nel Sud Italia produce in media dal 10% al 30% in meno del pari grado settentrionale.

In taluni casi, lo stacanovista viene persino additato come «cattivo maestro». È emblematica, in questo senso, la faccenda – più che grottesca – dei sindacalisti che denunciano al ministero dei Beni culturali il direttore della Reggia di Caserta, Mauro Felicori, perché lavora troppo e fino a tarda ora.

Rimane però irrisolto un mio quesito personale che nessun dato empirico potrà mai spiegare. Li vedo e me lo riferiscono fonti autorevoli: i meridionali che lavorano nel Centro-Nord d'Italia sono sempre tra i più produttivi. Perché non fanno lo stesso quando restano al Sud?

TASSE

Udite udite: «A Vibo Valentia, ogni anno, nelle casse del Comune arriva soltanto il 43,5% delle tasse e delle tariffe messe a bilancio. Più o meno lo stesso accade a Trapani, Palermo e in quasi tutti i capoluoghi di Sicilia e Calabria, ma anche a Campobasso, Potenza o Latina. A Napoli gli incassi reali nel corso dell'anno arrancano fino a quota 56,6% rispetto ai numeri scritti nel bilancio, a Roma si sfiora il 60% e a Milano si sale al 68,3%, su su fino a Bergamo, Bolzano o Reggio Emilia dove tutti gli anni più dell'85% delle entrate si presenta puntuale alla cassa».

L'analisi di Gianni Trovati del «Sole 24 Ore» rende perfettamente conto della situazione: i meridionali pagano *relativamente* tasse e servizi locali.

Tranne casi sporadici (Aosta è ottantottesima nella classifica dei Comuni capaci di riscuotere, Siena settantasettesima, la sudista Barletta tredicesima), più si va verso Nord e più i cittadini sono regolari nei versamenti. Parallelo corre il declino delle città del Mezzogiorno, perché è ovvio che i Comuni con tanti soldi possono investire in qualità della vita, gli altri no.

Per chi non se ne fosse accorto, dal 1° gennaio 2015 la situazione è anche peggiorata. Nella legge di stabilità del 2014, spiega Trovati, erano contenute due innovazioni: «Una chiedeva ai sindaci di bloccare in bilancio un "fondo crediti" proporzionale alle mancate riscossioni a partire dal 2009; la seconda faceva rientrare il fondo nei calcoli del Patto di stabilità. In soldoni, funzionava così: da un lato la legge di Stabilità taglia del 70% il Patto per i Comuni, che valeva un miliardo e 400 milioni invece dei precedenti 4 miliardi e mezzo; dall'altro bloccava i bilanci dei sindaci che non riuscivano a incassare».

Il Patto di stabilità è stato abolito dal 1° gennaio 2016 «e ora, con l'obbligo del pareggio di bilancio che sostituisce il Patto, la tendenza sarà ancora più marcata». Il risultato? La divisione dei Comuni in due grandi gruppi: «Quelli che riscuotono meglio le loro entrate potranno godere in pieno dei nuovi bonus; gli altri dovranno tagliare drasticamente». Nei Comuni del Nord, quindi, le cose andranno sempre meglio; viceversa al Sud.

Ecco, nel Mezzogiorno morente mancavano solo i meridionali complici del proprio omicidio.

UFO

Si chiama «mobilità passiva» e, in sintesi, funziona così: più meridionali si curano al Nord, più soldi le Regioni del Sud versano a quelle settentrionali.

Trattasi di suicidio finanziario per almeno due ragioni convergenti. La prima: circa mezzo milione di meridionali afflitti da gravi patologie cerca rimedio nel Settentrione d'Italia; la seconda: nella ripartizione dei fondi per la sanità del 2016, le Regioni del Mezzogiorno sono in fondo alla classifica degli stanziamenti pro capite.

Il motivo? La spiegazione del presidente Pd della Commissione bilancio della Camera, il pugliese Francesco Boccia, è caustica: «Nel 2015 i presidenti delle Regioni meridionali hanno votato all'unanimità per mettere un cappio al loro stesso collo». Il deputato si riferisce al decreto 70 del 2 aprile 2015 che, appunto, stabilisce anche un ricco rimborso per le Regioni che assistono malati provenienti da altri territori. E siccome la mobilità è tutta da sud verso nord, il suicidio è compiuto.

La sentenza di Boccia è durissima: «Al Sud c'è un serio problema di classe dirigente, il silenzio dei governatori del Mezzogiorno è la prova della loro scarsa competenza sul tema».

Ecco dunque spiegati gli Ufo, «Uomini firmanti ognicosa»: sono esseri politici alieni che non conoscono nemmeno le leggi che dovrebbero applicare.

Dopo il *j'accuse* di Boccia, alcuni governatori sono scesi dalla volta celeste per spiegare le loro ragioni e rilanciare. Lasciando perdere la propaganda, la proposta teoricamente più sensata è arrivata dal presidente della Regione Puglia, Michele Emiliano, e dal direttore del dipartimento Salute, Giovanni Gorgoni. «La mobilità passiva pesa per oltre duecento milioni di euro, che devono restare, se non in Puglia, per lo meno nelle regioni del Sud [...] Occorre costruire una mappa delle eccellenze del Sud e utilizzarla attraverso un coordinamento tra le Regioni». Dovesse accadere davvero, secondo Emiliano e Gorgoni, «le regioni del Nord precipiterebbero in un profondo rosso».

Bell'idea, ma tranquilli: è assai improbabile che si realizzi. Anzitutto perché i presidenti delle Regioni del Sud sono incapaci di fare squadra. E poi perché i meridionali non si fidano della loro sanità.

È vero: nel Mezzogiorno è evidente la contraddizione di chi, malato grave, sceglie di curarsi al Nord quando potrebbe farlo vicino a casa. Seppure a macchia di leopardo, il Sud presenta infatti un discreto numero di poli d'eccellenza.

Il problema è il caos generalizzato del mondo sanitario meridionale, che ha rovinato la reputazione di tutti, anche delle strutture efficienti. Chi ha una malattia ordinaria, il disordine cultural-sanitario può anche sopportarlo, se non altro per la comodità logistica. Ma chi presenta una patologia straordinaria tende naturalmente a cercare sicurezza e tranquillità, se ne infischia della vicinanza a casa.

Per cambiare tale percezione della realtà ci vorrebbe anzitutto un po' di sano marketing sanitario. Ma anche ridurre sensibilmente la casistica di infortuni, leggerezze e incompetenze che continuano a minare la credibilità della sanità sudista. Per farla breve, ecco alcuni titoli sulle tante criticità emerse soltanto durante la stagione invernale 2015-2016.

- *Batteri al Loreto Mare, chiuse le sale operatorie* (Napoli)
- *Finite le barelle, solo posti in piedi o pazienti parcheggiati in ambulanza* (Cardarelli di Napoli)
- *Passanti prendono una barella del pronto soccorso per soccorrere una persona investita e la trasportano per strada* (sempre Cardarelli)
- *Cardarelli, assenteismo al centralino: otto indagati. Uno timbrava il cartellino per gli altri. E gonfiavano pure gli straordinari...*
- *Ambulanza con il malato a bordo sequestrata per il camorrista ferito. Vittima di un agguato, è morto durante il tragitto* (Acerra, Napoli)
- *Pazienti ricoverati accanto alla spazzatura* (San Giovanni Bosco di Napoli)
- *Tumori, Campania al palo. Pochi screening, liste d'attesa fino a 4 mesi per un intervento, una giungla di mini-centri a pagamento*
- *Tanti incarichi, poca trasparenza* (in Campania, a partire dal 2014, sono stati concessi e retribuiti 523 incarichi da primario e 1915 indennità dirigenziali in più rispetto alla pianta orga-

nica prevista. La Corte dei conti calcola 16 milioni di euro di danno erariale)

- *Ospedale di Nola, un solo primario per un solo posto letto. Il nefrologo Ferdinando Avella: «Ho vinto un regolare concorso e lavoro tutto il giorno»*
- *Ruggi di Salerno, l'ospedale dei 500 fannulloni*
- *Mollata al Pronto soccorso, muore dopo quattro giorni in barella* (aspettava che si liberasse un posto in Medicina; ospedale di Agnone, Isernia)
- *Truffa, nove condanne: dirottavano i pazienti dagli ospedali alle cliniche* (policlinico di Palermo)
- *Morì durante intervento salvavita, condannato anestesista* (ospedale Villa Sofia di Palermo. La vittima, Giovanni Marchese, aveva tredici anni)
- *Morti per sospetta malasanità, si indaga su quattro casi in Sicilia* (due donne morte a Palermo, al Civico e a Villa Sofia; un uomo a Messina; un bimbo di undici mesi a Ragusa)
- *Malasanità, Catania: al Garibaldi due anni per fare una mammografia*
- *Liste di attesa e fornitori, solo sei Asl su dieci pubblicano i contratti. Sud poco trasparente, è molto sotto la media*
- *Ictus, in Campania muore più della metà dei malati, in Lombardia si salva l'85% dei pazienti*
- *Doveva essere un centro di eccellenza da 18 milioni ma non è in funzione. Denunciati sei funzionari* (Centro Cuore di Reggio Calabria)
- *Sale operatorie già occupate, muore a 42 anni al Monaldi* (Napoli)
- *Ha un tumore, Tac fissata dopo 600 giorni* (Ospedale di Lecce)
- *Ottocento medici per 350 posti letto. I paradossi della sanità calabrese*
- *Uccisa da chemio: dose dieci volte superiore alla prescrizione, condanna per medici e infermieri* (Policlinico di Palermo)
- *Salerno, mazzette per liste d'attesa in ospedale, arrestati tre medici*

- *Caos barelle al Loreto Mare* (Napoli)
- *Reggio Calabria, aborti senza consenso in ospedale: 11 misure cautelari*
- *Trombosi scambiata per un attacco di panico* (policlinico di Bari)
- *Malate di tumore, tac urgenti rimandate al 2017* (4 marzo 2016, ospedale Vito Fazzi di Lecce)
- *Malasanità, paga la Regione: 67 milioni di risarcimento danni* (Sardegna, triennio 2012-2014)
- *«Sbagliarono la diagnosi» condannati quattro medici* (l'ospedale è il San Salvatore dell'Aquila, la vittima è Matteo Ferrante, un bambino di sei anni. Un'occlusione intestinale era stata scambiata per chetoacidosi diabetica, tanto che al piccolo era stata somministrata insulina).

Data anche questa spaventevole casistica, è naturale che l'istituto Demoskopika registri che la soddisfazione dei meridionali sui servizi sanitari del Sud sia assai bassa, intorno al 20% del campione. Chissà se pure gli Ufo sono tra loro.

VARIE ED EVENTUALI

Dieci pillole su fatti veramente accaduti e malamente obliati.

Borse di (non) studio Nel Mezzogiorno complice del suo omicidio capita pure che le Regioni non onorino le borse di studio. Così, nelle aree più ricche del paese, dove in proporzione sarebbe meno necessario, tutti gli assegni vengono saldati. Nel Sud, dove invece il bisogno è più diffuso, moltissimi studenti con i titoli giusti – in sintesi: basso reddito e voti alti – ottengono l'idoneità ma non i soldi. Le borse di studio davvero erogate agli universitari meridionali sono il 67% del totale. Uno studente su tre, quindi, rimane deluso; in Campania è uno su due; in Calabria addirittura due su tre. Più in generale, nel 2014 nove Regioni su venti avevano bonificato la borsa di studio a tutti gli studenti idonei. Appena due erano del Sud: Abruzzo e Basilicata. Non solo. Nella ripartizione del fondo (Fis), ogni universitario del Nord percepisce 99 euro, al Centro 108 e solo 89 euro al Sud. L'assegno varia tra i 1500 e i duemila euro all'anno se il ragazzo è residente nella stessa città dell'ateneo, fra i 4500 e i cinquemila se fuori sede. Tutto questo mentre l'Italia spende appena seicento milioni di euro in borse di studio, la Germania investe quattro miliardi e la Francia tre e mezzo. A chi vanno questi miliardi? Agli studenti poveri e meritevoli. E dove risiedono generalmente? Nella Germania dell'Est e nel Nord-Passo di Calais. Ovvero: nei Suditalia tedesco e francese. Quando si dice scommettere sul futuro...

Costi della politica Il 12 gennaio 2016 il sito specialistico openbilanci ha stabilito che il Comune di Napoli è il più costoso d'Italia: ogni cittadino partenopeo (dati 2013) paga 125,85 euro per mantenere sindaco, giunta e consiglio comunale. Al secondo posto c'è Torino (51,41 euro), al terzo Roma (37,05).

Cruna dell'ago Alla diocesi di Trapani sono spariti due milioni di euro. Da quella di Mazara del Vallo, grande la metà, è sparito un milione. Ad Acireale un prete è fuggito con la fidanzata e la cassa dei poveri. A un prete di Limatola, nel Sannio, i magistrati hanno sequestrato beni per un milione di euro frutto di estorsioni e usura. Sicuramente i protagonisti finiranno tutti nel regno dei cieli.

Culture Vito Longo, il (fu) direttore amministrativo del teatro Petruzzelli di Bari, filmato il 12 gennaio 2016 mentre incassa mazzette in cambio di appalti, avrebbe così incassato ventimila euro in un mese. E poi uno dice che con la cultura non si mangia...

Malevento Tra il 15 e il 19 ottobre un'alluvione ha devastato Benevento, provocando cinque morti e danni per 420 milioni di euro anche a decine di aziende. È stato allora che Rosaria Pisaniello – imprenditrice coraggiosa al punto di far arrestare e condannare vari estorsori (politici, tecnici, criminali comuni e organizzati) – ha indossato i panni di presidente del comitato Ricostruiamo il Sannio. Come primo atto, ha cercato in tutti i modi di attivare una catena di solidarietà nazionale, a partire da giornali e tv. Ha trovato davanti soltanto porte sbarrate: la solidarietà si è fermata in Campania, nemmeno al Sud. Ovviamente, le elezioni comunali del 19 giugno 2016 le ha vinte un vecchio democristiano come Clemente Mastella. Davanti a tanta indifferenza, i beneventani hanno preferito riprendere la strada vecchia invece che intraprenderne una nuova.

Multe Il 14 gennaio 2016 la procura di Brindisi ha chiuso le indagini sulla Multiservizi, una partecipata del Comune un tempo governata da tale Teodoro Contardi che avrebbe pagato *in house*, con i soldi della società, una serie di multe a politici, funzionari comunali, militari e gli immancabili giornalisti: avevano tutti parcheggiato senza ticket sulle strisce blu. Non aspettatevi grandi cifre: si tratta di 7839 euro stornati in favore di 180 beneficiati, il meglio della classe dirigente cittadina. Magari qualcuno di loro ha pure urlato il classico: Lei non sa chi sono io. Io lo so: uno straccione. In media, gli scrocconi hanno infatti risparmiato appena 43 euro a persona.

Pagliacciate Si chiama palazzo dello Spagnuolo. È nel rione Sanità e attende l'apertura, al suo interno, del museo di Totò fin dall'anno 2000 (dopo Cristo, per fortuna). Fu allora che la Regione, proprietaria dell'immobile, lo diede in comodato d'uso al Comune. Il problema? L'installazione di un ascensore che permettesse ai visitatori di raggiungere il secondo e il terzo piano del palazzo, sede del museo. Nel vano destinato all'elevatore, però, l'inquilino di un piano inferiore aveva costruito un bagno abusivo, generando un'impasse burocratica infinita, durata più di un decennio. L'ascensore dovrebbe farsi e, nel frattempo, il museo è stato allestito, per la precisione dal designer Giuliano Serra, che tuttavia attende ancora di essere saldato. Ma questo è il meno. Commenta amaro: «Nemmeno la soddisfazione di vederlo aperto ho avuto...». Eh sì, perché la faccenda si è ingarbugliata ancor di più per una serie di contestazioni reciproche tra il Comune, le associazioni che dovrebbero gestire il sito e gli altri inquilini dell'edificio. Direbbe il grande de Curtis (citazione da *'A livella*): «Queste pagliacciate le fanno solo i vivi: noi siamo seri... apparteniamo alla morte!».

Raccomandazioni Carmine Nardone, deputato Pci-Pds-Ds dal 1987 al 1999, ad Antonello Caporale del «Fatto Quotidiano» ha detto: «Oggi mi trovo a contare le richieste di raccomandazioni ricevute: sono 20 mila, uno sproposito. Un'ansia, una fatica, un imbarazzo quotidiano. Posso dirlo? Un lavoro usurante». Anche per chi la chiede.

Solitudini Roberto Montà, presidente dell'associazione Avviso pubblico, ha numerato le intimidazioni e le minacce verso gli amministratori pubblici italiani. Nel 2015 ci sono stati 470 casi, 40 al mese, uno ogni 18 ore. Nel Sud (isole comprese) si è verificato il 72% delle violenze; Nord (15%) e Centro (13%) seguono lontanissimi. Il 24 giugno 2016, a Polistena, in provincia di Reggio Calabria, Montà ha convocato la prima Marcia nazionale degli amministratori sotto tiro. Hanno partecipato circa 100 persone. Basterà dire che, su 409 sindaci calabresi, ne erano presenti appena 50. Insomma, soltanto quelli minacciati da balordi e mafiosi.

Treni d'oro Nella Puglia a binario unico ci sono anche le Ferrovie del Sud-Est. Presentano carenze nell'elettrificazione, il materiale rotabile ha un'età media superiore ai vent'anni e i conti aziendali segnalano un buco da 311 milioni di euro. Tuttavia, il suo strapagato management (poi rimosso), per 5,6 milioni di euro è riuscito ad acquistare, usati, i treni Stadler. Non sono mai stati utilizzati: venivano impiegati nel freddo Nord Europa e sono perciò privi dell'impianto di climatizzazione. E hanno pure i finestrini chiusi ermeticamente...

Gli agricoltori sono generalmente migliori dei loro difensori d'ufficio: lavorano una vita intera dalle quattro del mattino alle cinque del pomeriggio per permettere ai figli di studiare ed emanciparsi da una vita durissima e da paghe irrisorie. Infatti gli ospedali italiani sono pieni di medici eredi di contadini, così i tribunali di avvocati e le imprese di architetti e ingegneri. Fateci caso: sono i più dediti al lavoro, non si risparmiano mai. È questione di riscatto sociale e di gratitudine verso i genitori.

Se volete una prova empirica, provate a girare un po' di campagne (quelle vere, non il Chiantishire) e a domandare. Per quanto mi riguarda, durante il mio viaggio nel Sud Italia ho conosciuto alcuni contadini e i loro figli: ragionano tutti così.

Una famiglia, però, mi ha emozionato più di ogni altra. Il patriarca si chiama Matteo Todaro, ha oltre ottant'anni, e i suoi campi e la sua casa sono a Castellace, una frazione montana di Oppido Mamertina, in pieno Aspromonte.

Matteo è circondato, nel senso che gli ettari di terreno che circoscrivono la sua proprietà sono tutti stati confiscati alla 'ndrangheta. Ora i fondi dei boss li gestisce Libera e ogni tanto viene anche a chiedergli una mano. Rigorosa com'è, di sicuro l'associazione di don Ciotti eviterebbe qualsiasi contatto se non avesse certezze sull'etica di quest'uomo.

I tre figli di Matteo sono tutti professionisti. Uno vive in Piemonte, il secondo a Roma, la terza in Calabria. Si sono riuniti per il matrimonio di Lorenzo, il secondo figlio architetto, con Maria, che è pure lei di Castellace.

Lorenzo e Maria sono entrambi ragazzi belli ed educati, il giorno precedente la festa accolgono gli ospiti con confetti e abbracci. È emozionante, per l'occasione sono tornati anche i parenti emigranti, alcuni addirittura dall'Australia, che piangono e ridono e raccontano aneddoti dei bei tempi andati. Ma il vecchio Todaro a casa non c'è. Bisogna andare a cercarlo nel suo uliveto più remoto, sta lì a sistemare le piante insieme a un aiutante romeno.

«Signor Matteo, che fa, lavora anche oggi?»
«Eeh, ragazzo mio, i figli so' cresciuti e mi dicono che stanno bene a soldi, ma chi lo sa, forse hanno bisogno ancora, e io questo posso fare per aiutarli. Se hanno bisogno, io qua devo essere.»
«Allora stia qua e stia bene, mi raccomando.»
«Grazie, state bene pure voi, che mi sembrate un poco pallido. Prendetevi una bottiglia d'olio, forza, che vi fa bene.»

Un nipote del vecchio Todaro, il Matteo sedicenne, pensa di studiare agronomia o management. Capita anche questo nelle famiglie dei contadini: gli eredi continuano la tradizione in forme più specializzate. Così, però, diventano tutt'altra cosa, imprenditori agricoli, come dimostra sempre in Calabria Natalino Gallo, capace di esportare melograni (e non solo) in tutto il mondo.

La prima azione del giovane Matteo, potenziale imprenditore, sarà cercare contadini. Statene certi, difficilmente risulterà italiana. All'inizio degli anni cinquanta in Italia gli occupati in agricoltura erano più del 40% dei lavoratori. Alla metà dei sessanta contavano già il 25% e, nei settanta, il 10%.

A partire dagli anni novanta la forza lavoro in agricoltura è stata sempre intorno al 5% del totale degli occupati. In quarant'anni, quindi, circa sette milioni di persone hanno voltato pagina rispetto alla tradizione di famiglia. È avvenuto con il crescere dell'alfabetizzazione prima e di un minimo di mobilità sociale poi. Più si diventava colti, più si sentiva il bisogno di trovare occupazioni meno faticose e meglio pagate.

Il trend, comunque, sta confermandosi pure nel III millennio. Se è vero che in Italia il 5% degli occupati continua a fare il contadino (circa un milione e trecentomila persone), un'analisi Coldiretti del 2014 stabilisce che gli immigrati sono 322 mila e coprono il 23% delle giornate di lavoro in agricoltura. Una percentuale che sale regolarmente di almeno un punto all'anno.

Insomma, c'è un'evidente contraddizione. Da un lato la massa critica, soprattutto informativa, spinge verso l'agricoltura con continui proclami sul «ritorno alla terra»; dall'altro è verificato che questo ritorno non c'è. L'economia agricola va bene, questo sì, segna un più 7% di assunzioni di stagionali, però attenzione: mentre le imprese sono di italiani, i lavoranti sono sempre più stranieri, che a loro volta inviano legittimamente i loro guadagni nei paesi d'origine. E quindi consumano poco in Italia, producendo pochissimo Pil.

Fin qui il legale. Poi c'è l'illegale.

Un report dell'Assosomm (Associazione italiana delle agenzie per il lavoro) ha stabilito che sono più di 400 mila i braccianti coinvolti nel fenomeno del caporalato, l'80% stranieri. Vivono in baraccopoli come quelle di Rosarno, dalle parti di Reggio Calabria, dove periodicamente l'esasperazione conduce a rivolte anche sanguinarie. Ma le proteste servono a poco. Grazie alla manipolazione dei voucher, il mini-job all'italiana, il salario giornaliero è del 50% inferiore rispetto a quello previsto dai contratti nazionali, pari quindi a circa 25-30 euro per più di dodici ore di lavoro. A questi vanno sottratti 5 euro per il trasporto in campagna, più l'acquisto di acqua e cibo, l'affitto degli alloggi (fatiscenti) e l'eventuale acquisto di medicinali. Al netto di tutto, fanno 2,50 euro all'ora.

E Rosarno non è un caso isolato. Sono almeno 80 i distretti agricoli nei quali si pratica il caporalato, in 33 sono state riscontrate condizioni di lavoro indecenti, in 22 condizioni di lavoro gravemente sfruttato, negli altri si consuma soltanto l'intermediazione illecita di manodopera.

Questi dati ed esempi servono per dire che l'idea di recuperare nel Sud Italia la vocazione agricola, soprattutto a chilometro zero, è un'altra favola buona a fregare il Mezzogiorno. Il «Made in Sud» non può essere soltanto il cibo, che pure ha mosso il Pil meridionale nel 2015 (più 1% contro lo 0,85 della media nazionale). Bisogna saper fare, e fare bene, in tutti i settori. Rinunciare a siderurgia, chimica, energia, manifattura – come taluni teorizzano – è un evidente suicidio. Per essere concreti: da sola, la Fiat Chrysler di Melfi, nel 2015 ha portato la Basilicata a ottenere uno straordinario più 307,9% nell'export industriale regionale.

D'altronde il Nord-Est italiano – che era agricolo come e più del Sud – è uscito dalla povertà ed entrato nella ricchezza soltanto quando ha industrializzato la sua economia, anche in agricoltura ma superando il mito dell'agricoltura; per esempio, ma è soltanto un esempio, impiantando accanto ai campi le migliori fabbriche di trattori del mondo. Perché l'agricoltura di un paese sviluppato come il nostro, questo può essere: una filiera che prevede l'industrializzazione del processo produttivo in tutti i suoi aspetti, materiali e ideali, a partire dall'uso delle tecnologie, allo studio del marketing fino all'utilizzo dei social network.

La sintesi migliore la realizza il genio creativo di Antonio Pascale, scrittore affermato e dipendente del ministero delle Politiche agricole: chissà perché si continua a raffigurare l'agricoltura, a partire dalle pubblicità, spiega, con «campi di grano al vento e contadini felici che falciano a mano, il sole che non scotta». Oppure con «vacche munte rigorosamente a mano e agricoltori seduti sui trespoli di legno, cappelli in paglia e sguardo soddisfatto». Si tratta di un immaginario ideale, «mentre dobbiamo cominciare a nutrire un immaginario più reale e meno bucolico». E la realtà dice – secondo i dati ufficiali di Istat e Agea, l'Agenzia per le erogazioni in agricoltura – che le nostre imprese sono troppo piccole, fanno poca innovazione e restano in mano agli anziani.

Viceversa, spiega Giacomo Susca sul «Giornale», serve «una etica del profitto», non il fantomatico culto della terra figlio degli anni cinquanta. Raffaele Maiorano, un *millenial* calabrese produttore di olio, nato negli anni ottanta e presidente dei giovani di Confagricoltura, all'editto di Susca aggiunge i dettagli: «Chi vuole investire nei campi deve prima di tutto creare reti con gli altri imprenditori, elaborare precise strategie di insediamento, fare contabilità analitica, conoscere gli strumenti di finanziamento disponibili. E studiare, informare, viaggiare».

Per quanto mi riguarda, le parole di Maiorano fanno sentenza: ha scelto di fare l'imprenditore, non l'agricoltore. Sono due cose evidentemente diverse. Anche perché, e lo chiedo anzitutto ai meridionali, chi tra noi si augura per suo figlio un futuro da zappatore? Nessuno, credo. E comunque loro si rifiuterebbero. Il nostro modello di società è ormai culturalmente indirizzato verso le arti, le professioni, l'impresa (anche agricola, ribadisco).

Pensare dunque di ribaltare il destino del Sud con l'ipotetico «ritorno alla terra» delle masse lavoratrici è da politicanti che insistono sul nervo scoperto del sentimento. È chiaro che soltanto un bruto può rimanere insensibile davanti alla nobiltà di un albero, alla purezza della campagna e allo splendore dei frutti che dona. Però manca sempre la seconda parte del discorso: chi si occupa materialmente dell'albero, della campagna e dei frutti? I migranti stranieri, non certo i ragazzi italiani.

Sulla rivista «Stato e Mercato» del Mulino, Giovanna Fullin ed Emilio Reyneri hanno pubblicato *Mezzo secolo di primi lavori dei giovani. Per una storia del mercato del lavoro italiano.* Spiega l'evoluzione dell'occupazione nel nostro paese, dal dopoguerra alla contemporaneità. Bene. Il primo impiego «era spesso anche l'unico impiego della vita», commenta Roberto Mania di «Repubblica»; «si iniziava sotto i vent'anni e tre volte su quattro era manuale. Oggi chi si affaccia al mondo del lavoro è molto più istruito, due volte su tre ha a che fare con compiti intellettuali, ma ottiene la prima occupazione passati i 30 anni e dopo aver sperimentato la flessibilità. Mentre il posto fisso sta scomparendo anche per i laureati».

Tuttavia, all'opinione pubblica capita spesso di cadere nella trappola sentimentale di un ipotetico ritorno alla terra e alla vanga. Una trappola, va da sé, preparata dai ciarlatani in cattiva fede. Chi sono costoro? Solitamente politici e gruppi di pensiero radical chic che predicano dalle loro belle case cittadine di lusso o, in alternativa, dalle lussuose residenze di campagna. E solo perché potano personalmente un ulivo delle loro tenute ogni due anni, rivendicano di poter sentenziare perché esperti in materia. Intanto, però, mantengono i figli nelle migliori università straniere e mai li manderebbero a zappare o ad allevare pecore, bufale e maiali.

Ai loro coloni, invece, augurano di fare per sempre gli agricoltori e i bovari, generazione dopo generazione, perché (quante volte l'abbiamo sentito ripetere) «bisogna difendere le tradizioni della vita rurale». Parafrasando il noto intellettuale Stefano Ricucci: «Fanno i contadini con il cocomero degli altri».

BREVE EPILOGO RAZIONALE E SENTIMENTALE

Il Sud deve morire

La morte odora di resurrezione.

EUGENIO MONTALE

Al Sud ho incontrato il Bene.

L'ho visto sulle facce di migliaia di persone, rintracciato nei sentimenti civici, verificato nei comportamenti di intere comunità.

Sono consapevole, dunque, che nelle viscere del Mezzogiorno – il mio Mezzogiorno – circolano copiose le stille cristalline della giustizia.

Tali lacrime di purezza sono esemplari. Resistono da secoli alle metastasi del malgoverno, diffusesi nel corpo del Meridione nelle forme più eterogenee: monarchia (sia essa borbonica o savoiarda); dittatura fascista; Repubblica (Prima, Seconda, Terza, fa lo stesso). È pacifico, infatti, che, pur cambiando l'Italia periodicamente leader, idee e ideologie, poco o nulla di questi rivolgimenti produce effetti sulla condizione del suo Sud. Anzi, se possibile, ogni pseudorivoluzione politica diffonde ulteriormente il Male in un corpo già martoriato.

D'altronde, le analisi sono impietose. Dati, indici e percentuali svelano una diagnosi assai amara: il Meridione d'Italia è ridotto allo stato vegetativo; le membra sono inerti, gli occhi spenti, i sensi avviliti dalla malattia. Il respiro ancora persiste, ma è artificiale, indotto dall'accanimento terapeutico di persone spesso in malafede, talvolta no. Però il risultato non cambia: tutti, consciamente o meno, speculano sulla sua agonia.

Ho cercato di spiegarlo nelle pagine di questo libro. Dietro il paravento della cosiddetta «questione meridionale», in tanti si costruiscono carriere, fortune, potere. E se al Sud non viene staccata la spina, è soltanto perché tenerlo in vita conviene a troppa gente.

Ai politici, per cui il Mezzogiorno è un serbatoio di voti.

Ai mafiosi, per cui è un territorio da depredare.

Ai nordisti, per cui è un mercato da sfruttare.

A imprenditori, sindacalisti e burocrati, per cui è un bancomat dal plafond infinito.

Agli antimafiosi, per cui è un lavoro occasionale (a volte ben pagato).

Quanto a noi, che il Sud lo abitiamo, siamo una concausa della malattia. Vittime del coma, invece di reagire e combattere, ci limitiamo esclusivamente a chiedere. Confondendo, per esempio, il sacrosanto diritto al lavoro con il diritto a un reddito, cioè a una prebenda pubblica, unico collante di un popolo, il nostro, altrimenti diviso per campanili.

Il guaio è che le presunte classi dirigenti hanno più che assecondato questa tendenza. Noi sudisti ci siamo accontentati e abituati. Seppur indotti, abbiamo scelto di vivere in controluce rispetto agli splendori del Nord produttivo. Ed ecco perché, ancora oggi, «essere meridionali» per molti rappresenta soltanto uno status grazie al quale recriminare diritti evidentemente negati, omettendo però di praticare i doveri imposti dalla democrazia, dal libero mercato e dal vivere civile.

Questo nostro atteggiamento ci ha condotto alla rinuncia più grave: abbiamo abbandonato l'ambizione di costruire un futuro straordinario. Purtroppo, pensando in piccolo, investendo la nostra speranza sulla mediocrità di un presente assistito dallo Stato, mai e poi mai potremo spezzare le clientele politiche, le arroganze nordiste, le brutalità mafiose, i maneggi di certi imprenditori, sindacalisti e burocrati. Fatto più grave, ci verrà ancora e sempre negata la soglia minima di dignità garantita a qualsiasi cittadino occidentale.

Perciò, date le condizioni, è persino naturale che la nostra terra continui a spopolarsi. I figli migliori del Sud cercano fortuna altrove, in luoghi dove praticano il coraggio della ricerca e della sperimentazione. Mentre tra noi c'è ancora chi chiede risarcimenti (cioè stipendi pubblici più che infrastrutture) per i presunti danni causati dall'Unità d'Italia, nel mondo avanza la quarta rivoluzione industriale. Prevede la digitalizzazione dei processi produttivi, l'uso delle stampanti 3D, lo scambio di informazioni su reti velocissime e interconnesse. Ecco dunque una proposta su quello che spetterebbe fare a noi meridionali: invece di lamentarci per il passato, dovremmo pretendere, urlando, di investire sul futuro.

Il Sud s'affaccia sul Mediterraneo, dispone di una discreta tecnologia e garantisce un eccellente know-how; con una pianificazione seria potrebbe imporsi quale ponte digitale dell'Europa verso l'Africa. Ma niente, i governi di Roma e le Regioni del Mezzogiorno preferiscono assistere masse di parassiti di varia natura, continuando a elargire prebende di ogni tipo. Una stortura, uno scempio, un assassinio dell'avvenire, perpetrato nell'indifferenza più totale di noi meridionali.

Ci siamo distratti anche sul primo, storico discorso di fine anno da capo dello Stato di Sergio Mattarella, nel 2015, dove si è pronunciato sul Sud con un passaggio deciso e ammonente: «Il lavoro manca soprattutto nel Mezzogiorno. Si tratta di una questione nazionale. Senza una crescita del Meridione, l'intero Paese resterà indietro». Carta stampata e tv, quasi tutti nordisti, hanno ovviamente titolato su altre questioni. Ma colpisce che anche i social networker più appassionati se ne siano disinteressati. Come se nel Sud non credessero più neanche i meridionali, figurarsi i governi nazionali.

Sotto silenzio è passato pure il suggerimento di un'icona della contemporaneità, il «banchiere dei poveri», premio Nobel per la Pace, Muhammad Yunus. Dopo una visita nel Mezzogiorno del maggio 2016, Yunus ha invitato l'Italia a finanziare con il microcredito le startup dei ragazzi più volenterosi. Sembrerà singolare, ma in Bangladesh il microcredito costituisce la prassi, da noi un'eccezione. Non è affatto un dettaglio marginale. Persino un paese terzomondista come il Bengala sta rialzandosi (anche) grazie a medicine semplici ma strutturali. Al Mezzogiorno d'Italia, invece, tocca la solita cura, l'assistenzialismo, peraltro esercitato con sempre minore vigore per causa di forza maggiore (la crisi economica). Ecco, è inutile illudersi: alle attuali condizioni, non rimane alcuna speranza di vederlo finalmente in salute; il Meridione rimarrà eternamente allettato.

Allora tanto vale farlo crepare, il mio Sud, per risolvere le sue pene e affinché dal suo ricordo possano almeno rigenerarsi le sue energie più sane, svincolate dalle catene della mediocrità, del malaffare e del pregiudizio.

Certo, i primi tempi sarebbero durissimi, bisognerebbe stringere la cinghia, rimodulare la nostra economia, questuare gli aiuti internazionali. Ma un precedente esemplare esiste: la Germania uscita devastata dalla seconda guerra mondiale e dagli orrori perpetrati da Adolf Hitler. In meno di due decenni i tedeschi sono riusciti a imporsi come potenza economica mondiale grazie a due forze: la disperazione e la libertà.

Al Sud siamo già grandi esperti di disperazione. Dobbiamo soltanto imparare a gestirla per ribaltarla, per camminare sulle nostre gambe senza assistenzialismi e prebende, lavorando «ventre a terra» per costruirci un futuro decente.

Quello che più manca al Mezzogiorno è la libertà. Qui da noi un Furher non c'è, ma tanti dittatorelli, piccoli e grandi, sì. Messi assieme, compongono il Male assoluto che infesta le nostre esistenze. È da loro che dobbiamo affrancarci se vogliamo riprendere la via della fiducia.

Ed ecco perché il Sud deve morire. Per la locuzione latina del *simul stabunt, simul cadent* (insieme staranno, insieme cadranno), il Sud trascinerebbe con sé nella tomba l'associazione a delinquere che costituisce appunto il Male, ovvero mandanti, esecutori e complici del suo (quasi) assassinio.

E vorrei proprio vederla l'Italia intera che implode senza il suo Mezzogiorno; e i politici che perdono voti e clientele; e i mafiosi indotti a traslocare per non fare la fame; e i nordisti con i loro capannoni pieni di merci invendute; e certi imprenditori, sindacalisti e burocrati costretti a lavorare, ammesso che un lavoro lo trovino; e noi meridionali obbligati a farcela da soli, a entrare nella contemporaneità, a pianificare l'avvenire.

Già così, soltanto per questo, da inferno il Meridione diventerebbe almeno un purgatorio, perché, se non altro, avrebbe fatto piazza pulita di cialtroni, criminali e ipocriti.

Chissà, magari qualcuno di quei ragazzi che stanno abbandonando il Sud resterebbe a casa per gustarsi la libertà. Forse troverebbero pure il Bene a governarla, a scommettere sulla quarta rivoluzione industriale, a investire finalmente sul futuro.

E allora sì che scopriremmo tutti la gioia del paradiso.

Ringraziamenti

Scrivere un libro è impresa complessa. Solitamente la evito, mi fermo al primo capitolo. È così vero che i miei scaffali sono pieni di testi iniziati e mai finiti. Ne avrei aggiunto un altro, se, questa volta, non avessi trovato una discreta corrispondenza di interessi con le persone che mi sono più vicine.

Anzitutto la mia meridionalissima famiglia – i Puca, i Cesaro, i Masella – che ha sopportato e sopporterà le mie assenze, soprattutto Ada, si spera.

Devo del tempo anche al folto gruppo di amici scannensi – da Scanno, L'Aquila –, ai compagni di poker – sempre gli stessi da una decina d'anni – e al mio cane Sartù.

Poi ci sono amici, colleghi e conoscenti. A loro, semmai, il tempo l'ho rubato. Spesso inconsapevoli, mi hanno infatti regalato conversazioni puntuali e stimolanti sul Mezzogiorno d'Italia. La lista è lunga ma – credetemi – a ogni nome corrisponde una sollecitazione decisiva: Francesco Aliberti, Maria Andaloro, Teodora Arci, Ivano Balduini, Marco Balsamo, Alessandra Bardo, Alberto Bruno, Chiara Calace, Mario Caligiuri, i fratelli Cannavale (Alessandro e Andrea), Gaetano Cappelli, Gennaro Caravano, Nicola Cerbino, Paolo Chiariello, Danilo

Chirico, Delia Cipullo, Francesca Dargenio, Chiara Della Rocca, Guido Del Turco, Angela Di Lorenzo, Mino Di Lorenzo, Franco Di Mare, Tommasina D'Onofrio, Michele de Feudis, Emanuela Fiorentino, Vito Foderà, Barbara Foria, Antonio Galdo, Enza Gentile, Gerardo Greco, Raffaele Leone, Gianpaolo Liberatore, Massimo Maiorino, Walter Mariotti, Carla Mellidi, Mirella Molinaro, Severino Nappi, Andrea Pancani, Alessandro Picardi, Paolo Picone, Nicola Prosatore, Lia Romagno, Fabrizio Roncone, Carmen Ruggeri, Roberta Secci, Maurizio Tortorella e Stefania Villanacci.

Soprattutto, però, devo dire grazie ai «consapevoli», coloro che hanno volutamente stimolato la stesura di questo libro. Penso a Giorgio Mulè, direttore di «Panorama», che mi ha spinto a lavorare tra i luoghi più remoti del Sud. O a Martina Marino: a una sua intuizione devo il titolo. Oppure, ancora, a Ettore Colombo, che si è accollato la lettura della prima stesura, e a tutti coloro che mi hanno sostenuto nella scelta di argomenti, racconti, situazioni: da Antonio Carnevale, Simone Di Meo e Mario Di Napoli a Sabrina Iadarola, Antonio Iannamorelli, Silverio Ianniello, Sergio Luciano, Maria Pirro fino ad Antonio Rapisarda, Antonio Rossitto e Pietro Raschillà, padrone assoluto dei fatti calabresi (e non solo).

Voglio anche ringraziare i tanti colleghi dei quali ho letto negli anni, assorbendoli, molti ragionamenti importanti sul Sud e sui meridionali. Alcuni li ho già citati, altri no: Lidia Baratta, Ilaria Bellantoni, Cristiano Bosco, Filippo Caleri, Petronilla Carillo, Salvo Catalano, Giuseppe Crimaldi, Marco Di Caterino, Filomena Fotia, Marianna Gianforte, Emanuele Imperiali, Ottavio Lucarelli, Marina Malara, Enrico Marro, Mariano Maugeri, Lanfranco Palazzolo, Nicola Pinna, Giuseppe Pipitone, Dario del Porto, Nicola Quaranta, Giancarlo Salemi, Conchita Sannino, Gian Mario Sias, Concetto Vecchio, Matteo Vincenzoni.

Infine una carezza a Pietro Calabrese, Attilio Giordano e Gianni Pennacchi.

Indice dei nomi e dei luoghi

Abbate, Lirio, 232
Abbinante, Arcangelo, 149
Abete, Arcangelo, 149
Abramovič, Roman, 34
Abrignanic, Ignazio, 86
Abu Bakr al-Baghdadi, 26
Acerra, 167, 272
Acireale, 275
Adamo, Nicola, 123
Afragola, 167, 246
Africo, 161
Agliastro, Mirella, 100
Agnelli, famiglia, 195
Agnone, 273
Agrigento, 18, 22, 246, 253
Aiello, Ferdinando, 89
Aiello, Michele, 223, 225
Aiello, Piero, 87
Aisler, Achille, 128
Alajo, Salvatore, 250
Alessi, Giuseppe, 221
Alfano, Angelino, 87, 149, 153
Alfano, Gioacchino, 87
Alfonso, Franco, 100
Alfonso, Roberto, 163
Alghero, 209, 211-212
Altamura, 199
Altieri, Trifone, 88
Amato, Raffaele, 149
Amendola, Enzo, 71
Amoroso, Francesco Maria, 86
Ancona, 14
Andria, 42, 44, 116
Andriolo, Giovanni, 40
Antonucci, Luigi, 41
Anzio, 14
Aosta, 270
Arangino, Rinaldo, 259
Arcuri, Domenico, 260
Armani, Gianni, 120
Arminio, Franco, 51
Arzano, 132, 247-248
Attaguile, Angelo, 90
Attaguile, Gioacchino, 90
Auricchio, Domenico, 86
Auriemma, Raffaele, 140
Avellino, 79
Aversa, 246
Avezzano, 195
Azzollini, Antonio, 87

Badalamenti, Gaetano, 156
Bagheria, 93, 225
Baldassarre, Marco, 89
Balotelli, Mario, 141
Barbanti, Sebastiano, 88
Barbaresi, Emanuele, 241-242
Bardan, Messy, 21
Bardellino, Antonio, 23
Bari, 74, 151, 179, 250, 257, 266, 274
Barletta, 38-46, 270
Bartolo, Pietro, 15

Basile, Ernesto, 67
Basile, Pasquale, 34
Basilio Magno, Santo, 35
Bauman, Zygmunt, 26
Belluno, 241
Belvì, 259
Belviso, Luciano, 268
Benanti, Salvatore, 223
Benedetto XVI, Joseph Ratzinger, papa, 39
Benevento, 71, 275
Bergamo, 269
Berlino, 151
Berlusconi, Silvio, 84, 93, 178
Berna, Francesco, 121, 182-183
Bernalda, 258
Bernardo, Maurizio, 87
Bianchi, Dorina, 85, 87
Bibione, 25
Bidognetti, Domenico, 28
Bidognetti, Francesco (Cicciotto 'e mezzanotte), 170
Bindi, Rosy, 153-154
Binetti, Paola, 85
Bisceglie, 75
Bocca, Giorgio, 24
Boccadutri, Sergio, 89
Boccassini, Ilda, 162
Bocchino, Fabrizio, 88
Boccia, Francesco, 271
Boccia, Vincenzo, 262
Boldrini, Laura, 28
Bologna, 151, 238
Bolzano, 173, 269
Bolzoni, Attilio, 233
Borbone, famiglia, 257
Borghezio, Mario, 91
Borrelli, Giuseppe, 34
Borsellino, Lucia, 222
Borsellino, Manfredi, 222
Borsellino, Paolo, 97, 222
Bosco, Antonino, 87
Bossi, Umberto, 91
Brambilla, Michela Vittoria, 196
Brecht, Bertolt, 232
Brescello, 158
Brescia, 174
Brindisi, 240, 276
Bruni, Francesco, 88
Bruno, Franco, 88
Bruxelles, 209-211, 213
Bulfon, Floriana, 224
Buonajuto, Ciro, 252
Buttafuoco, Pietrangelo, 93, 102, 106
Buzzi, Salvatore, 156

Cagliari, 179, 183, 209
Caivano, 172, 248
Calabrò, Raffaele, 87
Calandro, Enrico, 216
Caldoro, Stefano, 81
Caltagirone, 99
Caltagirone, Francesco Gaetano, 244
Caltanissetta, 229
Camilleri, Andrea, 106, 253
Cammelli, Marco, 251-252
Campanella, Francesco, 88
Campobasso, 71, 204, 269
Canale, Rosy, 230
Cancelleri, Giancarlo, 95-96
Caniglia, Mario, 226
Cannes, 238
Cannizzo, Francesca, 226
Cantone, Raffaele, 149, 151, 156, 159, 163, 172, 213, 218
Capaci, 97-98, 100, 109
Capano, Pasquale, 152, 156, 159
Caporale, Antonello, 59, 277
Cappellano Seminara, Gaetano, 223-225, 228-229
Capri, 25, 151, 255
Capuozzo, Rosa, 94-95
Caramma, Elio, 223, 227, 229
Caramma, Emanuele, 227
Caramma, Lorenzo, 222-223, 228-229
Carbonia, 204
Carfagna, Mara, 71
Caridi, Antonio, 90
Cariello, Francesco, 74
Carli, Guido, 175
Carminati, Massimo, 156
Caruso, Carmelo, 226
Caruso, Mario, 90
Casal di Principe, 26, 28, 158, 167
Casalesi, clan, 27, 60, 156-157, 170-171
Casamonica, Vittorio, 144
Casapesenna, 158
Casavatore, 247
Cascella, Pasquale, 41
Cascio, Rosario, 160
Caselli, Gian Carlo, 100
Caserta, 204, 246
Casini, Pier Ferdinando, 85
Casoli, 195
Casoria, 132, 247

Cassano, Massimo, 87
Castel Volturno, 21-30, 131
Castellammare di Stabia, 261
Castiglione, Giuseppe, 87
Castro, Fidel, 140
Castrovillari, 120
Casula, Salvatore, 260
Catalano, Agostino, 97
Catania, 70, 99, 109, 111-112, 179, 183, 257, 273
Catanzaro, 124, 250
Cavallera, Antonio, 203
Ceci, Pietro, 40
Cenci, Tina, 38, 46
Cengio, 171
Cernusco sul Naviglio, 162
Cersosimo, Battista, 32
Cesarano, Gennaro, 147
Cetraro, 156
Chiaramonte, Lorenzo, 229
Chiarelli, Gianfranco, 88
Chiavarol, Federica, 87
Chinnici, Rocco, 97
Chiodi, Gianni, 57
Chirulli, Andrea, 40
Chirulli, Giovanni, 40
Chirulli, Salvatore, 40
Cialente, Massimo, 58, 61
Ciampi, Carlo Azeglio, 72, 176
Ciancimino, Massimo, 232
Ciancimino, Vito, 152, 220, 232
Cicala, Alfredo, 132
Cicala, Amedeo, 47, 54-55
Cinisi, 155
Cinque, Patrizio, 93-94
Cinquepalmi, Maria, 38, 46
Cinquepalmi, Salvio, 45
Ciotti, Luigi, 233-234, 278
Ciracì, Nicola, 88
Civitavecchia, 208
Clemente, Paola, 42
Colombo, Ettore, 71
Colucci, Francesco, 87
Compagna, Luigi, 87
Compagnone, Giuseppe, 86
Contardi, Teodoro, 276
Conte, Fiorenzo, 36
Conti, Paolo, 123
Contini, Edoardo, 155
Contursi Terme, 242
Coppola, Egidio, 28
Coppola, Francis Ford, 48, 258
Corato, 116
Cordova, Alessio, 224
Corrado IV, 103
Cortese, Renato, 159
Cosenza, 73, 120, 123-124, 151, 257
Cosina, Walter Eddie, 97
Cossiga, Francesco, 84, 127
Costa, Enrico, 82-83
Costalli, Carlo, 218
Covello, Franco, 73
Covello, Stefania, 73
Cracolici, Antonello, 70
Crisafulli, Vladimiro, 69-70
Crocetta, Rosario, 70, 101-102, 106-109
Crotone, 124, 209
Cuffaro, Salvatore (Totò), 100, 108
Cuneo, 82
Currò, Tommaso, 89
Cutrone, Santo, 102

D'Alema, Massimo, 84, 178
D'Alì, Antonio, 90
D'Amato, Antonio, 247
D'Anna, Vincenzo, 86
D'Ascola, Vincenzo, 87
D'Attorre, Alfredo, 89
D'Onghia, Angela, 90
D'Orilia, Francescantonio, 255
Daloisio, Rino, 42-43
Dantese, Natale, 149
Dara, Andrea, 223-224
Davi, Klaus, 69
De Angelis, Alessandro, 117
De Crescenzo, Daniela, 149, 171
De Crescenzo, Luciano, 147
De Curtis, Antonio (Totò), 277
De Gaulle, Charles, 256
De Girolamo, Nunzia, 90
De Luca, Vincenzo, 81-82, 251
De Lucia, Maurizio, 161
De Magistris, Luigi, 243, 251
De Mauro, Mauro, 97
De Mita, Ciriaco, 80-82
De Mita, Giuseppe, 81
De Rita, Giuseppe, 260, 262
De Robbio, Giovanni, 94
Del Monaco, Andrea, 180
Del Re, Agostino, 61
Deleidi, Emilio, 241-242
Delrio, Graziano, 28, 119-120, 185
Demarco, Marco, 76-77
Desio, 162

Desulo, 259
Di Carlo, William, 196
Di Caro, Paolo, 187
Di Giacomo, Ulisse, 71
Di Gioia, Lello, 89
Di Lauro, clan, 132, 134-135, 138
Di Lauro, Ciro, 135
Di Lauro, Cosimo, 135, 148
Di Lauro, Marco, 135-137, 144, 148
Di Lauro, Paolo (figlio di Marco), 137
Di Lauro, Paolo (padre di Marco), 134-136, 148
Di Lauro, Raffaele, 136
Di Lauro, Vincenzo, 135
Di Lello, Marco, 77, 89
Di Maggio, Salvatore Tito, 88, 200
Di Maio, Luigi, 71, 95
Di Orio, Ferdinando, 56-57
Di Pietro, Antonio, 72, 84
Di Salvo, Franz, 126-128
Di Tella, famiglia, 60
Diamante, 113, 115
Diana, Paolo, 28
Dicillo, Rocco, 97
Dipietro, Maurizio, 69
Distaso, Antonio, 88
Doronzo, Matilde, 38, 46
Dubai, 240
Duranti, Donatella, 74

Eboli, 112, 116
Emiliano, Michele, 74-76, 271
Enna, 69
Ercolano, 149, 251-252
Esposito, Biagio, 141
Esposito, Giuseppe, 87
Esposito, Marco, 184-185
Esposito La Rossa, Rosario, 128-129

Facci, Filippo, 267
Falana, Lola, 25
Falanga, Ciro, 86
Falcone, Giovanni (deputato), 89
Falcone, Giovanni (magistrato), 109
Faraone, Davide, 70
Fava, Claudio, 102
Fava, Giuseppe, 152
Federico II, 103-104
Felicori, Mauro, 204, 269
Feltri, Mattia, 78
Ferla, Nunzio, 152-155
Fernández de Castro y Andrade, Pedro, 29
Ferrandelli, Fabrizio, 102
Ferrante, Matteo, 274
Ferruzzi, Marco, 228
Fico, Roberto, 71, 95
Firenze, 257
Fiumefreddo, Antonio, 108
Flaccovio, Dario, 100
Fofi, Goffredo, 129
Folino, Vincenzo, 89
Forlani, Arnaldo, 26
Forlì, 171
Formisano, Aniello, 68
Formisano, Nello, 89
Fornaciari, fratelli, 171
Forte dei Marmi, 34
Franceschini, Dario, 106, 252
Francesco, Jorge Mario Bergoglio, papa, 19, 54, 70, 142
Franchi&Ingrassia, 25
Fratoianni, Nicola, 68
Frattamaggiore, 247
Fregene, 25
Fresu, Paolo, 212
Fucci, Benedetto, 88
Fucito, Silvana, 230
Fullin, Giovanna, 282
Furnari, Alessandro, 88

Gaber, Giorgio, 75
Gagliardi, Pierfrancesco, 58-59
Galasso, Rocco, 51
Galati, Giuseppe, 86
Galdo, Antonio, 196
Gallico, clan, 156
Gallo, Natalino, 279
Galullo, Roberto, 124
Gardini, Maurizio, 210
Garofalo, Vincenzo, 87
Gela, 94, 99
Gelli, Licio, 171
Gemelli, Gianluca, 52
Genova, 112, 208, 240
Genovese, Francantonio, 90-92
Gentile, Antonio (Tonino), 73, 87
Gerardi, Rosita, 54
Germanico Cesare Augusto, 24-25
Gianferrini, Francesco, 40
Giannini, Cosimo, 40
Giannini, Giancarlo, 26
Gigante, Aulo, 223
Giletti, Massimo, 243
Ginoble, Tommaso, 68, 92

Ginosa, 200
Gioia Tauro, 124, 179, 240, 248
Giudiceandrea, Giuseppe, 120
Giugliano in Campania, 132, 164, 166-168, 246
Giuliano, clan, 141
Giuliano, Boris, 97
Godrano, 101
Gorgoni, Giovanni, 271
Granieri, David, 210
Grassi, Gero, 74
Gratteri, Nicola, 150, 232
Graziosi, Paolo, 32
Greca, Patrizia, 36
Grigoli, Giuseppe, 160, 224
Grillo, Beppe, 95
Grumento Nova, 51
Grumo Nevano, 247
Guagnano, 266
Gualdani, Marcello, 87
Guccione, Andrea, 176
Guccione, Carlo, 120
Guida, Luigi, 28
Guidi, Federica, 52
Gullo, Maria Tindara, 92
Guttuso, Renato, 100

Hammerfest, 53
Hamšík, Marek, 140-141
Hanks, Tom, 174
Helg, Roberto, 231
Hitler, Adolf, 135, 290
Hogan, Phil, 210

Iacolare, Biagio, 82
Iezzi, Franco, 192-196
Impastato, Peppino, 97, 156
Impegno, Leonardo, 71
Ingroia, Antonio, 232
Insigne, Lorenzo, 140
Ionesco, Eugène, 218
Iovine, Antonio, 157-159
Ischia, 146
Iurlaro, Pietro, 86

Jeanneret, Charles-Édouard (Le Corbusier), 126

Karnazes, Dean, 168
Kelling, George, 98

L'Aquila, 11, 56-63, 151, 194-195, 274
La Camera, Claudio, 230
La Torre, Franco, 233-234
La Torre, Pio, 233
Labriola, Vincenza, 88
Lacquaniti, Luigi, 89
Lamezia Terme, 34, 112
Lampedusa, 11, 13-20, 129
Langella, Pietro, 86
Lanzillotta, Linda, 89
Latina, 269
Latronico, Cosimo, 88
Lauria, Emanuele, 105
Lauricella, Giuseppe, 92
Lecce, 183, 241, 273-274
Leinì, 158
Lenza, Roberto, 216-217, 219
Leonardi, Antonio, 151
Letta, Enrico, 178
Lettieri D'Ambrosio, Luigi, 88
Leva, Danilo, 71
Levi, Carlo, 116
Li Muli, Vincenzo, 97
Licata, Fabio, 229
Licola, 173
Lieto, Raffaele, 204
Limatola, 275
Linosa, 15
Liuzzi, Pietro, 88
Livatino, Rosario, 97
Lo Bosco, Dario, 231
Lo Giudice, Concetto Bosco, 231
Lo Giudice, Francesco Domenico Costanzo, 231
Lo Monte, Carmelo, 89
Lo Piccolo, Salvatore, 160, 221
Lo Piccolo, Sandro, 221
Lo Russo, clan, 141
Locri, 230
Loi, Emanuela, 97
Loielo, Romano, 124
Loiero, Agazio, 123
Lombardo, Raffaele, 90, 108
Longo, Eva, 86
Longo, Vito, 275
Lorusso, Alberto, 160
Lucca, 171
Lucisano, Antonio, 173
Lunardi, Pietro, 119
Lupo, Giuseppe, 70

Madrid, 151
Maiorano, Raffaele, 281-282

Manca, Paolo, 212-213
Mancini, Alessandro, 40
Mancini, David, 60
Mancini, Massimo, 59
Mancini, Roberto, 171
Mancuso, Bruno, 87
Manfredi, Massimiliano, 71
Mania, Roberto, 282
Maniàci, Pino, 231
Mannino, Vito, 17
Maradona, Diego Armando, 141
Marchese, Giovanni, 273
Maresca, Catello, 232, 234
Margotta, Salvatore, 88
Marigliano, 148, 167
Marinello, Giuseppe, 87
Marino, Cira, 136-137
Marino, Gennaro, 149
Maroni, Roberto, 177
Marotta, Antonio, 87
Marras, Antonio, 212
Marrone, Ignazio, 162
Marsala, 229
Marti, Roberto, 88
Martini, Fabio, 36-37
Massa Carrara, 170
Mastella, Clemente, 84, 276
Mastrantonio, Luca, 72
Matarazzo, Pasquale, 27
Matarrelli, Toni, 89
Matera, 151, 198-199, 201, 248, 255, 257-258
Matera, Corrado, 82
Mattarella, Piersanti, 97
Mattarella, Sergio, 70, 100, 222, 289
Matteoli, Altero, 119
Mauro, Mario, 90
Mazara del Vallo, 275
McLuhan, Marshall, 60
Melfi, 281
Melito di Napoli, 132-133
Mellone, Angelo, 257
Meloni, Marco, 68
Menniti, Domenico, 248
Mercurio, Giuseppe, 18
Messina, 91-92, 99, 109, 111, 179, 183, 229, 246, 273
Messina Denaro, Matteo, 137, 160, 224
Messinese, Domenico, 94
Micciché, Gianfranco, 93
Micheli, Enrico, 119
Mieli, Paolo, 232
Migliore, Gennaro, 71, 89
Milano, 14, 27, 151-152, 162, 175, 238, 243-244, 250-251, 257-258, 269
Milo, Antonio, 88
Minardo, Antonino, 87
Mineo, Corradino, 88
Mirabello, Michelangelo, 120
Misuraca, Salvatore, 87
Moccia, clan, 155
Moccia, Luigi, 155
Modena, 158
Modigliani, Franco, 176
Modugno, 203
Molinari, Francesco, 88
Mondragone, 24, 167, 172
Monopoli, 268
Monreale, 102
Montà, Roberto, 277
Montanari, Tomaso, 60
Montanelli, Indro, 79
Montante, Antonello, 231
Montemurro, 51
Monti, Mario, 197
Montinaro, Antonio, 97
Morano Calabro, 120
Mormanno, 31
Moro, Aldo, 116
Morvillo, Francesca, 97
Muntoni, Guglielmo, 228
Musolino, Dario, 208
Muto, clan, 156

Naccarato, Paolo, 90
Napoli, 25-27, 91, 114, 116, 126, 129, 131, 133, 136-137, 140-141, 145-151, 169, 173, 179, 215, 236-244, 246-248, 250-251, 253, 257, 260, 263, 265, 269, 272-275
Napolitano, Giorgio, 39, 72
Nardodipace, 124
Nardone, Carmine, 277
Natale, Renato, 28
Natuzzi, Pasquale, 200-201, 203
Nesi, Nerio, 119
New York, 74
Nicastri, Vito, 160-161
Nicolini, Giusi, 18-19
Nocera Inferiore, 215, 217-218
Nola, 167, 273
Nusco, 79-81

O'Brien, David, 209
Obama, Barack, 49
Olbia, 209

Oliva, Antonio, 36
Oliverio, Mario, 123
Olivetti, Adriano, 43, 198
Oppido, Mamertina, 279
Ortese, Anna Maria, 142
Ortueri, 260
Ovidio Nasone, Publio, 191-192, 197
Ozpetek, Ferzan, 19

Padova, 62
Pagano, Alessandro, 87
Pagano, Cesare, 148
Pagano, Domenico Antonio, 141
Pagano, Giuseppe, 87
Paladini, Fabrizio, 59
Palermo, 13-14, 20, 70, 99, 101, 105-106, 151-152, 160, 179, 183, 220-222, 225, 228-229, 232, 257, 269, 273
Palese, Rocco, 88
Palmas, Federico, 259
Palmi, 156
Palmitessa, Rosario, 40
Pannarale, Luigi, 44
Pantò, Mariangela, 227
Papaleo, Rocco, 51
Paparella, Giovanni, 40
Papasidero, 31-37
Parigi, 151
Parisse, Giustino, 59
Pascale, Antonio, 72, 281-282
Pasqua, Vincenzo, 120
Passera, Corrado, 119
Patitucci, Francesco, 211
Patti, Carmelo, 160
Pavia, 133
Pecoraro Scanio, Alfonso, 263
Pellegrino, Ciro, 173
Pennetta, Flavia, 74
Pepe, Bartolomeo, 90
Pepe, Donata, 117
Perri, Salvatore, 262
Perrone, Luigi, 88
Pertosa, Vito, 268
Perugia, 238
Pescara, 209
Pescopagano, 23
Petrosa, 255
Petrosillo, Angelo, 268
Petrucci, Gennaro, 230
Petyx, Stefania, 255
Piantadosi, Maria Assunta, 22
Piazza, Vincenzo, 224
Piazza Amerina, 95
Pica, Federico, 183
Piccolo, Antonio, 158
Piccone, Filippo, 87
Piepoli, Gaetano, 90
Pigliaru, Francesco, 209
Pignataro, Luciano, 211, 264-265
Pili, Mauro, 88
Pinna, Paola, 89
Pinna, Salvatore (Tore), 259-260
Pipi, Giuliana, 224
Pisa, 151
Pisaniello, Rosaria, 275
Piscicelli, Vito, 58-59
Pisicchio, Pino, 88
Pistoia, 251-252
Pittella, Marcello, 48
Pizzolante, Sergio, 87
Platì, 161
Podini, Patrizio, 173
Polistena, 277
Polito, Antonio, 52, 150, 268
Porcino, Carlo, 112
Pordenone, 22
Porto Empedocle, 18
Porto Torres, 208
Potenza, 51, 71, 151, 257, 269
Praia a Mare, 31
Prato, 199
Presutti, Fausto, 196-197
Principe, Sandro, 123
Priolo Gargallo, 246
Prodi, Romano, 155, 178
Provenzano, Bernardo (Zu binnu), 221, 225, 232-233
Provenzano, Carmelo, 226-227
Pugliese, Fabio, 118
Puglisi, Pino, 97

Quagliariello, Gaetano, 87
Qualiano, 246
Quarto, 94

Raciti, Fausto, 70
Ragosta, Michele, 89
Ragusa, 99-100, 273
Rappa, Vincenzo, 224, 228
Razzi, Antonio, 84
Reggio Calabria, 109, 111-113, 115, 118, 120, 124, 151, 179, 230, 242, 273
Reggio Emilia, 269
Reina, José Manuel, 140

Rende, 120, 180
Renzi, Matteo, 69, 71, 73-76, 82-85, 91-92, 102, 118, 120, 123, 178-181, 231, 251-252
Reyneri, Emilio, 282
Ribolla, Nicola, 223-224
Riccio, famiglia, 148
Riccio, Marco, 148
Ricucci, Stefano, 283
Riga, Roberto, 59
Righi, Antonio, 155
Righi, Salvatore, 155
Riina, Salvatore (Totò, 'U curtu), 160, 225, 233
Rinaldi, Franco, 92
Rivarolo Canavese, 158
Rizzo, Sergio, 58, 249
Roberti, Franco, 149-150, 153-154, 162
Roberts, Rocky, 25
Rogliano, 120
Roma, 18, 28, 65, 70, 75-76, 113-115, 122, 151, 155, 159, 178, 209, 228, 237, 244, 250, 257, 269, 275, 278
Romano, Francesco Saverio, 86
Romano, Lucio, 89
Rosarno, 242, 280
Roseto degli Abruzzi, 63, 68
Rosi, Gianfranco, 15
Rosina, Alessandro, 267
Rossi-Doria, Marco, 145
Rotondi, Zeno, 176
Russo, Dimitri, 23, 28-30
Russo, Eugenia, 74
Ruta, Roberto, 71
Ruvolo, Giuseppe, 86

Saguto, Silvana, 221-229
Salerno, 79, 112, 116, 120, 204, 215, 242, 273
Salvini, Matteo, 91
Sammartino, Sergio, 72
San Cipriano, 158
San Donnino, 170
San Giovanni Suergiu, 259
San Luca, 161
Sangalli, Carlo, 161
Sannicandro, Arcangelo, 74
Sansone, fratelli, 225
Sant'Antimo, 132, 168, 247-248
Santa Croce di Magliano, 72
Santa Domenica Talao, 32
Santeramo in Colle, 199-200, 203
Sardaro, Giovanna, 38, 46
Sassari, 250
Sau, Pierpaolo, 259
Saviano, 148
Saviano, Roberto, 148
Savino, Elvira, 74
Savio, Paolo, 162
Savoia, famiglia, 82, 221
Savona, 22
Savona, Paolo, 176, 188
Scalea, 31, 33-34, 115
Scampia, 91, 126, 128-129, 131-134, 137-144, 146-151, 246
Scanu, Gian Piero, 68
Scavone, Antonio, 86
Schiassi, Aldo, 51-52
Schiavone, Carmine, 172
Schifani, Renato, 87
Schifani, Vito, 97
Schirò, Gea, 89
Schittulli, Francesco, 75
Sciascia, Leonardo, 232
Scilipoti, Domenico, 68
Scipione Africano, Publio Cornelio, 168
Scopelliti, Giuseppe, 122
Scotto, Arturo, 68, 71
Sedriano, 158
Sergio, Franco, 120
Serra, Giuliano, 276
Setola, Giuseppe, 23
Sgrò, Arturo, 162
Sgroi, Paolo, 221
Sibari, 120
Sica, Antonio, 40
Siena, 270
Silvestri, Salvatore, 141
Siracusa, 256
Sommatino, Marianne, 224
Sorrento, 146
Sortino, 102
Sottile, Giuseppe (Peppino), 100
Spadafora, Vincenzo, 145
Spadolini, Giovanni, 26
Spagnuolo, Mario, 124
Speranza, Roberto, 71
Spina, Francesco, 75
Stazio, Publio Papinio, 23-25
Stornaiuolo, Maddalena, 129
Succivo, 167
Sulmona, 191-196, 208
Susca, Giacomo, 281-282
Suvorov, Denis, 62

Tabarelli, Davide, 52
Tancredi, Alessandra, 183
Tancredi, Paolo, 87
Tange, Kenzo, 126
Taranto, 112, 179, 214, 241
Taranto, Nino, 25
Tarquinio, Lucio, 88
Tassone, Rocco, 124
Tassone, Romolo, 124
Teramo, 195
Termoli, 71
Tiberti, Sergio, 57
Todaro, Lorenzo, 278
Todaro, Matteo (junior), 279
Todaro, Matteo (senior), 278-279
Tomasi di Lampedusa, Giuseppe, 82
Tonara, 259
Torino, 14-15, 175, 238, 250, 275
Torrisi, Salvo, 87
Traina, Claudio, 97
Trani, 44
Trapani, 70, 269, 275
Trieste, 241, 265
Tripoli, Luca, 93
Trocino, Pasquale, 165
Tropea, 255
Trovati, Gianni, 184, 269-270
Tuccio, Franco, 19
Turchio, Luigi, 223

Usai, Leonardo, 260

Vaccaio, Guglielmo, 89
Vacciano, Giuseppe, 88
Valendino, Valeria, 40
Valente, Valeria, 71
Valiante, Simone, 76
Valletti, Fabrizio, 142
Varcaturo, 168
Vassallo, Gaetano, 171-172
Vasto, 195
Vendola, Nichi, 76
Venezia, 171, 175, 238, 243, 251, 257
Vennitelli, Laura, 71
Ventimiglia, 158, 242
Venturino, Antonio, 95
Verdini, Denis, 86
Vespa, Stefano, 59
Vibo Valentia, 124, 269
Vicari, Simona, 87
Viceconte, Guido, 87
Viesti, Gianfranco, 179, 183
Vietti, Michele, 153
Viggiano, 47-55
Villa Literno, 28, 167
Villaricca, 132
Villasalto, 259
Vinci, Roberta, 74
Virga, Tommaso, 224
Virga, Walter, 224, 228
Virno, Claudio, 179

Washington, Denzel, 174
Wilson, James Q., 98

Yunus, Muhammad, 290

Zagaria, Michele, 232
Zagaria, Vincenzo, 40
Zamparini, Maurizio, 228
Zaza, Antonella, 38, 46
Zizza, Vittorio, 88

Stampato da
Grafica Veneta s.p.a., Trebaseleghe (PD)
per conto di Marsilio Editori® in Venezia

EDIZIONE

10 9 8 7 6 5 4 3 2 1

ANNO

2016 2017 2018 2019 2020